ちくま学芸文庫

叙任権闘争

オーギュスタン・フリシュ
野口洋二 訳

筑摩書房

目次

叙任権闘争

凡例

一　本書は Augustin Fliche, La querelle des investitures (Les grandes crises de l'histoire), Paris, 1946 の全訳である。
二　原文でイタリック体活字を用いて印刷されている章句は、邦訳では傍点を付した。
三　人名、地名などの発音は、原則として、それぞれの国の呼称を用いた。
四　教会関係の用語は、原則として、小林珍雄編『キリスト教用語辞典』にならって訳出した。
五　訳文中、（　）および《　》は原著者のもの、〔　〕および「　」はすべて訳者が挿入したものである。
六　原注はアラビア数字を用いて示し、各章ごとに挿入した。原文では注は各頁ごとに番号がとってあるので、注の番号は原著のそれとずれることがある。
七　訳注は日本数字を用いて示し、本文末尾に一括して掲げた。
八　索引は原著にはなく、訳者がつけくわえたものである。

第一章　教会法的伝統と俗人による簒奪

叙任権闘争は、十一世紀の末と十二世紀初頭に、教会と世俗諸侯、教皇座と西欧諸君主とのあいだで争われた。少なくとも原則については、カリストゥス二世（一一一九―一一二四年）のもとで落着したとはいえ、それは、一〇七六年から一二五〇年にかけてドイツ王権と教皇座を対峙させた教権と帝権との巨大な抗争の原因ではなかったにしても、そのきっかけをなしている。この闘争は論争や外交上の攻撃あるいは武力の戦いによる激しい衝突を教俗両権間にひき起こしたが、それは何よりもまず法的性格を帯びていたのであり、聖職保持者、すなわち司教区での司教、聖堂区での主任司祭の任命方法をめぐるものであったのである。十一世紀前半のうちに、王や諸侯の教会に対する支配は完了し、教会は完全に独立を失っていた。グレゴリウス七世（一〇七三―一〇八五年）とともに、教皇座は〔これに抗して〕戦おうとしたのである。一〇七五年の四旬節公会議の教令は、聖職者に俗人の手から叙任を受けることを禁じ、直ちに自分たちの権利が侵害されたと考えた諸君主の反対を招いた。しかしこのようにして《闘争》が始まったとしても、その起原は極めて古く、従って、この闘争を理解するためには、まず第一に、教会それ自体と殆ど同じくらい古いその諸原因に立ち返ることがどうしても必要なのである。

キリスト教が地下墓地《カタコンブ》から出て西欧世界に普及した時から、個々の教会はそれぞれの管轄区域であるパロキア parochia、つまり司教が監督する教区を定めた。五世紀になると、この教区内に、これ以後聖堂区 parochia と呼ばれる別のより狭い区域が区別されるようになった。これは、一般にヴィラ〔農村所領〕villa を中心とするもので、のちの主任司祭《キュレ》にあたるプレスビテル presbyter またはレークトル rector と呼ばれる司祭によって統轄される小教区である。司教の館は都市にあったが、彼が教階制の上で司祭たちの上位に置かれ、彼らの活動を監督していたのである。

そこで、信徒の指導と財産の管理を行なう聖職保持者を選出する規則を定めなければならなかった。原始教会においては、三世紀に、聖キプリアヌスの『カトリック教会統一論』De catholicae ecclesiae unitate をつうじて明らかなように、司教は信徒によって選ばれていた。しかし、この使徒たちの後継者は、他の司教から聖別、すなわち真の神的叙任を受けてからでなければその職務につくことができなかったし、もしそれを欠けば、彼はその諸権限を行使することができなかった。この伝統はいくらかの動揺はあったが、次の時代に保持され、明確にされたのである。

聖レオ大教皇〔一世〕は、四四五年にしたためた一書簡のなかで、《すべての人々に命じる者はすべての人々から選ばれなければならない》ことを原則としている。司教が空位の場合には、〔まず〕信徒たちが請願する（postulare）よう求められ、そのあとで聖職者たちが選挙（electio）を行なったのである。教皇教令に従って、五三五年のクレルモン公会議は、第二回オルレアン公会議（五三三年）が首都大司教のみに特に定めた方式を取り入れて、《司教は首都大司教の同意のもとに聖職者と民衆とによって選ばれなければならない》と規定し、また第三回オルレアン公会議（五三八年）もこれにならっているが、その後もこの規定は教会法規上一度も廃されることがなかった。五百年後に、ヴォルムスの〔司教〕ブルハルトは、『教令集』〔Decretum〕のなかで、公会議諸教令、ならびに聖ケレスティヌス一世（四二二―四三二年）と聖グレゴリウス大教皇〔一世〕（五九〇―六〇四年）の諸規定にもとづいて、これらメロヴィング時代の教会会議〔規定〕と全く同じことを述べ、今度は彼が、《聖職者によって選ばれ、民衆によって請願され、首都大司教の意見にもとづき、教会管区を同じくする教区の司教たちによって叙階され》なかった者は司教と認めることができない、と主張している。

従って、教会法規の伝統は少なくとも法規の上では存続していたのである。実際にも、それは多くの場合にやはり守られていたし、また年代記作者や聖者伝作者たちの司教選出に関する多くの記述は聖職者と民衆の優越した役割を明らかに示している。勿論、その手続きは厳密に決められていなかったし、場合によっては、俗人の占める役割の方が多少優越していることもあった。同じように、選出にあずかる者の数も非常に様々であった。例えば、ランスでは、九八九年に、大司教アルヌールが聖職者全員によって任命されているのに、同じ頃、フランスとドイツの多くの教区では、選出権を司教座聖堂参事会員だけがもっている。俗人はどうかというと、都市の有力者たち primores civitatis または教会の騎士たち milites ecclesiae に限られたり、あるいは市民たち cives のあいだに何らの区別がなく、彼ら〔全員〕が聖職者の選出した者を歓呼して選んだりしている。このように選挙母体の構成は様々であるが、教会法規上の規定は変わらなかった。

しかしながら、非常に早くから、新しい要素、すなわち王が司教選挙のなかに入りこんできて、その役割が次々と拡大されてゆくことになるのである。

ゲルマンの侵入までは、司教任命に俗権が介入することは一度も問題とならなかった。ところが、フランク王国において事態は一変することになる。というのは、クロヴィスが、司教団の名声と感化力を認め、その支持を受けた場合に王権がえられる利益を実に的確に把握したからである。事実、彼は、正確に言うと強制するのではなく、オーセール、アラス、サンス、パリなどで行なったように、自分にとって誰が候補者として望ましいかを知らせるというやり方で司教選出に関与した。彼の後継者たちは、彼のとったやり方を更に一層推し進めることになる。彼らの干渉は多少露骨になるが、大抵の場合に、聖職者と民衆〔の方〕がもはや自由に行動しなくなり、多少の差はあるものの、王の指示を大幅に考慮するようになるのである。六世紀半ばに、いくつかの公会議は、これを機会にこの王の介入が及ぼす限界を決めておいた方がよいと判断した。それはいわば延焼を防ぐために建物の一部をこわすようなものであったが、こうしてこれらの公会議は、真の選挙人たちの権利を妨げないような同意 consensus 権を〔王に〕認めたのである。だから、五四九年に、第五回オルレアン公会議は、聖職者と民衆によって選ばれたすべての新司教が王の同意をえなければならないことを認めている。しかし〔同時に〕、王は教会の認めない司教を任命してはならない、また《権力者》によって強制的に任命された者はその地位を棄てなければならない、とはっきり規定している。他のいくつかの〔公〕会議は、《司教が死亡したのち、聖職売買《シモニア》が行なわれることなく、首都大司教とその管区の司教たち、およびその都市の聖職者と民衆によって選ばれた者のみが後継者として任命されなければならない》と命じた六一四年のパリ公会議のように、王の同意 consensus については沈黙を守り、抵抗しようとした。しかし、右の〔パリ〕公会議の決定を批准したクロタール二世の勅令は、《教会法規に従って司教に選ばれた者は、更に王の承認を必要とする》との明瞭な字句を付け加えている。メロヴィング時代の終りに、司教選挙についての規則は次のように定められたようである。王は最初の役割をともかく守ってきた聖職者と民衆の任命を承認する、と。

けれどもこの時期からすでに、何人かの王が教会法規で認められた権限を踏み越えていたように思われる。ブールジュでは、クロタール二世が、二派に分かれていた選挙人たちに裁定をくだして、少数派の候補者を選出された者と宣している。カロリング時代には、新しい決定がなされ、王が選出者にとって代わった。九世紀後半からは、司教を任命するのは彼である。聖職者と民衆は彼によって任命された高位聖職者を歓呼するだけで満足している。だから、のちに枢機卿フンベルトゥスが述べることになるように、《すべてが逆の順序で行なわれている。最初のことが最後に、最後のことが最初となっている。選出と確認を最初に行なうのは世俗権力である。ついで、好むと好まざるとを問わず、聖職者と民衆の同意がつづき、そして最後に、首都大司教の叙階が行なわれているのである》。

この慣習は、カロリング帝国の解体につづく時期のうちにますます強まるばかりであった。十世紀と十一世紀前半には、前にもまして、司教を任命するのは王であり、しかも王のみとなった。特にドイツで行なわれたように、彼がいくつかの教区に《選出許可》(licentia eligendi) を認めるようなことがあったにしても、彼は大抵の場合に自分の候補者を認めさせて、聖職者や民衆は結局この人物に同意するだけであった。この点については、リエージュの聖ラウレンティウス年代記の次の一節ほど明らかに示しているものはない。《リエージュの教会は司牧者を失ったばかりであった。直ちに司教座聖堂参事会員たちは皇帝(ハインリヒ二世)のもとに赴いた。何故ならば、この時司教は選挙によってではなく、王の贈物によってなっていたからである。彼らは皇帝に司教の死を知らせ、別の司教を懇請した。そこで皇帝は彼らにウォルボドを与え、彼を父のように尊敬するよう好意をもって命じた》。だから、本来の選出者である聖職者や信徒たちは相談さえも受けず、王は人々が時おり聞いてもらおうとした希望をかえりみなかったのである。この点、カペー朝の王たちも、ザクセン朝やフランケン〔・ザーリエル〕朝の皇帝たちと同じように行動している。敬虔王と呼ばれたロベール二世は、ブールジュ、シャルトル、ラングルなどの司教職を、本来の選挙人を全く無視して、思いのままに与えた。フランスと〔神聖ローマ〕帝国諸地域とのあいだの唯一の違いは、ドイツとイタリアでは王が司教任命権を失わなかったのに対して、カペー王国では、この権利が他の国王諸高権とともに封建諸侯によってしばしば簒奪され、その結果王の司教座と諸侯の司教座との別が生じたという点にあった。

俗人による簒奪は、司教選出の独占ということだけに表わされていたのではない。カロリング時代になると、司牧杖は、教会法規の伝統が命じているように首都大司教からでなく、しばしば世俗君主から新しい名義人の手に渡されるようになった。従って、司教職は《王の贈物》とみなされるようになった。王は、教会を保護する使命を託されている以上、教会は自分に属し、保護権 tuitio はとうぜん権限 potestas を伴う、と考えるにいたったのである。この考え方もまたカロリング時代以後に続いて行なわれた。王や大封建諸侯たちは教会《保護者》の称号とこれら教会に対する全権をともに要求し、今度は彼らが司教職をその名義人に手渡すことを求めたのである。十、十一世紀の年代記作者たちは、インヴェスティトゥーラ[一]と呼ばれる象徴的儀式によって授与されるこの《王の贈物》をきまって特筆している。王または諸侯は、新しい司教にその職務のしるし、すなわち杖と指環を、大抵の場合、「教会を受けよ」Accipe ecclesiam との言葉を述べながら授けたのである。〔この場合〕明らかに教会は、まず何よりも、高位聖職者が王や主君である領主から恩貸地《ベネフィス》として譲り受ける司教権威に結びついた土地である。しかし司教は家臣として重要な役割をつとめていた。だから彼にとって叙任は、俗人と同じく、彼に課せられる忠誠宣誓の呈示を伴っていた。リシェは、アルヌールが九八九年にユーグ・カペーの手からランス大司教職を受けるに先立って、次のような言葉を表明したと伝えている。《私、ランス大司教アルヌールは、フランス王、ユーグとロベールに対し、完全に忠誠を守り、すべての事件について彼らに助言と助力を与え、不忠実から故意に彼らの敵に、助言であれ助力であれ、援助を求めないことを誓う》と。

司教が家臣たちと並ぶ地位を占め、彼らと同じように忠誠を誓うのは、このような要式文言の結果なのである。ところで、王は叛逆する家臣からその恩貸地を取り上げる権利をもっている。この規則によって、彼は司教たちの罷免を要求するのである。例えば、皇帝ハインリヒ二世は聖人の名声を残しているが、彼は、このような理由から、ラヴェンナ〔大司教〕のアダルベルトゥスをその座から免じ、コンラート二世も同じようにヴィチェンツァ〔司教〕のヒエロニムスを罷免したのである。

このような種々の慣例は、教会法規上からは不正なことであったが、俗権による教権のほぼ全面的な掌握をもたらした。ところで、司教職は領主制に包含されたとはいえ、他の封土とは異なっており、その名義人はいかなる封臣とも同一に扱われることはできない。司牧者は、不解消性を帯びている、君主を含めいかなる者も瀆聖の罪を犯すことなしには解消することのできない真の霊的な婚姻契約を教会と結んでいるのである。たとえ司教選出における君主の同意 consensus が教会法規の諸原則に反することにならないとしても、世俗君主たちが僭有してきた司教罷免権についても同じであるというわけにはいかないのである。

俗人叙任は、これに劣らぬ許しがたいいま一つの簒奪をもたらす。王が杖と指環によって新しい名義人に司教職を授ける際に、彼が与えるのは単に土地だけではない。彼はまた、司教に宗教的権力も授けているのである。メルゼブルクの〔司教〕リクマールは、司教任命について、オットー大帝が新しい高位聖職者に杖を与えて、彼の表現によれば cura pastoralis〔司牧権〕を授けたと述べている。この表現は注意する必要があろう。というのは、王による司教叙任が封建的臣従儀礼《オマージュ》に似ていながら、より重大な意味をもっていることをそれは示しているからである。すなわち、この高位聖職者が受けたのは、単に伯領または諸侯領に類似の教会的封土だけでなく、それはまた、cura pastoralis という言葉に当たる、教会法規に従えば、祭司権以外には与えることのできない魂を教え導く使命でもあったのである。

従って、俗人叙任は、結局宗教的領域への俗権の侵害となる。このような簒奪が重大であることは強調するまでもないが、この簒奪を、十一世紀の中葉に、枢機卿ムワイアンムーティエのフンベルトゥスが、『聖職売買者駁論』Adversus simoniacos の第三巻で、《どうして俗人たちが教会の職務を授け、司教と司牧の恩寵を与え、司教叙階を完成し強化する杖と指環によって叙任する権利をもっているのであろうか》と書いた時に、憤りながらも明確に告発することになるのである。叙任権闘争の〔問題の〕すべては右の言葉に含まれていた。

〔だが〕この闘争は司教職に限られていたのではない。それは聖堂区にもやはり及んでいたのである。

ここ〔聖堂区〕では、その発展が幾分異なっていたが、結局は同じ結果となった。初めから、教俗の境は、農村の聖堂区が生じた諸条件のために、はっきり分かれていなかった。教会は、大抵の場合、大土地所有者によってヴィラ内に建てられ、そしてそれを維持するために彼から数マンスの農地を受けたのである。だから設立者とその子孫は教会に対し所有権に伴う一切の権利を要求した。とりわけ彼らは、それに結びついている収入、すなわち、信徒たちの農業生産物に対して徴収される十分一税、ミサ・洗礼・埋葬などに対する謝礼を徴収することを要求した。これらの納付金は司祭たちに与えられるべきものであったにもかかわらず、所有者によって請求され、しかもしばしば彼によって〔その徴収権が〕譲与されたのである。こうして農村の聖堂区に対する俗人たちの領主権 dominium が確立された。十世紀には、聖堂区はまぎれもなく封土となった。領地のなかに組み入れられることによって、私有教会は、領主にとってパン焼き竈や水車や〔ブドウ〕搾り器と同じ法的地位を占めていたのである。

教会はこのような《横領》を抗議もせずに受け入れることはできなかった。五世紀の終りに、教皇ゲラシウス一世は、いかなる司教も教皇座の同意をえなければ礼拝堂を祝別してはならない、従って設立者は必要な許可を教皇座に求めなければならない、と繰り返し命じている。ひとたび提訴されると、教皇は、設立に伴う諸条件が教区権の行使に反するか否かを検討する権限をもつその教会が属している司教に、この訴えを移した。教権の諸権利はこうして保護され、所有者たちは、聖堂を建てた場合、それに関する一切の権利を放棄しなければならなかったのである。

けれども、ゲラシウス一世のこれらの規定はそう長くは守られなかった。メロヴィング時代の公会議が禁令を発したにもかかわらず、所有者たちが勝利を収め、私有教会はひき続き彼らの領主権 dominium のもとに置かれたままであった。彼らはそれを自分たちの持ち物とみなしていたので、相続人に遺贈したばかりでなく、一度ならず売買や交換の対象としたのである。カロリング時代には、公会議もこの俗人たちの所有権を認め、トロスリの会議（九〇九年）のように、領主に聖堂付き司祭に対してあまり過酷な態度をとらないよう求めただけであった。時には、教会法学者たち――例えばフルーリイのアボのような――が教会は神にのみ属するものであることを喚起したが、何の反響も呼ばなかった。またいくつかの教区では、かなり多くの教会が返還されたが、それは何時も散発的だったので、俗人たちの領主権 dominium はグレゴリウス改革まで続いたのである。

俗人による教会の横領は、教会的・宗教的な観点からみると、極めて重大な結果をもたらした。設立者は、その所有権にもとづいて教会を管理する司祭を任命しようとするばかりで、司祭を領地内のほかの役人と同じに扱ってはならないということを理解していないのである。何故同じに扱ってはならないかといえば、司祭は単に収入を受けとったり管理することを課せられているだけでなく、彼はその職務上一個の宗教的権威を行使し、教区の人々の魂に心を配り、彼らを救済の道へと導く配慮を委ねた司教の力を授けられているからである。一般に認められている用語を使えば、彼は司牧職 cura animarum を果たすからである。教会はこのような責務を課せられている司牧者の選出に無関心でおられようか。争いは避けられなかったのである。

長いあいだ、私有教会の所有者たちは、ゲラシウス一世によって主張された教会法規の諸原則があったにもかかわらず、殆ど何らの反対にも遭わなかった。彼らは思いのままに司祭を任命する ponere presbyterum こと、すなわち、私有教会の管理を託された司祭を自由に任命することができた。〔もっとも〕ピピン短軀王の時代に、教皇ザカリアスは、彼になされた質問に答えて、設立者が管理人を任命する権利はもとより、司教にある人物を推薦する権利さえも認めなかった。代わって、カール大帝も、この教皇が正そうと努めた悪弊を禁止した。多くの勅令は、司教がその教区の聖職者に対してあらゆる権限をもっていることを認め、いかなる者も当該司教の同意がなければ教会を受けてはならない（ut nemo accipiat ecclesiam infra parochiam sine consensu episcopi sui）と特に命じている。カロリング時代の公会議は、何度もこの規定を繰り返し、所有者は司教に候補者を推薦することができるが、一方司教は、領主による選定を承認するよう何ら強制されない、彼が学識の点で充分でないと考えたりふさわしくないと考える候補者は拒否する権利があると規定して、この点についての権限を定めた。従って、極めて賢明な妥協に達したわけであるが、しかしそれは不幸にも公会議教令や教会法例集のなかだけのことに過ぎなかった。

実際には、事態は非常に違う経過をたどった。十、十一世紀に、所有者は教会を自分の思いのままに与え、自分の選んだ聖職者に教会を委ねている（commendat ecclesiam）。司教が少々抵抗したり異論をとなえるようなことがあっても、彼が自分の候補者を叙品してくれる追従的な高位聖職者を見つけるのは簡単であった。《主任司祭》は、この〔叙品の〕儀式を行なう前に、忠誠宣誓を行ない、領主から教会に《叙任》される。だがこの委託 commendatio は一時的なものである。教会を与えた所有者は、もし何らかの理由でそれを委ねた者が気に入らなくなれば、教会を取り上げる権利を留保していたからである。教会の監督は一切失われてしまった。候補者の教会法規についての知識は、その倫理性と同じく、考慮されないのである。聖堂区は、司教座と同じく、十世紀には、その収入を受けとるだけで満足しないばかりでなく、聖職保持者をまるで財産のように自由にする俗人たちの支配下に置かれることになったのである。

従って、俗権による教会の掌握は教階制のすべての地位に認められる。領主制の時代はローマ帝国の崩壊以後に現われた変化の極限を示している。このような簒奪に対する抗議は次第にまれになった。勿論、教会法令集は司教座や聖堂区の聖職者任命に関する権利の諸規則を喚起している。十一世紀初めには、ヴォルムスのブルハルトが、司教は教会の意に反して任じられてはならない、聖職者と民衆の同意を常に必要とする、《聖職者によって選ばれ、民衆によって請願され、首都大司教によって叙階され》ない者を司教とみなしてはならない、と指摘するのを忘れていないし、一方、ちょうどこの頃、フルーリイのアボも、《すべての教会はキリストに属している》と述べている。だがこれに反して、公会議の多くは俗人の簒奪を運命とあきらめ、しかもやはりローマ貴族の支配から、ついでオットー大帝の帝国再建（九六二年）以後皇帝たちの支配から逃れられなかった教皇座は、教会を王や領主たちの手にゆだねてきた経過を暗黙のうちに認めていたのである。ヨハンネス十世（九一四―九二八年）はケルン大司教ヘルマンに対し、《古くからの慣例によって、王を除いていかなる者も聖職者に司教職を与えることはできないのに》、イルドゥアンをトングル司教に叙階したと非難している。一〇〇四年に、ヨハンネス十八世は、ランディノルフォ伯が彼の再建したイゼルニアのサンタ・マリア教会に対し全権をもつことを全く当然のこととして認めている。

俗人叙任がグレゴリウス七世の先駆者である何人かの教会人によって告発されはじめたのは、ようやく十一世紀中葉になってからであった。人々は木をその果実で判断するが、教会法規の伝統を無視して作り上げられた制度の果実がひどくにがいことが明らかになったのである。〔すなわち〕司教たちの選出と聖堂区司祭たちの任命に関する規則に加えられた損害は、一般にその結果として、十一世紀の前半に頂点に達した恐るべき道徳的危機をもたらした。俗人叙任は、極めてしばしば、シモニアとニコライスムと呼ばれる不名誉な二つの悪弊の源であったのである。(1)

シモニアという言葉は、はじめは司教による司祭叙品の売買を意味していた。大グレゴリウスはこの意味で使っている。だが、九世紀の半ばになると、〔コルビー修道院の修道士〕パスカシウス・ラドベルトは、聖霊を伝える叙品の取り引きとともに、憎むべき不正利得者が《貪欲で不正な者》に行なった《キリストに捧げられた教会》の取り引きを《シモニア的異端》と呼んで非難している。いくつかの公会議は、八四三年のモー公会議のように、司教、王、およびより一般的にいって選出権をもつ者に対して、いかなる者も《シモニア的異端によって》聖職につかせないように注意せよ、と命じている。十世紀のうちに、この後の方の〔教会の取り引きという〕意味が明らかになり強くなった。ヴェルチェッリのアトは、『聖職責務論』De pressuris ecclesiasticis のなかで、司祭叙品についての大グレゴリウスの書簡を引用し、これを特に司教職の取り引きに当てはめている。十一世紀の初めには、ヴォルムスのブルハルトが、『教令集』Decretum のなかで、モー公会議の決定を書き写しているし、また同じ頃に、フルーリイのアボが、司教による司祭叙品の売買、首都大司教による司教叙階の売買、世俗君主による司教座と修道院の売買というように、シモニアの様々な形態を詳しく列挙している。

年代記作者たちの証言も右の教会法学者たちのそれと同じである。ラドルフス・グラベルは十一世紀の中葉に《五巻史書》を書いたが、彼は、オットー三世とユーグ・カペーの時代にこの禍いが方々で猛威をふるっていることを嘆き、そして《王様たちさえも、沢山の贈物で買収され、当然そうでなければならないのに、試練を経た信仰心のあつい人々を教会の首長につけないで、最も立派な贈物が期待できる人々を、支配する能力を最も備えたものとみなしておられる》と嘆いている。もしレオ九世の催した一連の改革公会議の最初の会議を際立たせている出来事が右の証言を裏付けることにならなかったならば、このブルゴーニュの修道士は少々誇張し過ぎていると非難されたことであろう。聖ペトルス・ダミアニによれば、教皇はこのローマ教会会議で、シモニア的司教の授けたすべての叙品を厳罰に処す意図を明らかにしたのち、大部分の教会が司牧者を失うことになるので、この計画を断念せざるをえなかったという。同年、ランス公会議でも、多数のフランス高位聖職者たちがシモニア〔を行なっていると〕の非難に身の潔白を証明することができなかった。

シモニア的選出の話はいくつか残っていて、それから我々は実際どうであったかを知ることができる。最も単純でしかもひんぱんに行なわれたのは金銭を贈る場合であった。九九九年に、ヴォルムスで、司教座が空位となっていた。沢山の候補者が現われ、皇帝オットー三世を《様々な裏面工作と金の約束で》悩ませたが、最後にそれを手に入れたのは他の連中より大胆なことをやってのけたラゾとかいう人物であった。一〇六六年には、大司教エルマンゴウの継承をめぐって多数の志望者が争ったナルボンヌでも、同じような競買が行なわれている。すなわち、コンク修道院長アダルジェールは、すでにその地位をシモニアによって得ていたが、この司教職を買うためにその修道院の財産を売りはらった。だがそれは、自分の子孫をゆたかにしようとして、子爵レイモンとゴティ公に彼ら二人で分けるよう金貨二千スーを提供したセルダーニュ伯の次男、ギフレに横取りされてしまった。だから、司教になるためには金持ちでありさえすれば充分であったのである。自分の財産が無いときには、何時でも他人のそれを利用することができた。例えば、一〇五二年に、エリナンは、《極めて貪欲で、司教座を売ることなど何とも思わない》フランス王アンリ一世を籠絡するため、彼の保護者であったイギリス王の調えた資金を使って、争い一つせずにランの教会を手に入れている。レーゲンスブルクでは、司教ミハエルが甥の一人を司教に出世させたいと望んでいたが、彼は堕落した人々の入知恵に耳を貸さないわけにいかなくなり、彼らの勧めで、九七二年に、至福の殉教者エメラムの聖遺物を皇帝のもとへ持参するためベレッツハウゼンに行っている。

シモニアは常にこのような金銭的性格を帯びていたわけではない。ヴェルチェッリのアトは、『聖職責務論』De pressuris ecclesiasticis のなかで、グレゴリウス大教皇が一般に司祭叙品を受ける助けとなる贈物の様々な形を列挙したこの教会博士の論文の一節を、高位聖職の売買にあてはめている。彼は大教皇とともに、随従による贈物 munus ab obsequio、現物による贈物 munus a manu、言葉による贈物 munus a lingua に、すなわちこれを言いかえれば、臣従、金銭、追従に分け、その上で、世俗君主たちは他人の財産で買収されるままになっていたり、あまりにも血族関係や友情に溺れたり、取り巻き連中の圧力に屈したりしている、と非難している。ヴェローナ司教で、アトと同時代人であるリエージュのラティエルも、これとほぼ同じような言葉を述べている。彼は、《教会の法規に従うという点で他の人より優れている者でなく、一杯金のつまった金庫をもち、豪勢な食事をする者、土地や聖職禄を沢山に与える者、あるいはまた、非常に権力をもつ父、富裕な兄弟、高貴な家柄、極めて勢力のある息子などをもつ者が〔司教として〕求められている。しかも、年齢についても考慮が払われず、年若い者が年長者にふさわしい地位を占め、そして聖事が競売に付されている》と書いている。

シモニアは司教選出に限らなかった。それは聖堂区にも及んでいたのである。しかもこの不正取り引きは早くから始まっていたらしい。というのは、八九二年にはすでに、ヴィエンヌで開かれた公会議が、教会を譲り受ける司祭たちから《贈物の代わりにいかなる租税《サンス》も》強要してはならないと規定しているからである。この点、史料はそれほど多くないが、私有教会と引きかえに叙任〔・譲渡〕《ドロワ・ダンヴェスティテュール》税を徴収することはごく普通に行なわれていたようである。これは、A・デュマが全く正しく指摘しているように、まさに封建制度の論理的帰結であった。《世俗家臣《ラシャ》たちは自分たちの恩貸地《ベネフィス》の譲渡権《アンヴェスティテュール》を買った。この行為から、後に相続税《ルリーフ》とか買戻しと呼ばれる譲渡税の慣習が生じることになるのである。同様に、十世紀および特に十一世紀に、司教職や修道院長職や聖堂区〔司祭職〕などは官職封《オヌール》(二)に過ぎなかったので、あまり慎重でない聖職者が君主に贈物をしてそれらを与えてくれるよう懇願することは、当然であると思われていた(2)》と彼は述べている。

従って、俗人叙任がシモニアの源なのである。封建制度は司教職を土地所有に結びついた一個の領主権にしてしまった。事実、王や領主たちから《司教職という贈物》を買った人々は、売買の対象となるのは封土だけであって宗教的職務ではないと主張することができたのである。フルーリイのアボと聖ペトルス・ダミアニがともに彼らが言ったとしている言葉を借りれば、《我々は叙階を買うなどということは考えてもいない!! 買ったのはただそれに付属している土地の保有権と収入だけなのだ》と彼らは言うのである。ところで、のちにフンベルトゥスが『聖職売買者駁論』Adversus simoniacos で指摘することになるように、司教職に付属している財産の用益権は、それと当然一緒に売られる司教叙階から切り離すことができない。王か領主自身が司教職に固有な宗教的権力のしるしである司教杖を授けないであろうか。〔従って〕シモニアは俗権と同じく教権にも及ぶのであり、この名の由来する魔術師シモンがペトロとヨハネから按手の力を得るために金を差し出したように、それは結局、使徒がシモンという人物を借りて非難したあの聖物の取り引きとなるのである。「なんぢの銀は汝とともに亡ぶべし、なんぢ金をもて神の賜物を得んと思えばなり」（使徒行伝八・二〇）。

　司教職の売買は、その主要な源がやはり俗人叙任に由来する、いま一つの恐るべき結果を道徳的秩序にもたらした。

　シモニア的司教は宗教的精神を全く失っていたのである。彼はその地位をただそれに結びついている収入だけのために欲しがった。だから彼は、それをしばしば極めて高価で買い取ったのち、今度は、その職務をつうじて信徒たちに分け与えなければならない秘蹟を売ることによって、この出費を回収しようと努めることになるのである。そこで、洗礼、悔悛、叙品など何でも教会で買えることになる。しかも、地位をこのようにして得た高位聖職者は、教会規律の諸規則に従おうとしなくなり、今日に至るまで常に挫けてきたこの世の情念を断とうとしなくなる。従って、俗人叙任から生じたシモニアは、今度は教界を荒廃させるいま一つの道徳的な病である聖職者の風紀の乱脈、すなわちニコライスム Nicolaïsme の根源とみなすことができるのである。

ニコライスムという言葉の起原を明らかにすることはかなり難かしい。聖イレネウスが、使徒行伝〔六・五〕にかなり不明瞭な形で述べられているアンティオキアの改宗者ニコラウスを主謀者とする一異端をすでにこの名称で呼んでいる。だがそれはともかく、十、十一世紀に、ニコライスムという言葉は姦淫と同義語であった。この悪習は古く、西欧で四世紀以来教会法規上の規則となっていた聖職者独身制の規則は早くからはなはだしく無視されていた。十世紀には、その弊害はとどまるところを知らなかった。一〇二三年に、パヴィアで開かれた公会議の際に、ベネディクトゥス八世はこの掟が守られていないことを認め、妻や妾を傍においている聖職者があまりにも多いと嘆いている。

これによって、独身制の法規が、結婚と蓄妾という二つの違う形で犯されていたことがわかろう。道徳論者《モラリスト》や年代記作者たちの文章から判断すると、後者〔蓄妾〕が極めて広がっていたようである。十世紀に、リエージュのラティエルの著作でもヴェルチェッリのアトの書簡でも、問題となっているのは妻ではなく妾についてである。十一世紀にも、この事情は変わらなかった。聖ペトルス・ダミアニの論文や書簡には、不品行な高位聖職者や〔下級〕聖職者が数多く描かれている。そこでは、《大勢の女性をはべらせていた》フィエーゾレ司教レインバルドゥス、《聖職候補者に必要な資質よりも女性の美しさを識別することに精通していた》ピアチェンツァ司教ディオニシウス、あるいは《喉をならした雌虎》や《毒をもった蝮ども》の虜となっていた多くの不品行な司祭たちが問題とされている。この道徳論者が烈しくきめつけたこれらの言葉の正確な例を挙げることは容易である。イタリアでは、ミラーノの歴史家ランドルフが、一〇六一年に教皇アレクサンデル二世となったバッジオのアンセルムスの次のような言葉を伝えている。《すべての司祭と助祭たちは女を囲っている》と。ドイツでは、ブレーメンで、大司教リーベンティウス（一〇二九―一〇三二年）とアダルベルト（一〇四五―一〇七二年）が、《純潔でありたいと願う人々にとって、娼婦たちとの危険な交渉がどうしても避けられないのを恐れて》、司教座聖堂参事会員や聖職者たちの妾をこの都市から長いことかかって追いはらっている。また、一〇七四年の、ニコライスムを禁じたグレゴリウス七世の教令の公布によってまき起こされた烈しい非難から判断すれば、確かにこのブレーメンの事例は稀有な場合ではなかったように思われる。フランス北部でも、それは、ドイツやイタリアに決してひけをとらなかった。例えば、ルーアン大司教ロベール（九九〇―一〇三七年）は三人の息子をもち、彼の後継者モジェ（一〇三七―一〇五五年）も同じく不義の子供があることから評判を落した。ラングルでは、札つきの聖職売買者であった司教が、男色を行なったり、長いあいだ密通していた既婚の婦人を誘拐したかどで、一〇四九年、ランス公会議に訴えられている。修道院もまたこの病におかされていた。例えば、スノンのリシェやジャンブルーのシジュベールがロレーヌ地方にある修道院の風紀についてのかんばしくない物語を書き残している。イタリアでは、『ファルファの歴史』Historiae Farfenses が、修道院長ヒルデブランドゥス（のちのグレゴリウス七世とは別人）と彼の後継者フベルトゥスの時代に、すなわち十世紀の半ばに、修道士たちが妾を囲っていたと伝えている。彼女たちは、初めはかくれている方が身の安全だと考えていたが、そのうちに自分たちの不身持を白日のもとにさらしてはばからなくなったので、皆が《この世のあらゆる淫らなこと》に遠慮なくふけるようになったという。

このような驚くべき腐敗堕落のなかで、何人かの聖職者たちは自分たちの立場を合法化しようとした。そして、放縦を防ぐためだと称して、もっぱら結婚を良薬だと推賞した。彼らがこのような伝統的規則にくわえた歪曲を正当化しようとした議論はなかなか味のあるものである。ヴェルチェリのアトは、《必要性を口実にして、自分たちの関係を言いのがれようとする人々がいる。彼らは、女性の助けを借りなければ、我々が飢餓に陥ったり、まる裸になるおそれがあるといいはっている》と述べている。この主張は、聖ペトルス・

ダミアニの時代に再び横行した。しかも、この連中は、節制するのは不可能なことであるから、聖職者は恥ずべき放蕩に陥るよりも、一人の伴侶と結ばれて彼女に貞節をつくした方がよい、とつけ加えたのである！

だから、十一世紀の前半に見られたのは聖職者の完全な道徳的低下である。封建制の歯車のなかにまきこまれ、教会は世俗社会を荒廃させていた悪習によって腐敗するままになっていた。そのなかで貪欲と放縦とが結びつき、司教や司祭たちは、神への奉仕に身を捧げないで、居酒屋やいかがわしい場所にかよっていたのである。絶えず頭をもたげる異教がキリスト教に加えた攻撃もこれほどの成功を収めたことはなかった。何人かの選ばれた人々は堕落した時代にあっても相変わらず純潔であったが、彼らはこのような現実に抗して戦い、教会を本来の務めと規律の道にひきもどそうとしていたのであろうか。課せられた問題は以上のごときものであり、人々はその解決を求めながら、色々と手探りをしたあげく、悪の根源にまでさかのぼり、結局、道徳的危機は俗人叙任が存在するかぎりくい止めることはできないという事実を認識することになるのである。

原註

（1）しかしながら、恐らく一般に信じられているよりも多くの例外があろう。最近我々は、グレゴリウス改革に先だつ時期におけるナルボンヌ教会管区内のフランス教区の状態に関する調査を指導する機会に恵まれた。その結果によれば、この管区には、名うてのナルボンヌ大司教ギフレのような何人かの悪名高い聖職売買者もいたが、しかし、全体としては、司教職の売買と聖物の取り引きとは、俗人の教会に対する保護〔支配〕が特に強かった地域でも、全く取るに足らないものであった。シモニアは、これらの諸教区で、領主家族間での司教職の譲渡にとどまっていた。これはいずれにせよその緩和された形態である。A. FLICHE, Premiers résultats d'une enquête sur la Réforme grégorienne dans les diocèses français (Comptes rendus des séances de l'Académie des Inscriptions et Belles-Lettres, 1944, p. 162-180 所収) を参照せよ。

(2) E. AMANN et A. DUMAS, L'Eglise au pouvoir des laïques (888-1057) (A. FLICHE et V. MARTIN 監修 Histoire de l'Eglise depuis les origines jusqu'à nos jours の第七巻) p. 466.

第二章　教会の反撃

教会法規の伝統に加えられた攻撃とその結果であった道徳的混乱とに対する反撃は、十世紀には不可能であるかにみえた。もしこれに率先して着手するとすれば、それは、教会内で最高の権威を与えられ、教階制の頂点を占める教皇座以外にはありえなかった。ところで、教皇座もまた、カロリング帝国解体ののち、自分たちの気分や気まぐれにまかせて教皇位を我が物顔に扱うローマ貴族など俗人たちの犠牲となっていたのである。セルギウス三世（九〇四―九一一年）の時代からは、教皇の衣裳係テオフィラクトゥス[三]の娘で、歴史上最も常軌を逸した女性の一人、マロツィアが、大抵の場合、彼女の気に入った人物を聖ペトロの座につけていた。このような隷属の結果がどのようなことになるかは明らかであろう。クレモナの〔司教〕リュウトプランドが伝えている破廉恥なたぐいの逸話をすべて信じてはならないにしても、それでもやはり十世紀前半の大部分の教皇は、『教皇列伝』Liber pontificalis がヨハンネス十二世（九五五―九六四年）を描くために使っている表現を借りれば、《姦通と虚栄のうちに》その生活を送っていた。従って、教会が絶えずますます泥沼へ落ちこんでゆく事態を防ぐ努力など彼らからは全く望むことができなかったのである。

けれども、九六二年のドイツ王オットー大帝による帝国の再建がローマ貴族の圧制に終止符をうった。しかし、それとても教皇座に独立を回復させたわけではない。九六二年二月一三日の特許状は、教皇の選出を皇帝の手中におき、ローマ人たちはこれ以後、《皇帝オットーおよび彼の息子たちの同意と選定が行なわれなければ、いかなる教皇を選ぶことも任命することも》できなくなった。それでもこうして〔選出権を〕奪われたローマ貴族は抵抗を試みた。九六二年の皇帝戴冠から一〇五九年に教皇選挙を枢機卿の手中に取りもどしたニコラウス二世の教令までの教皇選出の歴史は、〔ローマ〕貴族とドイツ皇帝との長い抗争の歴史である。最後にそれを獲得したのは皇帝たちであったが、ローマ教皇を選ぶのが貴族であろうと皇帝であろうと、使徒の座は相変わらず、他の司教座と同じように、俗人たちの権力下にあったのである。

このような状態なので、ローマ教会はかの簒奪を終わらせる全面的改革の主導権を握ることができなかった。もっともその隷属は誇張されているのかもしれない。ローマ教会は、時には伝統に従って選挙で争って教皇を決めたし、公会議教令がこの点について認めてきた諸特権を維持しようと努めていた。特にグレゴリウス五世は、その短い在位期（九九六—九九九年）のあいだに、規則に反した選出を廃し、その後継者シルウェステル二世（九九九―一〇〇三年）もこの前例にならった。だがこれらは、確認されるシモニアの事例を前にして、教皇権威の完全な衰退に比べればほとんど取るに足りない例外的行為に過ぎなかった。それよりも、十、十一世紀の教皇たちは、少なくとも司教選出の自由の原則を維持したことや、法的叙階を、メロヴィング時代の終り以後教会内に入りこんできた悪弊に一度も奪わせなかったことで満足しなければならなかったのである。かつての権利を保証している、また司教は教区の聖職者のなかから選ばれるべきであると規定して時にはこの権利を明確に述べてさえいる、かなり多くの教皇書簡が残っている。そこには不屈の精神がある。だから、教皇座は、たとえ当時趨勢となっていた荒廃をはばむことができなかったにしても、少なくとも、伝統と規律を守る変わらぬ番人であり、俗人たちの攻撃にも傷つかない揺がぬ砦である教会法規を、侵害から充分に守ったのである。

とはいえ、十一世紀の半ばまで、やはり教皇座は従属と控え目のみをこととし、皇帝たちの意向に反することは許されなかった。では、教皇座の代わりに、キリスト教世界を宗教的に指導する上でローマ教皇の代理をつとめたカール大帝の後継者であるこれらの皇帝たちによって、教会改革は着手されることができなかったのであろうか。キリスト教信仰を誠意をもって内外の敵から防衛しようとしていたこれらの諸君主が聖職者の風紀の混乱を終わらせようとしていたこと、彼らのうちの何人かがシモニアに全く染まっていなかったことは疑いのない事実である。オットー大帝は、彼が臨席して開かれた諸公会議を督促して、これらの悪弊を取り締まらせようとした。ハインリヒ二世（一〇〇二―一〇二四年）は聖徳の名声を後世に残した。しかも生涯をつうじてキリスト教道徳の掟に極めて従順であったので、彼は聖職者独身制の法規を回復させようという意向を何度も明らかにしている。しかし、オットー大帝は司教の任命権を確実に守ろうとし、ハインリヒ二世は、選挙の自由を確立するどころか、彼に対する忠誠を怠ったかどで高位聖職者を罷免することによって、聖職者たちを帝国権力に一層従属させている。オットー大帝にしてもハインリヒ二世にしても、高位聖職の叙任権を放棄するなどということは一度も考えなかった。従って、いかなる矯正も不可能であったのである。〔だが〕道徳的改革それ自体が問題になるためには、聖事に対する敬意をもたない君主が敬虔で善意にもえた皇帝のあとに続くだけで充分であった。ハインリヒ二世ののち、コンラート二世（一〇二四―一〇三九年）は前任者とは正反対の宗教政策をとった。彼は好むままに司教たちを任免するだけでは満足せず、シモニアを公然と行なっている。彼の治下で買収から全くまぬがれていたのは、わずかにトゥールのブルーノ（のちの教皇レオ九世）とリエージュのニタルドの両司教選挙くらいなものである。ハインリヒ三世（一〇三九―一〇五六年）はハインリヒ二世が準備した刷新の仕事に再びとりかかった。そこで彼は、聖ペトルス・ダミアニから《シモニアと呼ばれる七頭蛇《ヒドラ》の沢山の頭を神力の剣で断ち切って、この飽くことを知らない竜の口からキリスト教徒を救った》と賞賛されている。しかしこの竜は、父よりも祖父に似ていた彼の後継者、ハインリヒ四世のもとで、再び頭をもたげることになるのである。しかも、ハインリヒ三世は前任者たちと全く同じように自分の権威に夢中であった。というのは、彼は大胆にも三人の教皇から教皇位を取り上げたばかりでなく、一方ではローマの座にレオ九世をはじめ非常に優れた選定を行なったとはいえ、彼ほど教皇座を含む諸司教座を自由にした者はいなかったからである。(四)

十世紀の終りと十一世紀の初めに、教皇も皇帝も司教選出に関する教会法規を再び実施しようとはしなかった。ましてや彼らは、誰も全く反対しないくらいに慣習となっていた聖堂区の叙任方法を黙認していた。だがそれ以上に、みずからの内部に根をはっていた悪弊に抗して戦おうとすることを殆どしなかった教会それ自体からも改革は起こるはずがなかったのである。〔確かに〕ドイツのホーエンアルトハイム(九一六年)、フランスのポワティエ(一〇〇〇年)とブールジュ(一〇三一年)などの公会議のように、いくつかの公会議はシモニアを断罪している。もっともこの後者の〔フランスの〕両公会議は主として司教と〔下級〕聖職者による秘蹟の売買に関するものであったが。ニコライスムは、トロスリ(九〇九年)、アウクスブルク(九五二年)、ウィンチェスタ(九七五年)、アンス(九九四年)、ポワティエ(一〇〇〇年)、パヴィア(一〇二三年)、リモージュ(一〇三一年)などの公会議で、同じように断罪の対象となっている。しかし、教会会議の諸教令は純粋に理論的なものにとどまり、それらに付された制裁は殆ど効果がなかった。同じように、何人かの孤立した司教が、世の風潮に対して抵抗しようとした。例えば、イタリアでは、ヴェルチェッリのアト（九二四―九六一年）、ドイツでは、アウクスブルクのウルリヒ（九二三―九七三年）、レーゲンスブルクのボルフガング（九七二―九九四年）、コンスタンツのコンラート（九七五年没）、フランスでは、トゥールのジェラール（九九四年没）、シャルトルのフュルベール（一〇〇七―一〇二八年）、ロデーヴのフュルクラン（九四九―一〇〇六年）などがいる。しかし、彼らの散発的で結束力を欠いた努力は成功することがなかった。これらの孤立した善意の持主には、教会が悩んでいた道徳的混乱の原因とそれを直す手段についての明確な考えにもとづいた、方針も総合的計画もともに欠けていたのである。

この計画を、何人かの教会人がたてようとし、そして一世紀半のあいだ手探りをしたのち、それが遂に日の目をみることになるのである。理論が行動に先行した。だから、教会の救済をもたらすべき立法の本質的諸要素をグレゴリウス七世に提供することになるのは、神学者や道徳論者たちである。特にイタリアとロレーヌで、西欧の聖職者を襲った災害を終わらせる方法が探し求められた。けれども、これら二つの地域で提起された方法は異なっていて、違った効果を示すことになるのである。

すでに十世紀の中葉、〔事態を〕憂慮する声がヴェルチェッリ司教アトによってイタリアであげられていたが、彼は〔配下の〕聖職者の堕落に憤慨して、その司教在位期（九二四―九六四年）の四十年間を、結婚したり妾を囲っている司祭たちを追い払うために過した。この高位聖職者は、自己の司牧的責務を良心的に果たすことに極めて熱心であったが、教会法学者であるとともに著作家でもあった。そのような資格で、彼は、単に腐敗した聖職者に向かって勧告を繰り返し行なったばかりでなく、彼があれほど熱心に告発した堕落の原因をつきとめることにも心をくだいたのである。彼は、司教選出への俗人の介入が、もとはといえば彼が嘆いている道徳的混乱にあることを理解していた。そこで彼は、不敬な俗人たち、すなわち、自分たち以外の者が司教を任命することを認めない連中、候補者の愛徳や信仰を殆ど気にかけないで、金が目当てで司教の地位を与えたり、あるいは友人や取り巻きから籠絡されるままになり、それが結局堕落した人々や《心身ともにまだ未発達の》子供さえも司教職につけることになるような連中、また《霊魂が何であるかを殆ど心に描くこともできない》のに、人々の魂を支配しているような連中を遠慮なく批判した。彼は、大グレゴリウスが司教位の売買でなく司祭叙品の売買を示すために使った「シモニア的異端」［simoniaca heresis］という言葉を、世俗諸君主による司教職の売買に当てはめた最初の著作家である。だがしかし、聖職者をむしばんでいた病気をくい止める薬を考え出すことが問題であったにもかかわらず、アトは、聖職者と民衆が《全く独立にまた全く平静のうちに、彼らが最良の人物であると考える人物を選ぶ権利を》もつという公会議で決められた諸規則を守らなければならない、と結論するにとどまっている。しかも彼は、この規則に違反した場合にも何らの制裁も用意していないのである。王に対する尊敬と服従についてカロリング時代にゆきわたっていた観念がしみこんでいたので、世俗君主たちが教会法規に反するような場合には、宗教的武器による制裁を加えることができるということさえ彼は考えていない。それに『聖職責務論』De pressuris ecclesiasticis でも『教会法規抜粋』Capitulare でも、彼は世俗諸権力が下した決定に、時にはそれがどんなに不正に思われても、全く従順に従おうとする態度を示している。そして、厳しい罰がいずれは不敬の王たちを待ちうけていると固く信じて、彼はただ奇蹟が起こって救われるのを待っているだけなのである。《王の尊厳と争うことは、たとえそれが不正を示していたとしても、重大なことです。というのは、それは神から命じられ、神から認められているからですし、神から命じられたことに違反することは神を潰す行為だからです》と彼はヴァルドーに書き送っている。もし世俗の権力者が聖職者たちにとって生きていられないほど横暴を極めるようになったならば、彼らは隠遁の道をとることができる。だが彼らは、その場合でも、アトの考えによれば、唯一の有効な武器である祈りをあらゆる方法でしつくしたのちでなければ、この最後の手段に訴えてはならないのである。

要するに、ヴェルチェッリの司教は、司教選出に俗人の干渉が及ぼす好ましくない影響をはっきり認め、教会法規にもとづいて俗人を非難しながらも、破門や聖務禁止に訴えることを検討してもみないで、それを黙認しようとする態度をとっているのである。実際、彼は、彼の〔配下の〕聖職者を道徳的により良い状態に立ちもどらせ、使徒の言葉（コリント前書六・一五）に従って、キリストの手足を娼婦の手足にさせないよう、女性とのいかなる交渉も断つようにうながすだけで満足している。

一世紀後に、聖ペトルス・ダミアニがこれと同じ態度をとり、彼もまた、あまり多くの効果をもたらすはずもない説教にもっぱら努力を傾けている。

聖ペトルス・ダミアニは、若い頃から、悔悛と禁欲の生活に対する渇望をみたすことのできる隠遁に心魅かれていた、修徳の人であった。フォンテ・アヴェッラーナに隠棲して、彼は、彼が好んで引用した使徒の言葉に従い、大斎と笞打ちによって、また彼の伝記作者ロディのヨハンネスが感動的な記録を残している様々な苦行によって、絶えず《自分の体を打ちたたいて服従させ》（コリント前書九・二七）ていた。ところが、宗教的生活の極みに達していたのに、彼は教皇座によって隠遁から引き離された。ステファヌス十世（一〇五七―一〇五八年）が彼をオスティアの司教枢機卿に任じたからである。そしてそのような資格で、教会の最高位の一つにのぼったこの隠者は、もっぱら聖職者の道徳的混乱の抑制を目ざした改革活動を行なうことができたのである。

聖ペトルス・ダミアニには、そのほぼ半数が修道士と聖職者たちに宛てて彼ら各々の務めを啓発する目的で書かれた六十篇の論文と、これと同じような考えを表わしている百五十八通の書簡と七十五の説教を集めたものが保存されている。彼は、いかなる叙述にも勝る生き生きとした言葉で、姦淫聖職者や聖職売買聖職者たちの過ちを少なくさせ、教皇座に強力な抑制手段を取るよう促すと共に、彼には司教たちの寛大さにも責任があると思われたので、特に彼らの消極的な態度を揺り動かすよう教皇座に働きかけた。彼の口調には、富や奢侈に烙印を押そうとする、すなわち、すべての人々にこの世の財産の完全な蔑視、純潔、禁欲、悔悛をあらゆる形で説こうとする比類のない響きがこめられている。それにもかかわらず、この道徳論者は、依然として多くの幻想にまどわされていたので、教会が害を受けていた悪の根源を発見するには決していたらなかった。いかなる時にも、彼は、彼があれほど仮借のない激しさで告発した恥ずべきニコライスムや人々を堕落させるシモニアが、俗人叙任と教会事項への俗権の絶えざる介入から生じるとは考えてもみなかったのである。彼は帝国の制度をかたくなに信頼していて、時にはシモニア的諸君主をかなり厳しくこきおろすことはあっても、彼が推賞するのを止めなかった教俗両権力の協同が教会を救うと固く信じていた。だから、世俗の王や諸侯たちはシモニアからあまりにも大きな利益を得ているので、被害をくいとめるために教皇や害を受けていない司教たちと力を合わせようとするはずがないということを彼は全く理解していなかったのである。

だがそれは、聖ペトルス・ダミアニの活動が不毛であったということを意味しているのではない。キリストの言葉にもとづいた彼の説教は一度ならず効果があった。ミラーノで、彼は、聖職売買聖職者や姦淫聖職者がひき起こそうとした暴動を、群集の前に出て、火のような熱弁でうまく鎮めることによって、首尾よく避けることに成功している。到る所で、彼は人々の心に真の感銘を与えた。十一世紀の後半、西欧に燃え上がった禁欲主義運動の一部は彼の働きによるのである。この禁欲的な隠者の真の信奉者であったミラーノとフィレンツェのパタリア(五)は、聖職者の道徳的水準はもとより、世俗の人々の道徳的水準さえも高める上で有効な影響を及ぼした。こうして、グレゴリウス七世の改革事業を容易にするより清純な雰囲気がかもしだされたのである。しかし、その適用が教会を救うことになる計画がねられたのはイタリアとは別の所においてであった。

叙任権闘争を勃発させることになるグレゴリウス的理念を最も古くさかのぼれば、その起原は昔のロレーヌ公国に求めなければならないが、ここでは、十世紀からすでに或る程度の改革運動が起こっていた。アキテーヌ公ギヨームがクリュニー修道院をブルゴーニュに建設した（九一〇年九月一一日）ちょうどその頃、一人の若い領主〔ジェラール〕が、現世に対する嫌悪に思い悩んで、九一三年のうちに、ブローニュの彼の領地内に、はじめ修道参事会員たちを集めた教会を建て、そこに間もなく聖ベネディクトゥスの戒律を導入したのである。クリュニー改革とは別個のこの修道院改革は、特にロレーヌ、フランドル、ライン・ドイツ地方などに影響を及ぼした。この改革運動に結びついた修道院はクリュニーよりも世俗一般の教会と接触を保っていたし、その配下の修道院では、クリュニー的理念とかなり違った理念がつくり上げられていた。クリュニーは腐敗した現世に嫌悪をいだくすべての人々を引きつけようとした修道会である。そしてそれは、悔悛した罪人たちを、十世紀の社会から忘れられ顧りみられなかったあらゆる徳目である、純潔、謙譲、愛徳などを実行して、救いを得ることのできる娘修道院へ向かわせる以外に何の目的も求めなかった。しかし、たとえクリュニーがキリスト教的伝統の避難所であったにしても、その修道士たちが司牧職 cura animarum を持つ聖堂区で宗教的生活を立ち直らせたにしても、その修道院長たちは、グレゴリウス七世の改革がもとづくことになるいかなる基本的諸原理も予見していなかった。彼らの誰もが、俗人叙任の廃止によって、司教職を俗権の保護支配から引き離し、道徳的混乱を終わらせるよう提案することなど考えていなかったのである。これに反して、ロレーヌの修道院で養成された司教たちは、このような可能性を予見していた。だからグレゴリウス七世の真の先駆者は、彼らにこそ求められなければならないのである。

この点で極めて注目されるのは、十世紀中葉に、ヴェローナとリエージュの司教を交互に務め、驚くほど波瀾に富んだ生涯を送った修道士ラティエル〔九七四年没〕の著作である。イタリア王ウーゴから迫害を受けて、一時は投獄されたこともある彼は、俗権との争いから、更にまた、彼に反対する〔配下の〕聖職者との争いから着想を得て、折にふれて書いた、一連の小論文を残している。ラティエルは、司教職を極めて高く評価していたので、この職務をその神的な性格のために一切の人間的判断から除外すべきだと主張している。すなわち、《神の保護》のもとに置かれているから、司教は神の代理者である教会的権威にのみ従わなければならない、従って司教はあらゆる世俗裁判権、特に国王裁判権から免れている、というのである。勿論、ラティエルは、『序論』Praeloquia のなかで、王もまた神的制度であることを認めている。しかし彼はその直ぐ後で、司教の権力は王のそれと同じ起原をもつにしても、その普遍性とともにその性格によって王に優っている、と言い添えている。王の権威は地上の事柄に限られているが、一方、司教の権威は超自然的な領域で発揮される。また王の正義がもっぱら人的であるのに、司教は神に代わって正義をもたらす。従って、王は《教会の守護者《アヴエ》(六)であって、その主人ではない》、いいかえれば《その保護者であって、主の教えに従えば、教皇をおいてほかにありえないその管理者ではない》ということになる。だから、司教の財産と身体は王の権威から免れている、というのがラティエルによって立てられた公理であった。彼は俗人叙任を廃止しなければならないという結論をそれから引き出すところまではいっていない。だが、たとえ彼がその主張のこのような実際的・論理的帰結をあえて明示していないにしても、少なくとも彼は、何時かはそれを引き出すことのできる神学的概念の輪郭を描いてみせたのである。

　教会における教皇座の役割に注意を払うようになったのもやはり彼のおかげである。ヴェルチェッリのアトは、王が聖職者を迫害する場合、祈りに訴えるか諦めて〔神の審判を〕待つことしか考えていないが、ラティエルは、世俗君主と司教とのあいだに紛争が起こった際には、論争を《教会の頭《かしら》たちの頭である普遍の座、すなわち教皇座》にもちださなければならないと考えている。《ローマ〔教皇座〕が斥けたことはどこでも認められず、それが正しいと認めたことはどこでも斥けられることが〔でき〕ない》と彼は『旅行記』Itinerarium のなかで書いている。これこそまさに将来への一つの手掛りであった。そして、確かにラティエルの大きな功績は、いくつかの小論文のなかで、もっともそれは折にふれて書かれた著作でしかないということを忘れてはならないが、次の時代の著作家たちが再び取り上げることになる諸観念を広めた点にあるのである。勿論これらの諸観念は、ばらばらな状態で示されているし首尾一貫したものではない。ラティエルもあまりはっきりした見解を持っていなかった。例えば彼は、司教職への不正な補充は俗人叙任のせいであると指摘していながら、時には王による任命を全く当然なこととみなしている。また彼は、王権に対する教権の優越をはっきり述べているが、皇帝オットー大帝に全幅の信頼を置いていて、この皇帝が教皇を《任命した》ことを賞賛している。だがこれらの矛盾にもかかわらず、彼は、ロレーヌの地に今や芽をふくばかりになっていた、しかも必要な時には必ず芽をふくことになる貴重な種子をまいたのである。

一世紀ののちに、リエージュのラティエルの選挙の自由と教権の独立に関する見解は、リエージュ出身の一聖職者によって『教皇任命論』De ordinando pontifice と題する論文でふたたび取り上げられた。この論文では、いかなる俗人も高位聖職への昇進権も教会の収入の処分権も持たない。司教の選出は聖職者と民衆に留保され、民衆は聖職者の後にしか参加できない、と主張されている。さらに一層重要なのは、一〇四一年から一〇四八年までリエージュの〔司教〕座に就いていた司教ワゾンの存在である。この高位聖職者は、皇帝ハインリヒ三世に対して、教皇座と教会の諸特権を守るために、皇帝が神の権利を無視して教皇グレゴリウス六世を罷免したことをあえて非難した。これはまさにカロリング時代以来優勢を保ってきた教会国家関係の〔支配〕体制に対して攻撃を加えたも同然である。〔このように〕ロレーヌ公国では、教皇位を皇帝の保護支配から解放し、教会を王や諸侯のくびきから解き放つことが控え目に考えられてきた。だが、のちにグレゴリウス七世が取り上げることになる解放計画を作り上げる仕事は、いま一人のロレーヌ人、枢機卿ムワイアンムーティエのフンベルトゥスの肩にかかっていたのである。

のちの枢機卿フンベルトゥスは、トゥール司教区にあるムワイアンムーティエ修道院に修道士として登場し、ここで彼は、好学心によって、ついで間もなく、『主の体と血について』De corpore et sanguine Domini で彼の学識を讃えているランフランクの言葉を借りれば、《神事と俗事に対する識見》によって、頭角をあらわした。そこで、トゥール司教ブルーノは、一〇四八年一二月教皇位に即いた時、彼がその学識をかっていたこの若い修道士をローマへ伴い、そしてシルヴァ・カンディダの司教枢機卿につけたのである。フンベルトゥスは、このような資格で、多くの重要な任務に携わったが、とりわけコンスタンティノポリスでは〔総大主教〕ミカエル・ケルラリオスによって挑発された〔東方教会の〕教会分離《シスマ》を避けるために空しい努力を払った。だが彼が特に知られているのは、一〇五七年か一〇五八年に公にされた、グレゴリウス七世時代以前に書かれた著作のなかで最も重要な作品、『聖職売買者駁論』Adversus simoniacos と題された三巻の論文によってである。

『聖職売買者駁論』には、まず、人間の性格のうちで最も低劣な諸々の悪、すなわち、貪欲、奢侈、野望などにその根を張っている《シモニア的異端》の心理的・道徳的分析がみいだされよう。この悪の諸結果は極めて的確に指摘されている。つまり、聖職者の不正な補充、教会財産の譲渡、教会の破壊などが激しい多彩な言葉で代わるがわる想い起こされているが、その結果、聖職売買者は教会を悪魔の召使いによって管理されるサタンの会堂に変え、そこでは不敬な暴君が《不幸な羊たちの毛をかり、乳をしぼることだけでは満足せず、彼らが持ってもいないものをよこすように強要しながら、その血までも吸いとっている》との結論に達している。

このような叙述は同じころに聖ペトルス・ダミアニが書いたものとあまり違わないが、フォンテ・アヴェッラーナの隠者と違って、枢機卿フンベルトゥスは、シモニア的異端を終わらせる唯一の方法はその原因であるとともにその存在理由でもある俗人叙任を廃止することであるということを理解していた。彼は、教会規律の諸規則に従って、司教は聖職者と民衆によって選ばれ、首都大司教の承認と領主の同意を伴う〔べきである〕ことを喚起したのち、これらの諸規則が明らかに侵犯されている事実を認めている。《今や、すべてが逆の順序で行なわれている。最初のことが最後に、最後のことが最初になっている。〔実際〕最初に選出と確認を行なうのは世俗権力である。ついで、好むと好まざるとを問わず、聖職者と民衆の同意がつづき、そして最後に、首都大司教の叙階が行なわれている。このような手続きで進級したものを司教とみなすことはできない。何故ならば、逆転が行なわれた結果、本来最後に現われるべき者が、この場合なにも許されていない人々の介入によって、まず最初に来るからである。どうして俗人たちが教会の秘蹟を授け、司教叙階式を成立させ、そのすべてがかかっている象徴《しるし》である杖と指環によって司教的・司牧的恩寵を与える権利を持つことができるのであろうか》と。(七)ついで、信徒たちを導くため司教に授けられる杖あるいは笏杖の象徴的な意味と、司教が彼の教会との結びつきを固める指環とについていくらか考察したのち、枢機卿フンベルトゥスは、杖と指環とによって叙任することは司教権威を授けることであるから、王はこれらの象徴《しるし》を授けながら、彼には全く与える資格のない宗教的権力を授けている。《それ故、司教の職務のすべてが、祝聖も権威も伴わない杖と指環とによって授けられていることは疑う余地がない》と結論している。

叙任の問題がこのようにはっきりした形で提出されたことはこれまで一度もなかった。

聖職者にのみ属する権利の俗人たちによる簒奪、これに枢機卿フンベルトゥスは何よりもまず烙印を押したのである。恐らく彼は、彼が全く言語道断なこととして告発したものをやめさせる方法を示すことが問題であるのに、なおためらっていると非難されるかもしれない。彼は自分の論文から必要な結論をひき出す仕事をグレゴリウス七世に任せて、シモニアとニコライスムの源であるこのような俗人叙任の廃止をあえてはっきり提案しなかった。だがそれはともかく、彼は必要な改革を実現させる上でこの教皇を助けることになるいくつかの考えをやはり打ち出しているのである。

例えば枢機卿フンベルトゥスは、彼の望む改革が教皇座による以外には実現されえないことや、教皇座が改革を貫徹するためには、一層強力な中央集権化をつうじて教階制のきずなを締め直す必要があることを実に良く理解していた。また同じように彼は、教権に俗権をより緊密に従属させる必要性を予見していたのである。《聖職者の尊厳を王のそれに比べようとする人は、教会における祭司制は心に、王国は身体に似ていると言うことができるであろう。何故ならば、それらは互いに愛しあい、両者は互いに必要であり、各々はそれぞれ相手の努力を是非とも必要としているからである。しかし、心が身体を支配しそれに命令を下すのと同じように、聖職者の尊厳は、天が地に優るように、王のそれに優っている。すべてが秩序づけられるためには、祭司制が心のように何をなすべきかを決めなければならない。ついで、王国が頭のようにすべての手足に命じ、それらをあるべきところに分けることになろう。従って、王たちは聖職者に従い、教会と祖国のために役立つよう努めなければならないのである。両権力のうち、一方は民衆を教導し、他方は彼らを支配することになるが、いずれも彼らに無分別に追従することにはならないであろう》と、彼は述べている。このような主張は、グレゴリウス七世によって、有名なメッツのヘルマン宛て書簡でもっと見事にしかも明確に繰り返されることになるが、この教皇は枢機卿の諸観念を、それに含まれているいかなる結論にもたじろぐことなく活用したに過ぎないのである。

従って、枢機卿フンベルトゥスの功績は、彼もまたロレーヌの先駆者たちの考えを受け継ぎながら、グレゴリウス計画のいくつかの指導的理念の輪郭を描いた点にあった。だが彼は、ただ単に理論家であったのではない。レオ九世とともにローマに赴いた際、彼に多くの同郷人がついて行ったが、そのなかには特に、ゴットフリート髭公の兄弟で、のちにモンテ・カシーノ修道院長となり、ついで一〇五七年にステファヌス十世の名で教皇となったロレーヌのフリードリヒがいた。彼は枢機卿の親しい友人であったので、彼〔フンベルトゥス〕がレオ九世から教皇座とビザンツ教会との友好関係を回復するよう命じられた時、コンスタンティノポリスに伴って行った。彼もまた、教会事項への俗権のいかなる干渉にも反対するロレーヌの傾向をあらわしている。彼が教皇として選出されたことは革命的なことであった。何故ならば、ローマの聖職者は、これまでのように亡くなったヴィクトル二世の後継者を任命するよう皇帝に求めないで、教皇位の名義人を本来の権威によって選出したからである。この時久しぶりに、ローマ司教は聖職者と民衆によって再び選ばれたのである。ロレーヌのフリードリヒはこうして与えられた教皇位に即くのをためらわなかった。そして彼は、この時母アグネスの後見のもとにあったドイツ王ハインリヒ四世に同意 consensus を懇請するだけにとどめたのである。このような先例が無駄であるはずはなかった。だがローマの座にとっては、その前に、これまで長いこと効力を失っていた〔教皇選挙〕手続きを復活させ、法として確立する必要があった。ステファヌス十世は、〔即位後〕数カ月しか生きていなかったので、これを復活させる暇がなかった。しかし、『聖職売買者駁論』が公にされたのは彼の在位期であるし、それに枢機卿フンベルトゥスが、このロレーヌ出身の教皇から保証されたローマ教会の顧問たちに対する影響力を、その後継者であるニコラウス二世（一〇五九—一〇六一年）のもとで、引き続いて及ぼしたのである。

ニコラウス二世の教皇在位期は、聖ペトロの座が他の司教座と同じように受けなければならなかった俗人の保護支配からこの座を解き放ったことによって、教会の解放の上で重要な一段階をなしている。一〇五九年四月一三日の教皇選挙令はいわば一〇七五年の叙任に関する教令の前奏であり、またこの教令がローマ教会とドイツ王国とのあいだに惹き起こした確執は、一〇七五年以後勃発する争いをあらかじめ示しているので、叙任権闘争の最初の形態とみなすことができる。

ここでは、この一〇五九年の教令が歴史家のあいだにまき起こした論議を再び取り上げるわけにはいかない。それは、一般に教皇文書と皇帝文書と呼ばれる二つの異なった形で伝えられている。〔だが〕今日、皇帝文書は、恐らくグレゴリウス七世の在位期の終りにラヴェンナのグイベルトゥスや離教した枢機卿たちの取り巻きのあいだで作られた偽書であろうとされている。だから、教皇文書だけが真正であり保存される価値があるのである。〔ところで〕ニコラウス二世がこの教皇文書で教皇選挙の条項を規定した方法は次のようなものであった。《わが先任者とその他の神聖な教父たちの権威の力で、我々は次のことを決議し教令を発した。この普遍的ローマ教会を統治する教皇の死に際しては、司教枢機卿たちが細心の注意を払ってすべての事を決め、ついで、司祭枢機卿の助力を求める。〔そしてその後で、〕他の聖職者と民衆が新しい選挙に同意を与えるべきこと。従って、買収という害毒が何らかの口実のもとに入り込むのを防ぐために、信仰の篤い人々が教皇選出を進める上で優先し、一方、それ以外の人々はこれに従うべきである、と》。この教令は、〔教皇に〕選ばれる者はローマ教会に所属していなければならないが、もしローマ教会から教皇を得られなければ、他の教会から求めることになると付け加えている。皇帝、すなわちドイツ王の権利は、《現在王であり、やがて神の許しをえて皇帝となるよう我々が望んでいる、わが親愛なる〔ハインリヒ三世の〕息子ハインリヒにふさわしい名誉と尊敬を損うことなく》というわざわざ極めて不明瞭な表現で残されている。最後に、もし選出をローマで行なうことができなければ、司教枢機卿が《少数であっても》聖職者と信徒たちとともに他の〔よりふさわしい〕場所に赴くこと、またたとえ選出された者が戦争や党派間の争いのために〔教皇に〕就任できなくても、彼がローマ教会を統治し、その収入を処分する権利をもつことなどがあらかじめ規定されている。

　ニコラウス二世の教令の基本的な性格は原文のこの簡単な要約からも読みとることができる。それはローマの〔教皇〕座に対する俗人叙任の支配を終わらせたといえるであろう。教皇選挙は聖職者〔の手〕にもどった。そして、聖職者のうちに、特権を与えられた選挙人の一範疇、すなわち、司教枢機卿と呼ばれるローマ接属領域の司教たち（八）の一範疇を創設し、彼らにのみ〔選出〕管理権 tractatio、つまり実際の選挙権が属し、他の位階のものはこれを承認するだけとなったのである。枢機卿たちが選んだ者を歓呼するだけになったローマ貴族、あるいは教会法規の伝統によって認められてきた同意 consensus 権さえもたず、しかも承認を含まない単なる尊敬の態度しか示されることのない未来の皇帝であるドイツ王は問題であったが、俗人たちの役割は正しい釣り合いを回復したのである。

　従って、一〇五九年の教令は、枢機卿フンベルトゥスが『聖職売買者駁論』で述べた諸原則に従って、教会解放への第一歩をしるしている。このことはローマでもドイツでも疑う余地がなかった。ローマでは、貴族たちが一戦を交えるかまえをみせ、対立教皇ベネディクトゥス十世の周りに集まったが、正統の教皇を助けるため駆けつけたノルマン人の軍隊に屈服させられたのち、一〇五九年夏にやっと服従するにいたった。ドイツには、ニコラウス二世が、この教令を布告したラテラノ公会議の閉会直後に、教皇使節、枢機卿ステファヌスを送り、彼に、ハインリヒ三世の未亡人でハインリヒ四世の母である摂政母后アグネスとその取り巻きに対し、決定されたばかりの諸議決を通告するよう託した。教皇座の使節は謁見を懇請し、五日のあいだ空しく待ったのち、宮廷側が彼を引見するのを拒否したので、その使命を果たさずに帰国しなければならなかった。数週間後に、王の意向に従順なドイツ司教たちは、教皇に対して非難決議を行ない、全条項を破毀した。叙任権闘争は開始されたのである。

ニコラウス二世は威《おど》かされなかった。この闘争を彼はすでに予見していたのである。ほぼ二百年前から、教会法規にかなった選挙人たちが選出するべきローマ司教を、実際に任命してきたのは皇帝であったのであるから、教皇選挙からドイツ皇帝によって代表される世俗権力を殆ど完全に排除したこの教令がどうして争いを起こさせないことがあろう。事実、教皇はそれを警戒していたのである。ラテラノ公会議の翌日、彼は南イタリアに定着していたノルマン諸君主と同盟を結び、〔イタリア〕半島にドイツの支配が拡大されることを恐れて、教皇座の宗主権を求めていた、ロベルトゥス・グイスカルドゥスとカプアのリカルドゥスの援助を進んで受け入れていた。ロベルトゥスは、ローマ教会の封臣として述べた誓いのなかで、ニコラウス二世が彼より早く死ぬような場合には、《新しい教皇が聖ペトロの名誉のために任命されるよう、最良の枢機卿ならびにローマの聖職者と信徒たちがこの教皇を選挙するのを援助する》と約束している。ランス大司教ジェルヴェの仲介によるフランスへの接近は、右のノルマン諸君主との同盟を更に補うものであった。これら二重の支援に力を得て、ニコラウス二世は、一〇六〇年四月に、ドイツ宮廷に対し、それが教皇座に示した態度にふさわしい応答をすることができたのである。

この年、二回目の公会議がラテラノで開かれ、教皇選挙に関する新しい教令が公布された。これと一〇五九年の教令の原文を比べてみると、明らかに多くの類似点が認められる。いくつかの条文がたいした変更もなく再び取り上げられている。例えば、司教枢機卿による管理 tractatio、下級位階者の賛同、ローマ以外の地で枢機卿が選挙を行なう可能性、その際新しく選出されたものが規定通り任ぜられた教皇としてふるまう権能など、一〇五九年の教令にあるこれらすべての規定が一〇六〇年の教令にも含まれている。だが一方では、これに反して、二箇所の脱落が挙げられる。すなわち、一〇五九年の教令が聖職者と民衆による二重の同意を指示しているのに、一〇六〇年の教令は俗人の活動領域に言及していない。その上、《親愛なる息子ハインリヒにふさわしい名誉と尊敬》についての語句が削除されているのである。〔一〇六〇年の教令の〕文面は概して前より要約した形をとっているが、一〇五九年の教令でこれ以外に触れられていない条項は全くないから、ニコラウス二世は、この教令から〔ローマ〕貴族と未来の皇帝であるドイツ王を意識的に除いたと結論することができよう。〔こうして〕新しい歩みが踏み出された。ロレーヌの計画は教皇座の選挙に関して完全な実施をみ、その他の点についてもまた今少しで実施されるばかりとなったのである。

一〇五九年と一〇六〇年の公会議は教皇選挙についての法規を決めただけではなかった。改革の糸口となった一連の教会法規も、やはりこれら〔の公会議〕にもとづいているのである。そのなかには、ニコライスムとシモニアを対象とした多くの教令が含まれている。例えば、ニコラウス二世は、妻や妾とともに生活している聖職者に対してミサの執行を禁じ、彼らによって行なわれる聖祭に信徒が出席することを禁じている。また彼は、その地位を買った司教たちに対して以前に公会議が下した禁令を更新している。だが、一〇五九年の公会議教令の第六条、《いかなる聖職者も司祭も決して教会を俗人の手から受けてはならない、無償にせよ有償にせよ》との規定は更に新しい性格をもっていた。

このような禁令はこれまで一度も発せられたことがなかった。だからここに、枢機卿フンベルトゥスの、祭司権にのみ属する《司教的・司牧的恩寵の譲与権》を俗人に認めないという、あの『聖職売買者駁論』の一節が表現されていると見なければならない。しかも、過去を振り返るのではなく未来を見やるならば、このラテラノ公会議教令第六条には、一〇七五年にグレゴリウス七世が公布した有名な俗人叙任に関する教令の原型を間違いなく認めることができる。ただ違うのは、ニコラウス二世が原則的禁令を下しただけであるのに対して、グレゴリウス七世は、これに違反した場合、聖職者と王その他の世俗諸君主をともに対象とする一連の制裁措置を考えたという点だけであった。

それはともかく、ニコラウス二世の極めて短い教皇在位期（一〇五九―六一年）――それは二年と少ししか続かなかった――は、明らかにグレゴリウス七世の時代の序章をなしている。聖ペトルス・ダミアニによって以前にもまして熱心に続けられた説教による努力を無視したわけではないが、この教皇座はもっぱら改革の全面的実現をめざしたロレーヌの解決法をとり入れたのである。教皇は、とりわけ枢機卿フンベルトゥスの説いた考えを教皇座に試みることによって、それを実現し始めた。ニコラウス二世の教皇座に価値を与えているのはこの実験である。グレゴリウス七世はローマの座で証明された方法を西欧の他の司教座に普及させるだけでよかったのである。だがロレーヌの計画がそのように完全に実現されるには、なお十五年の歳月を待たなければならないであろう。しかも、叙任権闘争を起こさせる最終的な手段がとられる前に、俗人叙任の廃止は教会を荒廃させてきた悪弊の数々を終わらせる一手段に過ぎないから、まず何よりも道徳的改革を行なわなければならないと考えられ、更にこれを実現しようとする試みがなされることになるのである。

第三章　グレゴリウスの法規

一〇六一年七月二七日に突然襲ったニコラウス二世の早世は、改革の実現を十五年遅らせた。これに続く数年は、一〇五九年から一〇六一年まで教皇座の政治を鼓舞してきたロレーヌの傾向に対する極めて顕著な反動を示している。

ニコラウス二世の後継者の選出は一〇五九年の教令に従って行なわれた。ルッカ司教、バッジオのアンセルムスが、枢機卿団によって、アレクサンデル二世の名で教皇に選ばれたのである。しかし、ノルマンの軍隊に守られて、遠ざけられていたローマ貴族による騒乱の脅威を避けるのが精一杯であった。そこでローマ貴族たちは、ニコラウス二世の教令によってもたらされた事態を止むをえないと観念せず、パルマ司教カダルスを教皇に任命するよう懇請するため、ドイツへ使者を送って挑戦した。やはり同じように教皇選挙から除外されたことに失望を隠さなかったドイツ宮廷は、疑わしいとは考えたが、この〔カダルスの〕選出を承認するのをためらわなかった。一〇六一年一〇月二八日、ドイツ宮廷は、ルッカのアンセルムスが枢機卿団によって同月一日に選挙されたことを知ったのち、バーゼルで開かれた公会議でカダルスを〔教皇として〕宣言させた。

このように、ドイツ宮廷はニコラウス二世によって成しとげられた〔教皇選挙〕制度の改革に対して抗議するためには教会分離《シスマ》も辞さなかったのである。その原因はアレクサンデル二世自身にあったのではない。この新しい教皇は、ニコラウス二世に前後して枢機卿フンベルトゥスが亡くなり、そのため指導者を失ったロレーヌの改革者グループには属していなかった。彼は北イタリアに非常に多かった姦淫聖職者に対して熱心に闘ったことで特に有名であった。また聖ペトルス・ダミアニの弟子であった彼は、教俗両権の協調を固く信奉していた。だから、ドイツ王権が彼に対して反対の立場をとっても、彼はそれに再び接近しようと努め、この目的を達するためにはニコラウス二世が成しとげた解放事業を無駄にするという犠牲もいとわなかったのである。一〇六二年に、彼の友人のケルン大司教アンノが権力をにぎったドイツでの宮廷革命ののち、彼は、ドイツ王が彼とカダルスのどちらが正統の教皇であるかを決めるまで、ローマを離れて、前にいたルッカの教区に身をひくことを承知した。勿論、ドイツ宮廷は教会事項の管理を再びにぎるよう求めたこの機会を進んで捉えた。それはローマ貴族が選出した者を追い払い、正統の教皇を必要な正式の手続きを踏んで叙任する絶好の機会であったからである。結局、アレクサンデル二世がドイツ宮廷によって認められ、彼は一〇六三年三月にローマへ戻ることができた。宗教的平和は再び確立された。がしかし、それは高価であがなわれたものであった。枢機卿団と聖職者によって任命された教皇がドイツ王の承認と仲裁を懇請したのであるから、教皇選挙に関するニコラウス二世の教令は以後どれほどの権威をもつことができるであろうか。教皇座の独立を保証するために一〇五九年と一〇六〇年に決められた諸条項は元の白紙の状態に戻され、改革の将来は全く危くみえた。

事実、ロレーヌの計画は放棄され、一〇七五年まで教皇座は、まずアレクサンデル二世、ついでグレゴリウス七世とともに、聖ペトルス・ダミアニのとった説教と聖職者への直接的な働きかけという方法を行なうだけで満足することになるのである。

アレクサンデル二世の教皇在位期(一〇六一—一〇七三年)で特に際立っているのは、教皇座の改革的な活動を到る所で理解させようとする辛抱強い努力である。一〇五九年と一〇六〇年の公会議の諸教令は、特に姦淫聖職者に関する限り、着実に実施された。これらの非常に厳格な禁令は極めて説得的な勧告と交互に行なわれている。《不正な人々は恥じ入らなければなりません。また彼らは、私どもが、聖霊の命じるところに従って、妾たちを追い払わず、純潔な状態で生活していない司祭、助祭、副助祭たちを罷免することに決めたことを知らなければなりません》と、教皇はグラード総大司教ドミニクスに書き送っている。ミラーノ〔の聖職者たち〕には、姦淫聖職者に対する威嚇とともに極めて情愛のこもった呼びかけがなされている。《私の身体の手足であり、私の心の母である親愛なる兄弟たちよ。あなた方と同じ血を分けた仲である人々が、あなた方の模範によって心を入れかえるのを何時の日か喜べるように、神の掟の道を歩んでください。私どもは処女〔マリア〕から生まれたキリストの功績によって、聖職者の純潔が高められ、不節制な人々の淫行が他の異端とともにくじかれるよう期待しています》と。聖職売買者たちに対しても同じような態度をとり、代わるがわる教皇は、後悔している罪人たちに対しては勇気づけるのを惜しまず、罪ある人々に対しては厳しい態度を示している。従って、アレクサンデル二世を改革に関して無力であったと非難することはできない。だが、彼が考えていたような改革は、ニコラウス二世がその基礎づけを急いだ改革とは大いに異なっていた。だから、俗人叙任の廃止は全く問題とならなかったのである。

一〇七三年に、アレクサンデル二世が亡くなった時、民衆は運動して、亡くなった教皇の友人であり協力者であった修道士ヒルデブランドゥスを教皇座に登位させた。そこで枢機卿たちはこのあまり望ましいとはいえない群衆による選出を急いで追認したのである。教皇のなかで、一〇七三年四月二二日にグレゴリウス七世の名で教会の統治に迎えられた人物ほど際立った人格の持主はかつて一人もいなかった。

グレゴリウス七世は教会の聖人に列せられたが、すべての歴史家はこのような敬意が彼にふさわしいことを一致して認めている。全く神秘的な敬虔さに輝く熱烈な信仰、最高の裁定者であるとともに最高の免罪者でもある神の意志が絶えず支配している人間の無力さに対する極めて深い感情、祈りや〔神との〕一致や自我の完全な放棄や苦悩への愛や、キリスト教的平和の最大の源泉である《人間の悪徳を憎みながらも彼らをいつくしむ》溢れるばかりの愛などによって、神の模範にまで自己を高めようとする不屈の欲求、このようなものが、神観念と自己の責務に対する極めて熱烈な感情に満たされていたこの教皇の性格のおもな特徴である。彼の思考は殆どすべて聖書から汲みとったものであるが、その源泉である聖書に啓発されて、何よりも彼は、人々に福音を説くことによって、彼らをより良くしたいと願っていた。だが彼にとって、福音を説くことは、単に教義を説教することだけを意味したのではない。それはまた、悪弊を矯正するために、キリストが聖ペトロや彼の後継者に委ねた普遍的な力に欠くことのできない懲戒の力を行使することでもあったのである。

教皇位に選出される前でも後でも、グレゴリウス七世は教会改革以外の目的を追い求めたことはなかった。教会全体を荒廃させている悪弊をはっきり認識して、彼はそれを取り除こうとする堅い決意に駆られていた。この聖人は、シモニア的異端に従う売買〔聖職〕者たちが主の聖堂に避難所を見出すことも、姦淫聖職者たちが彼らの恥しらずな淫行を公然と行なうことも許すことができなかった。人々の救済にむけられた彼の信仰、彼の愛、彼の熱意は、《キリスト教を破壊し、聖ローマ教会という不動の岩をくだくためにその全勢力をついやしている》《アンチキリストの先導者やサタンの追従者たち》を教会の懐から追い払うことによって、何よりもまず、教会を正しい道にひきもどすことを彼に強く命じたのである。腐敗した聖職者を浄化する道徳的改革、これこそ彼が辛抱強い強靭な努力を傾けた目標であった。

だが、この改革を行なう方法を選ばなければならなかった。この時までに二通りの方法が行なわれてきた。イタリアの方法とロレーヌの方法である。グレゴリウス七世は、その在位期の初めにははっきり前者を選んでいる。すなわち、前任者の考えを忠実に守って、彼は、俗人たちの支配から聖職者を引き離す必要を理解せず、アレクサンデル二世や聖ペトルス・ダミアニが望んでいたように、むしろ逆に俗人たちは自分の努力に結びつくと考えていたのである。改革はローマ教会の直接的な活動による以外には達成されないと確信して、彼は何よりもまず教皇権威を強化することに専念した。初期のいくつかの書簡は、彼が代理し彼と一体となっている聖ペトロにキリストが委ねたつなぎ・解く力を絶えず行使しながら、みずから統治しようとする彼の意図を明らかに示している。ローマ首位権という神的制度は、彼によって、一〇七五年に、「教皇教書」Dictatus papae において、教義の形で宣言されることになるが、彼の初期の書簡には、司教や信徒たちに神の意志を伝える使者であるローマ教会の超自然的起原が既にはっきりと明瞭な言葉で示されている。要するに、グレゴリウスの計画を一言で要約しようとするならば、それは結局、彼の全権においてローマ首位権を行使することと、これをつうじて教会を改革するという、二つの問題であったといえるであろう。

教皇の初期の様々な活動はまさにこれらの傾向を表わしている。教皇は、司教たちの努力が自分の努力に結びつくよう彼らに強く働きかけている。《あなたが賞賛に値する熱意でそうし始めたように、あなたの教会からシモニア的異端を完全に根絶し、恥ずべき堕落した生活の虜となっている聖職者たちを厳しく純潔の実践に立ち戻らせるよう不屈の努力を傾ける以外に、教皇聖座があなたに推奨できることは何もありません》と、彼は一〇七三年一〇月一三日にアクイ司教に書き送っている。教皇特使が、司教たちの熱意がさめていないかどうかを調べたり、気力に欠ける者を元気づけ、熱心でない者を奮い立たせ、臆病な者を勇気づけるためにしばしば派遣された。グレゴリウス七世は王や諸侯の協力も当てにしている。《人間の身体が世俗の光である二つの目によって導かれるのと同じように、純粋な宗教に一致する教会の身体も、宗教的な光である〔教・俗〕二つの権威によって導かれるのです》と、彼はシュヴァーベン〔公〕のルドルフに宛てて書いている。

もし諸君主との協調を維持しようとすれば、俗人叙任に関するニコラウス二世の教令を適用することは問題となりえなかったが、実際にもそれを少しでも実施し始めたとは思われない。ニコラウス二世のもとでは、枢機卿ステファヌスが、一〇六〇年三月トゥールで開かれた公会議の際に、「〔以後〕決して何人も、大小を問わず教会をそれが所在している教区の司教の同意をえないで俗人から得てはならない」と規定したに過ぎなかった。アレクサンデル二世の在位期間中、この教令は空文のままであったし、それは一〇七五年まで変わらなかった。グレゴリウス七世は、選出された者がその地位を俗人の手から受けても、選挙がシモニア的でなければ、これをすべて有効であるとみなしている。例えば、マコン司教ランドリとルッカ司教アンセルムスは、前者はフランス王フィリップ一世から後者はドイツ王ハインリヒから司教職を受けることを彼から認められている。まして、聖堂区の制度はかつて行なわれていたままであった。勿論それは黙認されていたからに過ぎないが、一〇七三年からすでに、グレゴリウス七世がニコラウス二世の法規を再び公布して、二年後に行なったように、彼の理想と改革計画で獲得しようと望んでいた諸君主の伝統的特権を侵そうと考えていたとは全く認められないのである。

この政策は、在位期の一年目には成功を収めた。ドイツ王ハインリヒ四世は、アレクサンデル二世と反目し、破門された顧問官たちを遠ざけようとしなかったため、一〇七三年にすでに破門宣告を受けていたが、彼は、グレゴリウス七世の申し入れに答えて、《我々が知る限り、彼もその先任者たちもかつてこのようにローマ教皇に書いたことがないほどの優しさと従順さとに満ちた言葉で》——と教皇は書いている——服従を誓った。フランス王フィリップ一世はシモニア的気質を公然と示したのち、彼もまた、教皇座に対する子としての服従を誓い、和解を望んでいることを示した。イギリスのウィリアム征服王はどうかというと、グレゴリウス七世の表現を借りれば、《親愛なる王、聖ローマ教会の唯一の息子》であった。そして彼が要求するように、司教空位を補充する権利を彼に任しさえすれば、彼は進んでシモニアとニコライスムに対する闘いに協力するであろう。従って、グレゴリウス七世は自信をもって将来を考えることができ、改革計画を実施するに当たって、世俗諸君主の側からはいかなる重大な障害にも会わないであろうと期待することができた。そこで、一〇七四年に、彼は教会を穢してきた不名誉な悪弊を終わらせようとする努力を一段と強めようとしたのである。

一〇七四年一月末に、彼は、従来の慣例に従って、四旬節の第一週（三月九日―一五日）にローマで開かれることになっていた公会議のために招集状を送った。この公会議は実際に開かれ、シモニア、ニコライスムに対する禁令を更新した。すなわち、聖品級の一つまたは聖職に金銭を払って昇進したものは誰でも今後教会内でいかなる職務も行なってはならない。聖職売買聖職者は罷免される。姦淫聖職者はミサをあげることも祭壇で下級聖品者を指揮することもしてはならない。最後に、信徒は教皇の命令に違反した聖職者の勤行に列席してはならない、と定められたのである。

これらの措置それ自体は、何ら新しい規定ではなく、これまでの教皇権のもとで教令として布告されてきた諸法規を一つにまとめたものに過ぎなかった。俗人叙任はこの一〇七四年の四旬節ローマ公会議では問題とならなかった。これに反して、一〇七五年、この年の同じ時期に開かれた公会議で、それ〔俗人叙任〕は厳罰の対象となり、この時まで聖ペトルス・ダミアニやイタリア改革者たちを信奉してきたグレゴリウス七世は、ロレーヌの修道士〔フンベルトゥス〕の厳格極まりない考えに同調することになるのである。この方向転換は理由なしに行なわれたのではなかった。その理由は、一〇七四年三月のシモニア、ニコライスムに関する諸教令に示された〔司教たちの〕非協力的な対応に求めなければならない。

これら〔一〇七四年の〕諸教令の実施を監督させるために、教皇は西欧諸国に教皇特使たちを派遣した。この公会議の直後に、彼は、ドイツに向けて、彼が全く信頼していた二人のローマ接属領域の司教、オスティアのゲラルドゥスとパレストリーナのフベルトゥスを出発させた。これらの高位聖職者たちは、母后アグネスとすでに教会に復帰を許されていたハインリヒ四世の協力を得て、シモニア的司教を罷免し、妻帯・姦淫聖職者に聖職停止を命じることになっていた。彼らは、公に罪を認め赦しを求めたのち、彼らの手から教皇赦免を敬虔な態度で受けた王から極めて丁重にもてなされた。ついで彼らは、宮廷にいたマインツ大司教ジークフリートとブレーメン大司教リーマルに対し、彼らが主宰して公会議を開き、一〇七四年三月のローマ教会会議で起草された法規を布告したいとの希望を述べた。だがそれははっきりと拒絶された。二人の高位聖職者は、その同僚にこの集会が時機をえたものであるか否かを計りもしないで、頑として招集を伝えようとしなかったのである。教皇特使たちは執拗に要請し、ジークフリートとリーマルに、自分たちの任務に便宜を計るか、さもなければローマに行ってみずから教皇に釈明するよう促した。だがそれは徒労であった。オスティアのゲラルドゥスとパレストリーナのフベルトゥスは、彼らが帰国する際に、使徒の座に対する敬意のしるしを再び繰り返し表わした王の支持があったにもかかわらず、何も得ることなく引き下がらないわけにはいかなかった。けれども、ジークフリートは、一〇七四年一〇月、エアフルトに公会議を招集することに決め、聖職者たちに妻帯か聖職のどちらかを諦めるよう促した。すると直ちに烈しい反対が起こった。大司教の罷免がとりざたされ、彼はローマ公会議が公布した法規をいくらか和らげてもらうよう教皇にとりなすと約束しなければならなかったのである。これに似た事件はパッサウでも起こったが、ここでは司教アルトマンが司祭たちに純潔を守るよう命じたために危く殺されそうになった。到る所で教皇に反対する動きが現われ、教皇は人々に無理やり天使のように生活させたいと望み、《人間の本性があたりまえの道をたどることを拒んで〔むしろ〕姦淫を奨励している》と非難された、と年代記作家ヘルスフェルトのランベルトは述べている。

ドイツでは、聖職者を改革しようとする試みは完全に失敗した。この試みはフランスでも同じような運命をたどったが、グレゴリウス七世は、そこの司教たちを主の群れに加わらないでそれを食いつくさせるままにしている《吠えることもできない黙りこくった犬》にたとえている。しかも教皇は、ともかくみせかけにせよハインリヒ四世が示していた〔改革への〕熱意を〔フランス〕王からは認めなかった。一〇七四年〔春〕に教皇座と協調するかにみえたフィリップ一世は、彼にかけられた期待を全く裏切ってしまった。一〇七四年の夏のうちに、相変わらず欲張りで、金を手に入れるためには手段をあまり慎重に選ばない彼は、フランスを通過したイタリア商人を襲うというまぎれもない追剝行為によって名誉を失墜したのである。グレゴリウス七世は協調したいと望んでいたにもかかわらず、激しい憤りを抑えることができなかった。《あなた方の王は王でなく、悪魔にそそのかされている暴君です》と、彼は九月一〇日フランスの司教たちに書き送っている。それでも彼は、フィリップ一世の心をより良い方向に導いて、被害を受けた商人たちに賠償する決心をさせようと努めている。骨の折れる折衝ののち、結局彼は罪の償いを果たしたが、右の出来事で教皇は、この《飢えた狼》の貪欲な性格を知り、彼から期待するべきものは何もなく、彼は決して教会改革に効果的な協力をしないであろうということを悟ったのである。

アングロ・ノルマン王国では、これとは逆に、グレゴリウス七世は、ウィリアム征服王が引き続き司教を任命するかぎり、君主の協力を当てにすることができたが、聖職者からはドイツの聖職者に劣らない抵抗を受けた。ルーアンでは、大司教アヴランシュのジャンが、好色な聖職者たちに妾と縁を切るよう勧告したために、石を投げられて危く殺されそうになった。同じ頃に、ベック修道院の一修道士は聖職者の独身制に反対する激しい調子のパンフレットを書いている。ここでもまた、グレゴリウス七世の夢みた道徳的改革が聖職者のあいだで評判が悪かったことは明らかである。

要するに、一〇七四年の改革的諸教令は、西欧のキリスト教的諸王国で歓迎されなかった。ドイツ、フランス、アングロ・ノルマン国家などで、聖職者たちは、教皇座が再び実施しようとした聖職者独身制の掟に驚くほど一致して反発したのである。ノルマン人高位聖職者の大部分は教皇の意図に共鳴しようとする態度を示したが、フランスの司教たちは、専制的で横暴な王から報復を受けるのを恐れて、臆病にも等しい熱のなさを示した。ドイツの司教たちはどうかというと、彼らは、何よりも自分たちの国の宗教的諸問題に教皇権が絶えず介入してくることを恐れて、ローマからもたらされた改革に対し明らかに反対の立場をとった。世俗君主のうち、フィリップ一世は教皇の命令をあまり重んじていないし、ハインリヒ四世の支持もごく一時的にしか当てにすることができない。だから、一〇七四年の終りに、教会改革は、グレゴリウス七世が考えたように、挫折する運命にあるかに見えた。だがそれというのも、大部分はペトロの後継者の権威がキリスト教社会の諸教会に対して充分強力に及んでいなかったからなのである。

そのため、グレゴリウス七世の心に明らかな疲労感が生じたのであるが、これは、彼が深く信頼していた友人のクリュニー修道院長ユーグに宛てた一〇七五年一月二二日付けの書簡に示されている。《私は限りない苦悩とあまねくおおう悲しみに襲われています。……心の眼で西や南や北を眺めれば、その選挙や生活が規律正しく、キリスト教徒を統治するのに世俗的野心でなくキリストの愛に導かれている司教は、せいぜい二、三人に過ぎません。世俗諸君主のうち、自分たちの名誉より神のそれを、利益よりも正義を重んじている者を私は知りません。……それに、私自身を振りかえってみても、キリストの慈愛のほかには全く救われる望みを抱けないほど私自身の〔職務の〕重みに打ちひしがれているのを感じています》と、教皇は書いている。だが教皇は、努力の甲斐がなかったことを自覚して、そのために落胆しているのではない。彼は自分のとった方法が期待した成果を挙げなかったことを認め、そしてニコラウス二世の道を歩むために、アレクサンデル二世の進んだ道を棄てて、教皇座が一〇五九年から一〇六一年まで極めて僅かな経験しかしなかったロレーヌの方法をとるべき時がきたのではないかと考えていたのである。だから、一〇七一年から一〇七四年にかけて試みられた道徳的改革の失敗が、俗人叙任に関する一〇七五年の教令の原因であったのである。

新たな公会議は一〇七五年二月二二日から二八日にかけてローマで開かれた。この会議にグレゴリウス七世は、ブレーメン大司教リーマルや、マインツ大司教ジークフリートと彼の多数の属司教たちなどのように、教皇の命令に謀叛する態度をとった多くの司教を招集した。制裁が数多く加えられ、イタリア人〔司教〕のうち、ピアチェンツァのディオニシウスが罷免され、教皇の招集に応じなかったパヴィアのグリエルムスとトリーノのクニベルトゥスとが聖職停止に処せられた。同じく、《傲慢な不服従》のかどでブレーメンのリーマルが、ストラスブールのヴェルナー、シュパイアのハインリヒ、バンベルクのヘルマンとともに聖職停止を受けた。フランス司教は誰も罰せられなかったが、フィリップ一世が前の年に求められていた悔悛を行なうよう勧告され、もし彼が罪を悔悟しなければ破門すると脅かされた。このような判決はこれまで一度も下されたことがなかった。グレゴリウス七世は、教皇書簡ですでに明確に主張されていたローマ首位権が聖庁尚書院の単なる書式に止まるものでなく、それが、司教、聖職者、王、平信徒などすべての人々に課せられる生きた現実であることを示そうとしたのである。

ニコライスムとシモニアに関する一〇七四年の教令は、妻帯聖職者の聖務に関するものを除いて、一〇七五年に更新された。ついで、教皇は俗人叙任に関する有名な教令を公布したが、それは教皇座と西欧諸国家との諸関係の上に深刻な影響を与えずにはおかなかった。

この教令の正確な内容はわかっていない。(九) 年代記作者、フラヴィニイのユーグがこれについて伝えている記述は、一〇八〇年の公会議で公布された〔俗人〕叙任に関する別の教令のテクストとあまりにも似ているので、それを確実に真正なものとみなすことはできない。だがその正確な形がどのようなものであったにしても、グレゴリウス七世が一〇七七年五月一二日付けでディイの〔司教〕ユーグに宛てた書簡から、教皇は、一〇五九年のラテラノ公会議の教令第六条を再び取りあげて明確化し、司教たちが俗人の手からその地位を受けることと、首都大司教がこのような形で《司教職という贈物》を受けた者を叙階することを禁じたということになる。けれども、この教令についての〔教皇の〕言葉は、かなり曖昧で、様々に解釈される余地を残している。教皇は、世俗君主たちから、司教職、修道院、諸教会などの叙任権を奪っているが、宗教的職務だけが問題なのであるか、あるいは、それと同時に、この職務に結びついている世俗的職務や財産も問題なのであろうか。グレゴリウス七世の禁止は世俗諸君主が介入する権利を〔すべて〕排除したのではない、教皇は彼らによって行なわれる叙任を有効でない irritus と宣言し、首都大司教に十分一税のような教会財産の授与権を留保しているが、世俗権力が臣従儀礼《オマージュ》および忠誠宣誓とひきかえに国王諸高権を引きつづき授与することを認めている、と主張することもできたのである。実を言うと、一〇七五年の教令を再現した一〇七八年と一〇八〇年の教令の原文からは、まずこのような解釈はできないように思われる。というのは、財産と職務、俗権と教権とのあいだにどのような区別も設けず、教会または修道院を、いかなる俗人の手からも de manu alicujus laicae personae 受けてはならない、と命じているからである。恐らくグレゴリウス七世は、新たに選出された司教が、王に対して、王が《上級所有権》を保持していると主張してきた土地とひきかえに、忠誠宣誓と臣従儀礼を行なうことを暗黙のうちに認めたのであろう。だが、これらの宣誓と臣従儀礼は、選出について王にいかなる権利も与えない。一〇七五年の教令を実施するに当たって、教皇が考えたかあるいは用いた妥協策がどのようなものであったにしても、グレゴリウスの法規は、教会を全く分割することのできない一つのものとみなしているのである。実際、教会財産の問題は殆どグレゴリウス七世の関心をひかなかった。彼にとって何よりも重要なことは、世俗権力から独立した、しかも心から改革に忠実な司教たちを獲得することであり、教会法規がかつて王に認めていた慣例的な同意 consensus をも含めて、司教選出における俗人の干渉をとり除くことであったのである。

この措置は急進的な性格を帯び、教会改革における新しい方向転換を意味した。グレゴリウス七世は、イタリアの計画を放棄したのでも説教を断念したのでもなく、枢機卿ムワイアンムーティエのフンベルトゥスによって明らかにされていたようなロレーヌの計画に加わったのである。この方向転換は、要するにかなり突然であるが、その理由はごく簡単で、先に引用したクリュニーのユーグ宛て書簡から明らかである。実際、一〇七五年の初めに、西欧の教会が置かれていた情況には、グレゴリウス七世が問題の書簡で指摘しているように、《その選挙や生活が規律正しい》司教がいないことと、世俗諸君主のあいだで神の権利が全くかえりみられていないという、つまり二つの基本特徴があったといってよい。だが、これら二つの不幸な出来事のあいだには相関関係がないのであろうか。司教たちが聖職売買者や姦淫聖職者であるのは、彼らを任命する君主たちが、司牧職を最も恥ずべき気持を燃えたたせずにはおかない収入源としか心得ていない堕落した聖職者に教会の地位を売って、神の法をないがしろにしているからなのではないであろうか。教会の地位を叙任する慣習が続くかぎり、《貪欲な狼》が羊小屋に入りこんで、羊の群れをむさぼり喰う危険があるであろう。逆に、もし選挙が聖職者と民衆だけのものになれば、金と策謀はその力を失い、不品行な司牧者たちが教会のなかに忍びこむことはもっと困難になるであろう。教皇選挙に関するニコラウス二世の教令は使徒の座を解放した。どうしてローマの座に対してすでに規定された法規が西欧のすべての司教座に及ぼされないのであろうか。そうすれば司教座は以後俗人のあらゆる影響から解放されるではないか。グレゴリウス七世が聖職者と世俗社会に課そうとした改革にとって、将来への最も確実な保証はこの点にあるのではなかろうか。

グレゴリウス七世がロレーヌの計画に加わり、数年前に枢機卿フンベルトゥスが『聖職売買者駁論』において烈しい調子で喚起した教会法規の伝統を再び実施しようと決心した時、彼が考えたことは確実に以上のようなことであった。しかし、彼が〔フンベルトゥスより〕さらに急進的な態度を示していることに注目するべきであろう。彼は、単に昔の権利を復活させただけでなく、極端な手段に訴えているのである。というのは、聖職者と民衆とによって選ばれ、これに首都大司教による叙階と王または領主の承認の伴う司教選出を復権したのでなく、彼はこのうち最後の〔承認〕行為を廃止したとみられるからであり、従って、実際にではないにしても、少なくとも理論の上では、俗人が〔選出に〕関与することを完全に禁じたとみられるからである。

確かに、理論と実際とは区別されなければならない。だがグレゴリウス七世は、彼が一〇七五年に公布し、のちに明確化し、範囲を拡げ厳格にした法規を一度も諦めたことはなかった。こうして次のような内容の教令が一〇七八年一一月一九日のローマ公会議で公布されたのである。《我々は、多くの所で、神聖な教父たちの決定に反して、教会の叙任が俗人たちによって与えられてきたこと、この行為のためにキリスト教が穢される多くの混乱が生じてきたことを認めた。それ故、我々は、すべての聖職者に対し、司教職、修道院〔長職〕、諸教会〔司祭職〕の叙任を、皇帝、王、男女を問わず、いかなる俗人の手からも受けることを禁じる。もし禁令が守られない場合は、この叙任は効力がなく、その対象となる者は彼が償いを行なうまで破門される》と。俗人叙任は一〇八〇年の四旬節公会議でもほぼ同じ表現を用いて再び禁止された。だが、そこでは、この決定を《下級の地位》にも適用することが規定されているばかりでなく、教皇座の決定を守らない俗人たちが更に直接その対象となっている。《もし皇帝、王、公、辺境伯、伯あるいはその他の俗人の誰かが、あえて司教職または他の聖職を叙任するならば、この人物も同じ判決〔破門〕に処せられる。更に、もしこの人物が償いを行なわず、本来教会に属する自由をそれに返還しない場合は、彼の霊魂が主の到来の時に救われるよう、彼は、生存中に、神の懲罰をその肉体にもその他の所有物にも受けなければならない》と。

これらの厳しい措置は最大限緩和して実施された。だから、グレゴリウス七世は、諸君主と問題が起こった場合、公会議決定にもとづくことができるように、またもし必要ならば、ローマの法規を王の主張に対置させることができるように、世俗権力に対する教会の独立を特に教義の形で示そうとしたのではないかと思われる。けれども、君主たちが教皇座の改革的行動を妨げなければ、彼らが聖職者と民衆の諸権利を尊重するならば、彼らが放埒な生活で知られる人物のために圧力をかけたり、推薦したりすることをすべて差しひかえるならば、とりわけ彼らが贈物や進物を受けとらないようにするならば、彼らは、教皇が教会法規の厳しさを和らげ、聖職者に俗人の手から教会を受けることを禁じた教皇座諸教令の実施を延ばし、道徳が特に傷つけられそうもない事態を黙認しようとしていることを認めたことであろう。一言でいえば、俗人叙任に関する法規は、何よりも教皇座が臨機応変に利用できる原則的法規、つまりシモニア的異端を何とも思わない君主たちをいざという時に打つために取っておいた予防的武器であったのであり、グレゴリウス七世はそれを急いで用いなかったのである。一〇七五年の教令は、ウィリアム王がみずから司教を任命していても、シモニアの疑いを少しも招かなかったアングロ・ノルマン王国では一度も公布されなかった。フランスでは、一〇七七年に初めて公布され、ドイツでも、教皇は妥協する用意があることをほのめかしている。その上、ロレーヌの計画に原則上加わったからといって、イタリアの方法に対する信頼を棄ててしまったわけではなく、この方法も引きつづきとられているのである。一〇七五年二月のローマ公会議につづく数カ月間に書かれた教皇書簡は、教皇が、司教たちを彼らの教区でシモニアとニコライスムに関する法規に何とかして従わせようとして、最大の努力を払っていたことを示している。教皇は沢山の書簡で、司教たちに《主の畑に生えた毒麦を刈りとる》よう促し、彼らに《純潔で信心深い聖職者たちに好意に満ちた保護を拡げ、淫蕩なものや自制心に欠けるものなどを慈愛深く叱り、神聖な祭壇から矯正できそうにないものを遠ざけるよう》求めている。

従って、俗人叙任に関する教令を公布したにもかかわらず、グレゴリウス七世は教会の道徳的改革の実現をあきらめなかった。ロレーヌの計画の価値を認めていたにしても、司教選出に対する王の同意 consensus を廃止することによって、少なくとも理論上、この計画を越えていたにしても、彼は説得と様々な種類の教会的制裁によって聖職者を更に多くの規律に従わせようとする望みを捨てていなかったのである。俗人叙任を禁止することによって、世俗権力から教会を独立させようとしているその時でも、彼は、西欧諸教会に対してローマの権威を強化し、何よりもまず、教皇座の諸決定に敵対する地方〔分権〕的抵抗を打ち破るための教会的中央集権体制を確立しようとしていたのである。

事実、俗人叙任に関する教令を公布した数週間後に、グレゴリウス七世は、ローマ教皇の諸権力を明示することを目的とした極めて簡潔な二十七の命題集、「教皇教書」Dictatus papae を起草している。

ここでは、叙任問題が間接的に取り上げられているに過ぎないこの極めて有名な教書を詳しく検討する必要はない。だが、「教皇教書」には、教皇の考えが特にはっきりした形で要約されているので、この教書はこれ以後の時代の叙任権を対象とする論争〔の本質〕を極めて明らかにするのである。教皇権理論のすべては、これらの簡潔な公式から導かれる。グレゴリウス七世は、《ローマ教会が神のみによって基礎づけられた》こと、キリストによって聖ペトロに委ねられたつなぎ・解く力は神に由来すること、従って、《ローマ教会はかつて誤りを犯さなかったし、また決して誤るおそれがない》ことを喚起している。その結果、ローマ教皇は絶対的、普遍的な権力を行使することになり、彼は教会の最高指導者であるということになる。これは、すべての教区に法を定め、教階制の上でいかなる地位にあろうとも常に最高位を占める教皇特使にどこでも彼を代理させる権能や、彼の判決を取り消すことはできないが、すべての判決を破棄する権能を彼に与える。同じく、つなぎ・解く力はローマ教皇をすべての世俗君主の上位に置く。そこで彼は、諸皇帝を罷免し、その臣下たちを彼らが不正な王に行なった忠誠宣誓から解くことができるのである。

従って、「教皇教書」は、教会とキリスト教社会の統治計画をすべて含んでいた。勿論、この計画は新しいものではなく、それには教会法上証明できない命題は[20]一つも述べられていない。テクストの上でいわば骨組を成している偽〔イシドリアナ〕教令集の影響の外に、これには、ゲラシウス一世、大グレゴリウスなどの影響がみられ、更に、グレゴリウス七世の真の先駆者であり、すでにカロリング時代の盛期に、《教皇は全教会においてイエス・キリストの地位を占め》、《全教会の頭》である教皇座はすべての事件を控訴に基づいて裁き、司教権威が解決することのできない疑わしい事件に介入する権利をもつ、また、教皇は彼がその帝国の所有を確認する皇帝に優越する、と主張したニコラウス一世の影響がみられる。しかし、ゲラシウス一世も大グレゴリウスもニコラウス一世も、グレゴリウス七世が主張したように、ローマ教皇が皇帝を罷免する権利をもつとはあえて主張しなかった。「教皇教書」で全く新しいのはこの点である。だから、以後つなぎ・解く力は単なる神学的公式ではなくなり、それは絶えず行使されるばかりでなく、それからもたらされる結果はどんなに極端なものでも避けられなくなるであろう。これまで教皇座の諸教令は空文であることがあまりにも多かった。今や、これらの教令を実施して、司教であれ王であれ、聖職者であれ俗人であれ、それに反抗する人々のあらゆる企てを打ち砕くべき時がきたのである。「教皇教書」はこのように一種の警告を意味するとともに、それは、なぜ、俗人叙任に関する一〇七五年の教令から生じた闘争が、妥協と和解による解決が準備されるまで、激しい論争の形をとって激突しあう教義的諸概念に絶えず支配されながら、しばらくのあいだ悲劇的な様相を呈することになるのか、その理由を説明しているのである。

第四章　世俗諸君主の反対

司教選出における俗人叙任を禁じた教令は、当然世俗諸君主の反対をひき起こさずにはおかなかった。この教令は彼らがカロリング時代以来主張しつづけてきた諸権利に反するものであったからである。彼らにとって司教職とは、その名義人が彼らの目には二の次にしか映らない宗教的職務にやむをえずしたがっている、一個の封であった。この封は贈与によって設定され、それにもとづいて彼らは上級〔所有〕権の行使を主張してきた。だから、グレゴリウス七世が決めたように、司教任命に彼らが介入するのを禁止することは、彼らの権威に重大な打撃を与えることになり、たとえ彼らの信仰がどうであろうと、また彼らがいかに教会とその指導者たちを尊敬していようと、彼らはこれを受け入れようとは決してしなかったであろう。司教区というものは何よりもまず司牧職 cura animarum のための教会的区画であり、それは教会の守護聖人《パトロン》の所有物であるとするグレゴリウス的観念とのこのような対立から、叙任権闘争は生じないわけにはいかなかったのである。

実をいうと、往々人々が考えているのとは逆に、この闘争は、十一世紀の終りまで、主として法律的・教義的性格の議論を中心とする論争という形をとった。グレゴリウス七世は彼の教令を実施した場合に生じるに決まっている様々な困難を知っていたばかりでなく、何よりも聖職者の道徳的改革を目ざしていたので、彼は、実際には、最大限緩和しようとする態度、言いかえれば、様々な諸国家の宗教的事情に応じて現実に即した臨機応変な態度をとったのである。

君主が公会議の決定で禁止された不正な取り引きを行なっていなかった所ではどこでも、この教令は空文のままであった。特にアングロ・ノルマン王国の場合がそうである。ノルマンディでは、ルーアンのモジェ、アヴランシュのジャン、リズィユウのユーグ、セーのイヴ、エヴルーのギヨームといった司教たちは、改革への極めて純粋な情熱に駆られていた。とはいえ、彼らの誰もがその地位を買わなかったにしても、彼らはすべて公から任命されていた。イングランドではどうかというと、ここでは、一〇六六年のノルマン征服以来、上級聖職者が王と教皇特使との完全な一致のもとで行なわれた浄化運動の目標となり、ついで、王は司教座の大部分に不適格な高位聖職者に代わって、徳義心に富んだノルマン人聖職者をつけた。改革がウィンチェスタ公会議とウィンザー公会議によって確立された一〇七〇年からは、離教主義者スティガンドに代わってカンタベリ大司教となったベック修道院長ランフランクが、イギリス教会の先頭にたって、シモニアとニコライスムに関する教皇座の諸規定を厳格に実施するよう絶えず監視していた。ウィリアム征服王は、教会改革が彼に敵対する封建制出身の司教たちを追い払うので、彼にとって利益となるこのイギリス聖職者の矯正を極めて細かに監督した。だがどんなに欲得ずくであったにしても、それでもやはり彼が教皇座の意向と完全に一致した宗教的政策を行なったことには変わりない。もっとも彼は、教会の最高首長にとどまり、とりわけ司教たちを意のままに任命しようという意向を表明していた。だから、シモニアとニコライスムを禁じた諸教令の実施に便宜を与えることに決めたとはいえ、彼は、俗人叙任に関する教令に従うために、これまで特に保持してきた特権を放棄することは断じて認めなかったであろう。

それに、イギリスに一〇七五年の教令を公布すれば直ちに争いをひき起こしたであろうが、この争いで教皇座が優位を占めるとは限らなかった。その上、この争いは地方公会議が努力してきた倫理的改革に致命的な一撃を加えたことであろう。グレゴリウス七世はこのことを完全に理解していたのである。彼はこの倫理的改革を、他の国では成功させようとしたがアングロ・ノルマン王国では少しも存在理由のなかった教会改革の犠牲にするつもりはなかった。従って、俗人叙任に関する教令は、効果のなさそうなイギリスでは公布されなかったのである。王は《シモニアの毒》による危険な印象を全く与えることなく、司教たちを任命しつづけていた。だからといってグレゴリウス七世が、彼を《親愛なる王、聖ローマ教会の唯一の息子》とみなすことにも変りはなかった。確かに、一〇七九年に、教皇とウィリアム征服王との関係は教皇特使の行なった不手際からいくらか冷却したこともあるが、叙任権がその原因ではなかったし、この誤解は直ちに解消された。

従って、グレゴリウス七世の在位中に、イギリスでは叙任権闘争はなかったのである。それはスペインでも同じであった。教皇特使、オレロンのアマトゥス、サン・ポンスのフロテリウス、枢機卿リカルドゥス〔の三人〕は、彼らが出席した公会議で、司教たちの婚姻を禁止し、司教たちに聖職者を金のために叙品することを禁じた。彼らは繰り返しシモニア的司教を罷免したが、俗人叙任に関する教令を公布したとは考えられない。回教徒に対するトレード〔市〕の奪回（一〇八五年五月六日）の三週間後に続いて起こったグレゴリウス七世の死の翌日、カスティーリア王アルフォンソ六世は、再び占領したこの都市の大司教座にサアグンの修道院長ベルナルドゥスをつけるが、この任命は亡くなった教皇の後継者たちからなんの抗議も受けなかった。だから、叙任に関するグレゴリウスの法規はスペインには及ばなかったのである。恐らくグレゴリウス七世は、王が教皇座に全く忠実であったアラゴンにそれを導入する必要を認めなかったのであろう。また彼は、国王アルフォンソ六世をキリスト教の再征服という必要のため特に慎重に扱いたいと望んでいたので、王がその権威を落すにきまっている措置にいずれも反抗してきたカスティーリアとの争いを避けようとしたのであろう。

フランスの叙任権闘争も、言葉の厳密な意味では、やはりあったとはいえない。もっとも、教皇座と王との諸関係には、カペー王国でシモニアが増えたために、かなり多くの事件が起こった。《神の所有物について全く金次第の男》であるフィリップ一世王がウィリアム征服王と全然違うということに人々は前から気がついていた。《神の教会を荒廃させ、その地位を売ったり、それを下女のように服従させようとして、教会に対しよこしまな望みを抱いていることを示してきたすべての君主たちのうちで、フランス王フィリップが最も罪深い君主であることは確かです》と、グレゴリウス七世はその在位期の初めに書いている。教皇の方では、すでに述べたように、俗人叙任に関する教令を公布してこれに対抗することを知らなかったわけではない。それを実施すれば、アングロ・ノルマン王国では好結果を生んでいるのにこの国では好ましくない効果を与えている王の支配から聖職者を引き離すことができたのである。

けれども、グレゴリウス七世は、フランスに教令を公布するのを二年遅らせた。一〇七五年と一〇七六年をつうじて、何よりも彼の気がかりの種となっていたのはドイツ王国である。ところで、フィリップ一世は、フランスを通過したイタリア商人を掠奪して犯した行為について彼の気持をいくらか鎮めていたし、たまたまこの時期には、カペー王国でシモニア的選出が全くなかった。だから、グレゴリウス七世は、一〇七五年の教令を公布しないようにして、困難と危険の予想されるドイツ王との争いに場合によっては連合することになるかもしれないこの君主を傷つけないようにしたことがわかる。

だが、一〇七七年に、事態は全く変わった。カノッサの会見につづいてドイツからの危険はやや切迫したものでなくなり、一方、フランスでは、シモニア問題に多少とも直接関係した事件が生じたのである。グレゴリウス七世は、教区の参事会員たちから物を奪い、聖職を売りとばしていた奇矯な司牧者、オルレアン司教ルニエのことを嘆かなければならなかったが、彼についてはあらゆる種類の困った噂がひろまっていた。それによれば、彼は教皇座から破門されたある聖職者と交渉をつづけ、また法規にかなった選挙によらず、しかも司教となるために必要な年齢に達していなかったのに、教会をのっとったという。彼は一〇七六年一一月一日までにローマへ来るよう勧告されたが出頭しなかった。サンス大司教リシェはこのシモニア的高位聖職者が従わない場合は、彼を破門するよう〔教皇から〕命じられた。同じ頃に、シャルトルでは、〔司教〕座を力ずくでのっとったロベールという名の修道士がそれを手放すのを拒み、そこで、一〇七七年三月四日に、グレゴリウス七世はこの教区の聖職者と民衆に新しい選挙を行なうよう厳命している。ル・ピュイでは、教皇特使ディイのユーグが、例によってシモニアのかどで、司教エティエンヌを《神聖な教会のふところから切り離し》、新しい司牧者の選挙がこの混乱した教会に秩序を回復する日まで、聖母教会に寄進を受けることを一切禁じなければならなかった。ところで、フィリップ一世はオルレアンのルニエと極めて親しい間柄にあったし、また彼が国王司教座であるル・ピュイの事件を知らなかったとはまず考えられない。フランスは改革の道にまきこまれることを全く望んでいないのである。そこで人々は、このような無秩序を改めなければ、この国のキリスト教はどうなるであろうかと案じたことであろう。これこそグレゴリウス七世に俗人叙任に関する教令をこの国に公布する気にさせた理由であった。

一〇七七年五月一二日に、教皇はディイのユーグに手紙を書いている。彼はカペー王国で生じた諸事件には全く触れていない。彼は教皇特使に、カンブレ司教ジェラールがドイツ王ハインリヒ四世の手からその司教職を受けたことを知らせ、教皇座から厳しく叱責されたジェラールがそのような教令があるのを知らなかったと言訳したことを伝えている。彼が、ユーグに、首都大司教も司教も《俗人から司教職という贈物を受けた者を》決して叙階してはならないことを知らせる公会議を開くよう依頼しているのは、同じような事件が再び繰り返されないようにするためであった。ユーグは、命じられた指示に従って、この年一〇七七年にオータンで開かれた公会議で俗人叙任に関する教令を公布している。

正式に公布されたとはいえ、この教令は厳格に実施されなかった。グレゴリウス七世の考えによれば、俗人叙任の禁止は、それ自体が目的でなくシモニアを根絶するための手段であった。だから、選出に不正な取り引きが少しも伴わない時には、彼は見逃していた。言いかえれば、彼は不正行為が明らかに行なわれた時にしか介入しないことになる。従って、フランスの叙任権闘争は、結局、王または大封建諸侯のもとで教皇座が見逃すことのできない愛顧を受けたり、彼らと共謀したりしてきた高位聖職者たちが買収されたことから生じる、時にはかなり激しい論争ということになろう。しかし一方で、グレゴリウス七世は、フィリップ一世と疎遠になるのを望まなかったので、彼の感情を傷つけないように気を配っていた。こうして、ランス大司教がその原因であったかなり激しい論争のさなかの一〇八〇年一二月二七日に、教皇は王に次のような言葉を書き送っている。《陛下が教皇座の好意と友情を求めてこられたことを、私どもはあなたの使者たちからしばしば聞き及んで参りました。そこで、私どもはこのことを非常な喜びをもって知りましたことと、あなたが更にこのお気持を持ちつづけられるならば、私どもはまったく御意のままでありますことをわかっていただきたく存じます》と。しかも教皇は、王が教皇座の好意を得ようと努めながら救済に配慮していることを賞賛し、結局は今後、フィリップが正義を愛し、仁慈を行ない、教会を護り、寡婦や孤児を保護し、カトリック教会の外にいるものを注意深く避けることを願って、いくつかの誤りを若気のせいにして許している。これ以上思いやりのある態度を示すことは不可能であった。けれども、このように協調を望んでいたからといって、グレゴリウス七世と、ディイ司教、ついでリヨン大司教となったフランスの教皇特使ユーグが、シモニア的司教を容赦なく追及することに変わりはなかった。

一〇七七年のオータン公会議で、俗人叙任に関する教令を公布したのち、ユーグは教会の地位につく場合に良心的でない人々を目覚めさせるつもりで何人かを見せしめに罰しようとした。教皇が恐らくあまりにも寛大過ぎる態度を示したオルレアンのルニエとシャルトルのジョフロワは問題とならなかったが、シモニアの罪を犯したヌワイヨン司教は辞任しなければならなくなり、教会法規で決められた年齢に達しないで叙階されたオーセール司教は罷免され、ボルドーとランスの大司教は出頭しなかったために、前者は聖務禁止、後者は聖職停止を受けた。翌年（一〇七八年）、この刷新の仕事を補うために、ユーグはポワティエに新たに公会議を招集している。今度は、フランス王から大いに庇護されていたトゥールのシモニア的大司教ラウルと、王領内の何人かの司教を裁くことが問題となった。〔それに伴って〕激しい事件が起こったが、教皇特使は冷静さを失わず、ラウルばかりでなく、サンスとブールジュの大司教、ランス大司教と彼の属司教の全部、およびレンヌ司教を聖職停止に処した。俗人叙任の禁止が更新され、シモニアと聖職者の姦淫とが前にもまして厳しい処罰の対象となったのである。

この警告は、その後数年間教皇座とカペー王国の関係に極めて重要な位置を占めるランス大司教マナッセを除けば、いくらか効果があったように思われる。

かなり前から、グレゴリウス七世はこの高位聖職者がその職務を果たしていないと非難していた。しかし、教皇がマナッセをオータン公会議に召喚させる気になったシモニアが公式に非難されたのは、ようやく一〇七七年になってからである。彼は出頭するのを差し控え、何とかしてローマで釈明しようとし、ローマで彼は、オータンに現われなかったのはただ召喚状にそのことが触れられていなかったために過ぎないと誓った。彼はこの機会に守るつもりのないありとあらゆる約束をした。一〇七九年に、次の年リヨンで開かれる予定になっていた公会議に召喚されると、彼は、リヨンはフランスではない、ランスとリヨンにはさまれた地域は戦争で混乱している、命じられたごく僅かな期間に、自分のために証言してくれる非のうちどころのない生活を送っている六人の司教を見つけることは不可能である、などと申し立てて、何とか出席しないようにした。それでもやはり彼は罷免され、グレゴリウス七世はこの決定を承認した。だが、教権と帝権の争いの最悪の時期であり、マナッセを庇護していたフィリップ一世の支持を得ること、あるいは少なくとも彼と中立を保つことが教皇座に役立つかもしれなかったので、グレゴリウス七世は、《神聖な教会の慣例に反して、またあふれる慈愛にかられて》、マナッセに、ローマにおいてか、またはディイのユーグとクリュニー修道院長ユーグに対して、身の証しを立てるための新たな猶予を認めた。けれどもマナッセは、今度も意に介せぬまま、教会の財産を浪費するのを止めなかった。そこで、一〇八〇年一二月二七日に、教皇はこれに結着をつけることに決め、ランスの聖職者に新しい司牧者の選挙を行なうよう依頼した。マナッセは屈服し、彼と同じく破門されていたドイツ王のもとに身をひいた。最後には、フランス王のことを考えて最大限の寛容さを示したグレゴリウス七世が打ち勝ったのである。

他の到る所で、教皇は同じ態度をとりつづけた。ナルボンヌでもテルーアンでも、彼はシモニア的司教たちを追及したが、常に彼らがより良い心に立ち返るために必要な猶予を認め、教皇特使ディィのユーグは賛成しなかったが、寛大であることを示した。けれども、ナルボンヌのギフレとテルーアンのランベールは脛に傷もつ連中であったので、教皇の穏健な態度はフランスを慎重に扱いたいと望む気持からでなければ理解することができない。しかし一方からいうと、シモニアによる被害は恐らく誇張されてきたのではなかろうか。史料は紛争を起こした選挙しか記述していないし、その数は、これを年代記作家や公会議決定が述べていない選挙の数と比べれば、全体からみればむしろ取るに足りず、それはすべてが規則どおりに行なわれていたことを物語っている。要するに、一〇七五年の教令が、俗人叙任にシモニア的取り引きが伴わない限り適用されなかったのは、恐らく以上のような理由からであろう。グレゴリウス七世は、先に挙げた場合を除いて、フィリップ一世やフランス封建諸侯が彼の定めた諸原則に反しても、それを決して非難しなかった。ところで、王やその大封臣たちが司教選挙への介入を全く断念したと考えることは困難である。従って、教皇が沈黙していた事実は、選挙が明らかな取り引きか強引な圧力の対象とならない限りすべて見逃そうとする一定の方針があったと考えなければ説明することができない。そこで、グレゴリウス七世の治下には、フランスに言葉の厳密な意味で叙任権闘争はなかったと結論することができるのである。

ではドイツとイタリアでも同じであったのであろうか。ここでは問題がもっとずっと複雑である。フランスでは国王の司教座と諸侯の司教座とが分かれていたが、ここでは王がすべての高位聖職者の任命権を持ち続けてきた。それに、オットー大帝からハインリヒ三世に至るまで、聖職売買者コンラート二世の時代を除けば、選出は一般に優良であったことを認めなければならない。事態は、教会や神聖な事に父王のような敬意を払わないハインリヒ四世とともに変わった。しかし一方では、王の人柄にもまして、君主が司教職に対する特権をどうしても棄てることのできない統治上の必要性がまさにあったのである。ドイツでは、王権は、勢力を絶えず増大させていた、世襲的で俗人からなる極めて強力な封建制が自己の面前に立ちふさがっていることを認め、それを絶えず考慮していなければならなかったのである。そこで、王権は、豊かな土地にもとづく真の威信をほしいままにしていた、大土地所有者である司教や修道院長からなる、聖職者の封建制にたよろうとした。しかし同時に、王権にとっては、信頼のできるしかも王国の利益に心から忠実な人々で教会を構成することがどうしても必要であった。従って、王権は俗人〔貴族の〕叙任を受け入れることも司教選挙に無関心でいることもできなかったのである。

その上、この叙任の問題には、西欧の他のキリスト教国にはなかったいま一つの問題が加わっている。ドイツ王はオットー大帝以来帝位を与えられてきた。そのような資格で、彼は世界支配 dominium mundi と、カール大帝以来宗教的指導としばしば混淆してきたキリスト教世界の世俗的指導とを引き受けてきた。いずれにしても、皇帝は教皇の統治に絶大な影響をおよぼそうと努めてきたのである。ニコラウス二世の時まで、ローマ貴族が教皇位を与えていた若干の例外的な事態をのぞけば、使徒の座の名義人を任命してきたのは彼であった。この伝統に一〇五九年の教皇選挙令は決定的な打撃を与えたのであるが、この伝統と、グレゴリウス七世が、聖ペトロの後継者であるローマ教皇は神的制度であるから何人によっても罷免されえないと確言するだけでは満足せず、教皇は諸皇帝を廃位することができると主張している「教皇教書」に述べられた諸原則とは、両立することができない。これほど正反対な〔二つの〕傾向はどうしても衝突しないわけにはいかなかった。教皇権が、その独立を宣言し、俗人のあらゆる保護〔支配〕を脱したのち、俗権に対する教権の優越、皇帝に対する教皇の優越を主張したのであるから、皇帝教皇主義の代表者であるハインリヒ四世が、教皇権の要求する君主の統治に対する監督を受け入れられないことは明らかであった。人々が望んでいたよりも強硬なこのような〔両者の〕主張は折り合うことができなかった。そこで、ドイツでは、叙任の問題がしばしば、この問題と離れがたく結びついている教権と帝権の争いの一局面に過ぎなくなるのである。

従って、帝国の諸地域では、種々の事情から、俗人叙任に関する教令は他の所よりもはるかに複雑な紛争を引き起こすべく運命づけられていたように思われる。けれども、ハインリヒ四世でなく別の君主であったならば、事態は何とか片がついていたかもしれない。もし王が、彼の父ハインリヒ三世のように、敬虔で学識ある人々のみを司教区の首長につけ、一〇七四年のローマ公会議によって定められた道徳的規律を守らせようと決心していたならば、恐らく和解策 modus vivendi が見出されていたであろう。グレゴリウス七世は闘争を望んでいなかったのである。彼は、その教皇在位期の初めから、心から満足していたわけではなかったが教会に復帰させたハインリヒ四世に対して、〔和解〕交渉を行なう努力を惜しまなかった。もし王がその権力を制限し、起こるかもしれない〔教会からの〕攻撃に対して用心したいと望むならば、教皇は、ペトロの後継者が番人である法に反しないかぎり、どのような犠牲でも妥協でも認めようとしていたのである。彼はニコライスムとシモニアを根絶させるために最大の努力を払っていた。だから、もしこの努力が実を結べば、――イギリスでみられたように――俗人叙任に関する教令が公表される理由は全くなかったであろう。

この教令は、他の西欧諸国におけると同じように、ドイツとイタリアでも公布されなかった。一〇七五年のローマ公会議に続く数カ月間、グレゴリウス七世とドイツ王との関係には何らの変化も生じなかった。ハインリヒ四世は、これまでと同じように、シュパイアにフッツマン、リエージュにハインリヒを司教に引き続き任命している。もっとも彼は、贈物を全く受け取らないようにしていた。バンベルクでも、彼は、グレゴリウス七世から呼び出しを受ける度に何時も何とかうまく逃げ廻っていた、ランスのマナッセに優るとも劣らないあのずるがしこい聖職売買者、音に名高いヘルマンを、教皇が追い払うのを助け、一〇七五年一一月三〇日、みずからその後継者にゴスラルの修道院長ルッペルトを任命している。俗人叙任に関する教令に全く反するこれら数々の任命に対して、教皇は少しも反対していない。新しく選ばれた司教たちはそれぞれの首都大司教から問題なく叙階されているのである。そればかりではない。グレゴリウス七世は、ハインリヒ四世がシモニアとニコライスムに対する闘いで彼に与えた支援を王に感謝している。《わが親愛なる息子よ。善に対するあなたの熱意が示されているすべての賞賛すべき行為のなかで、あなたの聖母、ローマ教会にあなたを益々推奨することが二つあります。一つは、あなたが聖職売買聖職者に力強い抵抗を行なっていることであり、いま一つは、あなたが聖職者独身制にはっきり賛成して、その実現のために有効な努力を払っていることです》と、彼は王に対して一〇七五年七月二〇日に書いている。五カ月前にローマ公会議で決定された俗人叙任に関する教令には全く触れられていない。

しかしながら、この時期に、交渉が進められていたのである。それは極めて友好的に進められていたようにみえる。ハインリヒ四世は、一〇七五年六月九日、彼に対して叛乱を起こしたザクセン人に大勝したのち、教皇に使者を送ったが、この使者は、彼が別の使節をローマへ派遣することを告げた書簡をたずさえていた。《私の見出すことのできる最も親しいしかも最も信頼できる人々をつうじて、私は至福のペトロとあなた自身とに対して抱いている愛情と尊敬の気持をあなたに示すでありましょう》と、彼は述べている。これらの言葉には、〔交渉の〕決裂を示すものは何もない。グレゴリウス七世は、彼の方でも平和と和解を望んでいるとはっきり述べ、ハインリヒ四世が善意に燃える人々に交渉の仕事をまかせたことを感謝している。教皇は彼に《キリストの助けでローマ教会のふところを開き》、彼を《兄弟か息子のように受け入れる》つもりであるが、ただ彼が《救済についての警告を快く聞き入れ、彼が得ることのできた名誉と栄光をそれにふさわしく創造主に捧げる》ことを無視しさえしなければ、いかなる場合にも大いに協力するつもりであると述べている。またザクセン人に対する彼の成功を《神のさばき》のおかげであると祝福し、それを教会の平和のために喜んでいる。この一〇七五年夏には、何ら協調を妨げるものはなく、相互の関係は極めて良好であったように思われる。ところが、五カ月後に、〔両者は〕完全に決裂することになるのである。

ハインリヒ四世は攻勢をとった。だが教皇座に対する彼の急激な方向転換の原因や経過を明らかにすることはかなりむずかしい。恐らくそれは、一〇七五年のローマ公会議の厳しい制裁と教皇在位期の初めから開始された改革的活動の再燃とに激昂した彼の取り巻き、とりわけドイツ高位聖職者たちの影響によるものであろう。特に、マインツ大司教ジークフリートの果たした役割は決定的であったように思われる。この高位聖職者は、復活祭の期間中、公会議の少し後にローマにやってきた。そして彼は教皇から、属司教たちを集めて、シモニア的高位聖職者に対して試みられるはずであったことを彼らを使って験してみるように依頼されたのである。彼は自分の教区に帰ると、受けてきた命令をうまく避けることしか考えず、相つぐ延期を弁明するために全くでたらめな理由を色々と探しだした。グレゴリウス七世は一〇七五年九月三日の書簡で不満を示しているが、このなかで彼は、ジークフリートにシモニア的異端と聖職者の姦淫に反対する行動を再び始め、《この有害な樹木が再び花をつけることができないように、それを根まで掘りおこす》べきであると告げている。だから、ジークフリートのハインリヒ四世に対する影響が和解の方向に及ぼされるはずはなかったと考えて差し支えない。一方、グレゴリウス七世が一〇七五年二月の公会議で破門し、ハインリヒ四世が縁を切らないでいた俗人顧問官たちは、何とかしてその権威を失うまいとしていた若い王を促して復讐しよう、ローマ〔教皇〕の命令に反対しようと努めていたに違いないのである。

決裂の直接のきっかけとなった事件はミラーノで起こった。

この聖アンブロシウスの町には極めて生き生きとした〔宗教的〕熱狂が残っていた。ここには沢山の妻帯司祭や姦淫司祭がいたので、純粋な意図に駆られていたとはいえ、福音の穏やかさを守ることを殆ど知らなかった《パタリア》、つまり《ボロをまとった人々》による激しい反対運動が勃発していたのである。そのため、改革の支持者とその敵対者とのあいだで事態は極めて緊迫していた。グレゴリウス七世が登位した時には、二人の大司教が対立していた。一人は、ドイツ王が任命し、あらゆる悪習を喜んで続けていたゴテフレドで、いま一人は、改革派によって一〇七二年一月六日に選ばれていたアトである。そこでグレゴリウス七世は一〇七四年のローマ四旬節公会議でアトを承認した。ハインリヒ四世は、この時、あこがれの的である帝冠を教皇の手から受けるためなら多少の犠牲を払ってもよいと考えていたので、教皇の決定を前もって認めていたが、彼は、ゴテフレドが危険を感じてこの地位を放棄したので、なお進んでそうしたのである。だが《パタリア》がこの〔皇帝派大司教の〕留守を利用して改革の敵対者たちを激しく攻撃したのは間違いであった。一〇七五年三月の終りに、混乱が生じる。聖月曜日（三月三〇日）に、ミラーノ市は大部分が火事で焼きつくされ、そのため大聖堂も灰塵に帰する。すると時を移さず、その原因がパタリアのせいにされる。これにつづいて騒乱が起こり、そのさなかに反対派〔パタリア〕の首領エルレンバルドゥスが暗殺される。直ちに悪習に味方する連中が勢いをとりもどし、その代表が新しい大司教の任命を懇請するためにハインリヒ四世のところへ送られる。そこで王は、アトを認めていたにもかかわらず、何度もためらったあげく、その時彼のもとにいたミラーノ教会の一助祭、テダルドゥスを任命することに決める。この男は直ちにミラーノに帰り、勝ち誇った歓迎を受け、そして属司教たちは、教皇が厳しく禁じたにもかかわらず、直ぐに彼を叙階するのである。

これは明らかな挑戦であった。グレゴリウス七世は、シュパイアのフッツマンやリエージュのハインリヒの任命の際には、これら二つの〔司教〕座が空位であり、しかも王が理にかなった選出をおこなったので見逃すことができた。ミラーノではこれと全く違う。アトという大司教が在職中であり、彼をローマ公会議が大司教として公式に宣言していたからである。従ってテダルドゥスを承認することはできなかった。《あなたは自分の占めた司教の座が別の名義人を迎えていたことを知らないのです。この人物が正当な理由によって除かれないかぎり、教会法規はその地位を占めることをあなたにも他の何人にも認めていません》と、教皇はこの無資格就任者に書いている（一〇七五年一二月七日）。そして教皇は、それでも極めて慎重な言葉を使って、次の四旬節公会議にテダルドゥスを招いているが、彼はこの会議でミラーノ管区の宗教的事情を調べるつもりであったのである。

ハインリヒ四世がこの事件全体をつうじてとった態度は未だにはっきりしていない。確かなことは、テダルドゥスの任命が孤立した行為ではなかったということである。ドイツでは、ヘルマンが退職したために空位となったバンベルクの司教座に王は極めて疑わしい選出を行なった。イタリアでも、同じように、彼は独断でフェルモとスポレートの司教に教皇の知らない人物を任命している。それに、ケルンで大司教アンノが一〇七五年一二月四日に亡くなると、彼はその後継者にゴスラルの司教座聖堂参事会員のヒドルフというあまり推薦できない人物をつけている。これらすべての任命は、これまで通り司教職を自由に譲与し、配下の者をそれにつけようとする彼の意図を表わしていた。恐らくグレゴリウス七世は、ミラーノの事件が起こらなければ、これらの任命を認めたことであろう。だがこの事件は、彼の和解と協調の政策を打ちくだく致命的な障害であった。ミラーノにはすでに司牧者がいたのであるから、確かに彼はハインリヒ四世に宛てて書簡を書いている。一〇七五年一二月八日に、彼はハインリヒ四世がテダルドゥスを承認することはできなかった。

この書簡には、非難と弁護と教義的表明が同時に含まれている。グレゴリウス七世は、ハインリヒ四世が破門された顧問官たちを遠ざけなかったことを激しく非難し、これによって王は償いをする時まで神と使徒の恩恵を奪われることになろうと述べ、また、彼が特にミラーノの件で教皇の決定に服さず、更にフェルモとスポレートで教皇座の諸教令に反した任命を行ないながら、教皇座に子としての服従を書簡や使者をつうじてつつましく約束したことを激しく非難している。グレゴリウス七世は、シュパイア、リエージュ、バンベルク、ケルンなどで、ハインリヒ四世が、俗人叙任に関する教令を無視して、ごく最近みずから司教を任命したことを付け加えてもよかった。だが、〔これらの所では〕シモニアが行なわれなかったので、彼は事態を悪化させないために触れないでおくことにしたのであろう。

右の非難には弁護が付け加えられている。教皇は、彼がどんな状態のなかで四旬節公会議を開いたか、彼が教会とキリスト教の受けてきた災害のすべてを前にして、主の羊の群れを危険と滅亡から救うために、《神聖な教父たちの諸教令と教義に立ち返ろう》という気になったのはなぜか、《王にこの教令があまりにも厳し過ぎると思われたり、あまりにも公平を欠くと思われないために》、教会法規にかなった妥協の可能性を検討することのできる《賢明でしかも篤信の》使者を送ると信頼のおける人々をつうじて彼に親しく言わせたのはなぜか、などの点を想い起こしている。しかし、彼は、〔このように〕和解への最大の努力を示しているが、それでもやはり、ローマ教会は使徒ペトロその人をつうじて〔神から〕つなぎ・解く力のすべてを受けたのであるから、教皇を畏敬しない者は神を畏敬しない者であるという「教皇教書」に要約されている教義を再び述べている。《神の命じ給うたことは神聖な教父たちの決定に表わされているのですから、それを行なおうとする者は我々の命令を無視してはなりません。しかも、それをあたかも使徒その人の口から発せられたように受けなければならないのです》と。

こうして、司教職の叙任という特殊な問題は、他のより一般的性質の問題に含まれることになった。グレゴリウス七世が要求しているのは、単に俗人の介入をすべて排除した司教選挙の自由だけではなく、それは、つなぎ・解く力の結果としての、世俗君主たちの統治に対する一種の監督権であり、彼ら君主たちは司教や〔下級〕聖職者と同じくローマの至上権を認め、教皇座の命令に従順に従わなければならないということなのである。この主張は、諸皇帝がカール大帝以来絶えず掲げてきた主張に反していた。祭司権からこのような監督を受けるどころか、彼らは逆にこれを保護〔支配〕下に置こうとしてきたからである。こうしてキリスト教世界の構造をめぐるこれら二つの観念は対立しあい、どうしても衝突しなければならなくなる。従って、ドイツでは、叙任権闘争はもはや、これ以後この闘争と密接に結びついた教権と帝権の争いの一局面に過ぎなくなるのである。

ハインリヒ四世は、教皇に自分の立場を明らかにする機会を直ちに作らなければならなかった。〔ところで〕一〇七五年という年は彼にとって非常に有利であった。王の最大の気がかりとなっていたザクセン人の反抗は、彼が六月九日にホンブルク近くで勝利を収めたのち全く抑えられ、そして叛逆者たちは十月末に提示された条件をのまなければならなかった。首謀者である、マクデブルク大司教ヴェルナー、ハルバーシュタット司教ブルハルト、ノルトハイムのオットー伯、マグヌス伯などは、ハインリヒ四世に会いに行き、彼に再び服従を誓った。この勝利のおかげで、王は行動の自由を取り戻したのである。彼は改革諸教令のためにローマ教会に対して激怒していた高位聖職者の支持を当てにできることを知っていた。イタリアでは、パタリアがその首領エルレンバルドゥスの死で崩壊し、改革派に昔のように支援することができなくなっている。ローマでは、貴族の首領の一人、ケンキウスによるグレゴリウス七世に対してたくらまれた陰謀で、教皇に敵対する徒党の存在が明らかになったが、もしハインリヒ四世がその絶対主義的傾向に従って俗人叙任に関する教令と「教皇教書」で主張されている教皇の諸傾向に反抗すれば、ここでも彼は熱烈な支援を当てにできたのである。

一〇七五年一二月八日の〔教皇〕書簡は、指令を待つためにローマに滞在していた王の使者、ラドボド、アダルベルト、ゴットシャルクによってドイツに届けられた。彼らは、一〇七六年一月一日に、ハインリヒ四世がいたゴスラルに到着した。彼らの任務はこの「勧告状」epistola commonitoria をその名宛人に手渡し、その趣旨を正しく伝えることにあった。彼らは王に、《神と人間の法の命じるところに従って、完全に償いをするまで破門されるばかりでなく、廃位されて王位に復帰する望みがなくなる恐れのある》過ちに対して悔悛するよう勧めたことであろう。彼らはまた、もし彼が《教皇座の警告を受け入れてその生き方を改める》ことに同意すれば、教皇は喜んで彼を神聖な教会の懐に再び迎え入れるであろうと力説しながらも、もし彼が彼の周囲にいる破門者たちを遠ざけなければ、このような制裁は避けられない、と特に述べたことであろう。

この最終的な督促に対して、ハインリヒ四世は争いに平然として結着をつけることによって答えたのである。彼は、エーベルハルト、ゴーデスハイムのウルリヒ、その他の一〇七五年二月のローマ公会議で破門された顧問官たちの意見に少しも反対せずに従い、七旬節の主日（一〇七六年一月二四日）に司教たちと諸侯をヴォルムスに招集することにした。この会議は定められた日に開かれた。ロレーヌのゴットフリート公を除けば俗人諸侯は王の招集に殆ど応じなかったが、ドイツの司教たちはみな進んで駆けつけた。マインツのジークフリートとトリーアのウドとは、彼らの属司教全員を連れてやって来た。討議が始まった所へ、グレゴリウス七世を見かぎったばかりの枢機卿フーゴー・カンディドゥスが現われ、何人かの高位聖職者から嫌悪の的となっていた教皇に対する憎しみを悪意のこもった辛辣な調子でかきたてたのである。

このヴォルムスの会議からは三通の文書、すなわち司教たちのグレゴリウス七世宛て書簡と、ハインリヒ四世の、一通は教皇に宛てた、いま一通はローマ人たちに宛てた二書簡が出されている。これらの書簡は、いずれも叙任に関する法規には全く触れていない。目標となっているのはグレゴリウス七世の政策全体である。《にせ修道士ヒルデブランドゥス》は、教会の平和を破壊して、ローマからイタリア、ドイツ、フランス、スペインにひろがった大火災を燃え上らせ、卑劣なへつらいによって地位を得ることを知っている者だけを司教や司祭と認め、司教の権限に属している事柄のすべてを裁くことができると主張しながら、司教を犠牲にして前代未聞の権力を奪ったと非難されている。司教たちの書簡で示されたこれらの不平不満に、ハインリヒ四世は個人的な性質の別の不満を更に付け加えて、教皇は、彼に対して常に敵意をもってふるまい、彼が相続で手に入れた地位を取り上げようとし、《イタリア王国》を奪おうとしたと非難している。だがこれら様々なテクストの結論は一つで、王は、教皇を罷免して、彼が教皇権威を失ったと宣言し、教皇に《その支配者の地位が神の意志とローマ人たちの宣誓とによってドイツ王に委ねられてきた〔ローマ〕市の座》を放棄せよと命じたということなのである。司教たちはというと、各々次のような宣言文に署名しなければならなかった。《私、どこそこの司教、誰それは、ヒルデブランドゥスに対して、今後、従順と服従を拒否し、彼を決して教皇として認めず、彼にこの称号を二度と与えないことを通告する》と。

これらヴォルムスの宣言は「教皇教書」に対する反駁であった。司教たちは、グレゴリウス七世が彼らの職務に固有な諸権力を教皇座の利益のために奪ったと非難し、ローマ教皇が彼らを罷免したり、赦免を与えたり、思いのままに他の教区に移すこと、彼がすべての教区に無制限な権力をもつこと、教皇特使がどこでも最高位を占めることなどを認めるのを拒否している。王の側からは、王の統治に対する教皇座の恒久的な監督をかかげたグレゴリウス理論とは対照的に、彼が自己のものであるとみなしている領域に教皇が介入することを一切拒否し、自分は絶対無制限な権威を神から直接授けられていると考えている。その結果、司教職が王に属しているという事実を暗黙のうちに示していることになる。そこで、俗人叙任の問題がとりあげられていなくても、この問題に関する教皇の主張が、王の絶対的権力の前にどのような力も持ちえなかったことは疑う余地がない。ヴォルムスの決議は、ローマの至上権というグレゴリウス理論に反発する古来の帝国皇帝教皇主義の表現なのである。はじめて、これら二つの体制は対立し、互いに反抗しあうことになった。これに続く数週間のうちに、事態は急速に進展し、避けることのできない争いとなるのである。

ヴォルムスの会議の翌日に、グレゴリウス七世は、彼の法令に全く教会法上の価値を認めないドイツ司教からもはや教皇とみなされていない。今や問題は彼を孤立させることにあった。そこで、ローマの権威に同じく従順でないロンバルディア高位聖職者の同意を促すため、シュパイアとバーゼルの司教、フッツマンとブルハルトが、ハインリヒ四世腹心のエーベルハルト伯とともに、イタリアへ送られたのである。彼らの使命はなんの支障もなく達成された。〔すなわち〕ヴォルムスの会議と同じような会議がピアチェンツァで開かれ、一〇七六年一月二四日の決議を確認した。ついで、パルマの一聖職者ロランドゥスが、四旬節の時に招集されている〔次の〕公会議で、グレゴリウス七世に対しドイツとロンバルディアの司教たちが行なった罷免決議を通告するためローマに行くよう託されたのである。

ローマの教会会議はいつもの時期に開かれた。第一日目（一〇七六年二月一四日）から、パルマのロランドゥスが引き合わされた。グレゴリウス七世が発言する前に、彼はヴォルムスの決議を乱暴な調子で読み上げ、聖職者たちに、王の手から教皇を受けるため、聖霊降臨節に彼のもとへ行くよう勧告した。すると、直ちに満堂に抗議の声が巻き起こり、そして、もしグレゴリウス七世が、ロランドゥスをその身体でかばって命を助けてやらなかったならば、みなは彼を殺していたことであろう。このように〔ロランドゥスが〕迎えられたことは、明らかに、ヴォルムスの決定に対して、「教皇教書」ですでに示されていた制裁を心置きなく対抗させてもよいということを教皇に示していた。静けさが回復された時、彼は典礼文を読み上げさせ、ついで彼は、次のような重大な発言を行なったのである。

《使徒のかしらである至福のペトロよ。どうかあなたの情けぶかい耳を私どもの方に傾けて下さい。そして、あなたが幼い時から育ててこられ、また今日に至るまであなたに忠実であるために嫌ってきて今もなお嫌っております敵意ある人々の手から救ってきて下さった、あなたの僕である私の言葉を聞いて下さい。すべての神聖な人々のうち、あなたとともに、私の支配者である聖母〔マリア〕とあなたの兄弟、至福のパウロに誓って、あなたの聖ローマ教会が私の意志に反してそれを統治するよう私を導いたのであり、私は不正な方法であなたの座についたのではありません。私は、この世の栄光のために世俗の精神であなたの地位を占めるよりも、むしろ修道の衣をまとって生涯を終わることの方を確かに選んだでありましょう。ですから、特に私に委ねられたキリスト教徒が私に服するのは、私の功績によるのではなく、あなたの恩恵によると信じております。というのは、天上と地上でつなぎ・解く力を、私があなたに代わってそれを行なうように、あなたの求めによって、神から私が委ねられているからであります。あなたの信頼に力を得て、教会の名誉と防衛のために、全能の神、父・子・聖霊に代わり、あなたの権力と権威によって、私は、気狂いじみた傲慢さであなたの教会に反抗した、皇帝ハインリヒの子、ハインリヒ王にドイツとイタリアの全王国を統治することを禁じ、全キリスト教徒を彼らが彼に対して結んだ宣誓から解き、いかなる者にも彼を王と認めることを禁じます。なぜならば、あなたの教会の名誉を傷つけようとするものは、彼が持っているると思っている名誉を失うことがふさわしいからであります。事実、彼は、キリスト教徒として服従することを拒否したのですし、破門された人々と交わり、不正な行為を重ね、あなたがその証人ですが、私が彼の救いを考えて与えた警告を無視し、あなたの教会から自分を引き離し、それを分裂させようとするなどして、彼が棄て去った主のもとに立ち返らなかったのですから、地上のすべての人々が、この岩の上に生ける神の子が教会を建て、黄泉の力もそれに打ち勝つことがありえないことを知るために、私は、あなたに代わって、破門の鎖で彼を縛ることにいたします。》

この非常に感動的でしかも格調ある訓告は、教皇の歴史における画期的な出来事であった。それはまず何よりも教義的確認であったが、これは、実際には、「教皇教書」にほんの僅かの点をつけくわえているに過ぎない。すなわちそれは、グレゴリウス七世が、つなぎ・解く力によって、世俗諸君主を廃位し、彼らの臣下の忠誠宣誓を解く権利を、自分はわきにしりぞいて、聖ペトロその人から授けられたとみなしている点である。それに廃位が破門に先行している点にも注目しなければならない。この非常に明確な、極めて断定的な判決によって、グレゴリウス七世は、その誰もがキリストによって使徒に与えられた権力を実際にこの世の事にまで及ぼさなかった彼の先任者たちから区別されるのである。

だが更に一層新しい点は、ハインリヒ四世にドイツの統治をあえて禁じたという行為そのものであろう。グレゴリウス七世は権利を要求するだけでなく、この権利を行使したのである。一〇七五年におけると同じように、いわゆるグレゴリウス的理念は、神学や教会法などの高次の領域にとどまらず、法令の形で表わされたのである。一〇七五年に、俗人叙任に関する教令を公布する前に、グレゴリウス七世はローマの権威にそむいた何人かの司教を罰するのをためらわなかった。一〇七六年に、彼は、教皇権威に従うことを拒む王に対して同じような判決を下し、これによって、聖職者も俗人も、司教も王も、等しくローマの至上権を認め、尊重しなければならないことを示そうとした。このローマの至上権は、これまで何度も教皇座によって要求されてきたものであったが、これほど世俗社会に直接影響を及ぼしたことは一度もなかった。〔こうして、〕一〇七五年秋のうちにミラーノで始まった叙任権闘争は、グレゴリウス七世の在位期の終りまで、もはや教権と帝権との争いの一局面に過ぎなくなる。いいかえれば、臣下たちの統治を神から委ねられている王に教会に対する一切の権利を授ける神的権利にもとづく絶対主義と、王は世俗的統治についても教皇に従わなければならないとするローマ的概念という、両教義間の争いの特殊なケースに過ぎなくなるのである。

このローマ的概念を、グレゴリウス七世は、八月二五日にメッツ司教ヘルマンに宛てて書いたまるで宣言書のような書簡で表明することが、一〇七六年二月の公会議直後に流布された悪意に満ちた噂を断ち切るために役立つと考えた。彼はこの書簡で、つなぎ・解く力はすべての人々に及ぶこと、神が聖ペトロに委ねたことによって、《誰にも例外を設けなかった》こと、従って、王も他の人々と同じようにそれに服さなければならないことなどを強く主張している。彼はこれに加えて、《教皇座は神から委ねられた権力によって、霊的な事を判断することができるのに、どうして世俗の事を裁けないなどということがあろうか》と述べ、最後に、司教の権力は王のそれに優っている、何故ならば、この二つの権威のうち《一方は人間の傲慢さによって作られ、他方は神の愛によって作られた》からである、従って、当然のことながら教皇は王を破門することができるばかりでなく、その地位と彼のもつ権力を取り上げることができる、と書いている。

このようにローマの教義は皇帝側の主張と対立していたが、それでもやはりグレゴリウス七世は、ハインリヒ四世が許しを懇願し、教会法規に命じられている償いを果たそうという態度を示す時には、絶えず、つなぎ・解く力によって、この君主を赦そうとしていた。彼は、ドイツ人たちに新しい王を選ぶよう命じなかったばかりでなく、罪を犯したこの人物を教会の懐に復帰させようと努めている。例えば、メッツのヘルマンに書簡を書いて二週間もたたない一〇七六年九月三日に、ドイツ信徒宛て書簡のなかで彼は、《王が心から神のもとに立ち返るならば、彼を快く迎え》、《彼に対して、統治を妨げている正義ではなく、多くの罪を消滅させる仁慈を行なう》用意があることを明らかにしている。

種々の事情から、教皇は、恐らく彼がそうせざるをえないと考えたよりも早く、この書簡で述べた希望を実行しなければならなかった。教権と帝権が決裂すると直ぐに情勢が教皇座に絶えず有利に展開したからである。ハインリヒ四世は続けざまに深い失望を味わった。一〇七六年二月二一日に暗殺されて非業の最後をとげた下ロレーヌのゴットフリート髭公が亡くなったので、彼はローマに対立教皇を擁立する上で頼りにしていた貴重な助言者を失った。ザクセンでは、しばらく度を失い気落ちしていた敵対者たちが希望を取り戻していた。だから、かつての首領たちが彼らを監視するよう命じられていたメッツ司教ヘルマンから自由を得る時には、彼らは大胆不敵な勢力となることであろう。それに、二月一四日の教会会議の決定で、高位聖職者たちはヴォルムスの会議によって生じた事態を今や検討しなおさなければならなくなったのである。

ヴォルムスで、ドイツの司教たちはよく考えてみる時間も自由もなかった。ハインリヒ四世から〔教皇に対する〕不服従と反抗の文書を作成せよと促された時、彼らは大きな危険を冒さなければそれを拒否することができなかった。しかし、教区に帰って、彼らは自分たちが行なったことから生じる様々な結果について、いいかえれば、教皇が結局勝利を収めた場合、彼らが全教会の首長であるペトロの後継者と全く縁を切ることから生じる様々な支障について、ゆっくり考えてみることができたのである。慎重に行動することが必要であった。そこで、彼らは、王との接触を全く避けて、誰の目にも明らかな危険に極力係わらないようにしながら、事態がどのようになるか、その成行きを静かに黙って見守ろうという気になったのである。従って、ハインリヒ四世の立場はかなり急速に危くならいわけにはいかなかった。

王は、聖土曜日（一〇七六年三月二六日）に、ユトレヒトで破門と廃位の知らせを受け取った。この時、彼のまわりには、彼の熱烈な支持者の一人であったこの市の司教ヴィルヘルムと、彼に対して同じように好意的であった二人の高位聖職者、トゥールのピボとヴェルダンのテオデリックがいた。皆は一致して、ピボが四旬節の主日である翌日の司教ミサで《にせ修道士ヒルデブランドゥス》に対する破門宣言を読み上げることを決めた。しかし、土曜から日曜にかけて夜のうちに、ピボは不安にかられてユトレヒトをひそかに去り、テオデリックも彼とともに逃げてしまった。そこで、ユトレヒトのヴィルヘルムが、二人の同僚が免れた方がよいと考えたこの重大な役目をひきついだのである。彼は教皇に対して王による破門を公布し、これに辛辣な註釈を加えたが、このなかでグレゴリウス七世は、偽りの誓いをした者、姦通者、にせ伝道者などと次々に呼ばれている。この日、雷が聖堂の上に落ちた。そこで、人々はこの自然現象に神のさばきを認めるのを忘れなかったが、それは、数週間後に、神を冒瀆したこの高位聖職者の死で明らかとなった。

グレゴリウス七世の熱心な支持者であるとは考えられないトゥールとヴェルダンの司教たちから受けた裏切り行為で、王がそれほど動揺したとは思われない。彼は聖霊降臨祭

（一〇七六年五月一五日）にドイツの司教たちをヴォルムスに招集したが、彼らはこの呼びかけに殆ど応じなかった。高位聖職者が僅かしか出席しなかったので、彼は会議を六月二九日に、延期しなければならなくなり、しかもこれをヴォルムスでなくマインツで開くことにした。

このようにドイツ司教団が欠席したことは危険な警鐘であった。まして変節する者が増えたのであるからなおさらである。メッツのヘルマンは、捕われていたザクセン人たちをすでに釈放していたが、教皇の味方に廻り、その首都大司教トリーアのウドをそれに引き入れていた。ウドはローマに出掛け、そこで〔教皇に〕服従を誓っていたのである。マインツの会議は、このような状態のなかで、何の結果も生むことができず、それはヴォルムスの会議に全く似ていた。だから、ドイツにおけるハインリヒ四世の立場が次第に弱まっていたこと、彼にとって、グレゴリウス七世と和解する可能性を真剣に考えてみる価値があったことは明らかであるように思われる。

ところで教皇は、一〇七六年二月の教会会議以来、王が教会法規の求める償いを行なうならば、彼に赦免を与えるつもりであると繰り返し言明してきた。宗教的動機に導かれ、キリストによって使徒ペトロとその後継者に委ねられたつなぎ・解く力を完全に行使することに何よりも心を砕いていたので、彼は、ローマの至上権をやはり明確に示すことになる赦免判決を、破門や廃位と同じように公式の手続きを踏んで言い渡すことしか望んでいなかったのである。

従って、一〇七六年二月にはすでに、公会議の決定をキリスト教社会に伝えながら、彼はすべての信徒に《不敬な人々の心を悔悛に向かわせる》よう神に祈ってもらいたいと述べている。数週間後には、グイフレドゥスという名のミラーノの騎士に書簡を送って、彼はその意向をはっきり述べ、《あなた方は色々な方面からドイツ王と和解することについての私どもの考えを探ろうとしてきました。私どもが答えたことはこうです。「もしハインリヒ自身が神と和解しようとするならば、もし私どもの警告に従って、彼が神聖な教会の最大の禍いや彼自身の破滅のためにとったやり方を改めるならば、私どもは彼と和解するつもりです」》と書いている。一〇七六年七月二五日の回覧書簡は更に一層明らかで、過去をふりかえって厳しく罰するに至った理由を挙げたのち、教皇は将来のことをあれこれと考えながら、《私どもは、人々を愛してその罪を愛さず、不敬な人々が行いを改めるよう彼らに反抗し、不正を憎んでもそれを犯した人々を憎まないことを望んでいますから、使徒のかしらである至福のペトロの権威によって、私どもが親愛な兄弟であるあなた方に求めそして命じることは、王を悪魔の手から引き離し、神の助けによって、彼を兄弟のような愛で導き、彼が分裂させようと努めた私どもの共通の母〔である教会〕の懐に彼を呼びもどすことができるよう、しかし彼がどのような不正な手段によってもキリスト教をふたたび抑圧したり神聖な教会をないがしろにしたりできないよう、彼に悔悛する決心をさせるために努力することです》と付け加えているからである。

迷える小羊を羊小屋に連れ戻すための悔悛と赦免、これがグレゴリウス七世の計画なのである。彼は教皇であるという自覚が命じる道を踏みはずさなかった。《神に誓って、私どもは、どんな世俗的な考えも不正な君主や不敬のやからに対しておこしません！》と彼はやはり声を大にして言っている。間もなく始まろうとしていた交渉においても、彼には、神の正義の必然性と彼自身の愛の衝動とを一致させながら、使徒の意思を代わって示す以外に気がかりなことは何ひとつなかったであろう。

五月中に、グレゴリウス七世はトリーア大司教ウドがローマに現われたのを知った。ウドは彼自身や同僚の司教の多くが困惑していることを彼に知らせた。教皇は、この時すでに、その後数カ月のあいだ彼が繰り返し働きかけたドイツ高位聖職者の内部に急激な変化が起こることを見越していたのかもしれない。けれども、右の勧告に従順な司教たちは少しずつ教皇のもとに帰ってくるにしても、ハインリヒ四世は頑強に悔悛の色を少しも表わしていなかった。そこで、王が教皇座に対して異なった態度をとろうと決心するためには、この勧告が王権の将来にもたらすすべての結果に加えて、諸侯が登場する必要があったであろう。

シュヴァーベンのルドルフ、バイエルンのヴェルフ、ケルンテンのベルトルト、ヴュルツブルク司教アダルベルト、ヴォルムス司教アダルベルト、パッサウ司教アルトマンなどの反対派の首領たちは、一〇七六年一〇月一六日トリブールに集まると、オッペンハイムのすぐ近くの町に滞在していたハインリヒ四世と交渉を開始した。グレゴリウス七世の使者カダルスは、ドイツに到着したばかりであったが、この話し合いに加わった。もっとも、この話し合いの正確な内容はわかっていない。王は事態の重大さを理解したらしく、王位を保持しようとすれば教皇と和解しなければならないということをさとったようである。そこでハインリヒは二通の文書を作らせた。一通は、彼が《何事にも教皇座になすべき服従を守り》、《どのような悔悛でも敬虔に行なう》ことを約束した、教皇特使宛ての「誓約」promissio で、いま一通は、彼が《最初の考えをより有益な見解に変える》つもりであることを明らかにした、「布告」edictum と呼ばれる〔聖俗〕諸侯に宛てたものである。恐らく彼は、教皇特使がこの曖昧な悔悛の意志表示に動かされて、争われている問題についてもっとはっきりした誓約を別にしなくても、教会へ復帰させてくれると期待したのであろう。だが彼はグレゴリウス七世が赦免する権利を留保していることを知らなかったのである。この〔教皇の〕意向を知らされた時、彼は教皇特使と諸侯によってなされた提案を諦めて受け入れることにしたが、この提案の条件には、有罪か赦免の最終決定が下される一〇七七年二月二日の大会議に出席するため、アウクスブルクに行くことが教皇に提示されていた。グレゴリウス七世の方では、この計画に進んで同意し、そして一二月の終りにはすでに、彼はドイツに旅行する準備を始めていたのである。

実際、教皇は好意をもってドイツ諸侯の提案を受け入れるほかなかった。アウクスブルクの会議はローマの至上権を大いに高めることにならないであろうか。そして教皇は、彼が常に夢に描いてきたとおり、どこに正義があるかを決定し、聖職者間の争いと同じように俗人間の争いを使徒の名において裁決する最高の裁定者、最高の仲裁者のように見えないであろうか。だから、グレゴリウス七世は、その使命を果たすためにはどんな危険にも勇敢に立ち向かう決心をしたことをドイツ人たちに急いで知らせたのである。彼は一〇七七年の初めにローマを立ち、マントヴァに向かった。そこに彼は一月八日に到着し、ここでドイツ諸侯が彼を迎えに差し向けることを約束していた護衛隊と会うことになっていた。ところが、この護衛隊は予定の日に現われなかった。だが彼らが遅れたためにハインリヒ四世は助かることになったのである。

王はアウクスブルク会議の招集を何とかして妨げたいと望んでいた。この会議で、敵対者たちは、彼の権力を決定的に失墜させるおそれのある重大な暴露をするに違いなかったからである。この不安な将来を前にして、彼は一つの救済策を考えついた。それは彼らの機先を制して、みずからイタリアに行き、そこで芝居がかった演出で工夫をこらし、巧みに悔悛を装うことによって、教皇の慈悲深い慈愛を強要し、彼から、ローマ・カトリック教徒に復帰する赦免を、またこれはもっと重要なことであるが、王に復帰する赦免を無理やり得ようとするものであった。そのために彼は代父であるクリュニー修道院長ユーグの援助をとりつけたが、彼から〔教皇も〕教権と帝権の協調を維持したいと望んでいることを知った。この支援に自信をえて、王は、クリスマスの少し前に、極秘裡にドイツを立ち、ブザンソンとジュネーヴを経てモン・スニ峠に行き、そこからトリーノを通ってイタリアへと南下したのである。

王がやってくるというあまりにも思いがけない知らせを受けて、グレゴリウス七世はレッジオの南西にあるカノッサ城に身を避けたが、この城は、教皇座のイタリアにおける最良の同盟者であった女伯マティルデのものであったから、教皇は全く安全であった。ハインリヒ四世は、クリュニーのユーグ、エステ公アッツォ、サヴォイアのアデライデ、およびマティルデその人を介して直ちに彼と交渉しようとした。だが、教皇はかたくなな態度を示した。それほど彼は早まった赦免を与えれば教会の立場があぶなくなるかもしれないということを知っていたのである。しかし彼は、ハインリヒ四世が悔悛の情を示し、その助けを借りて彼の心を動かそうとしたので、ついにはその決心をぐらつかせることになるのである。

一月二五日、ハインリヒ四世は、どのような疑いも避けようとして、僅かの供をつれてカノッサ城の前に着いた。彼は、王のしるしも帯びず、はだしで、悔悛の衣をまとって、三日のあいだ門の前にたたずみ、教皇の慈悲を哀願するのを止めなかったので、《この行為を目撃した人々やそれを伝え聞いた人々を心から感動させた》と、この事件を公式に述べているとみられるグレゴリウス七世の書簡はつたえている。教皇側近の人々も王のために取りなし、そこに居合わせた女伯マティルデとクリュニーのユーグは、教皇の《いつにない苛酷さ》に驚きを示し、《あまりにひどい残酷なこと》だと彼を非難したほどである。三日のあいだグレゴリウス七世は聞き入れようとしなかったが、ついで、《強い悔悛の情に負けて》、彼はハインリヒ四世を《聖体拝領の恩恵と教会の懐のうちに》受け入れたのである。もっとも、彼は王に誓約を提出させた。これに、クリュニー修道院長、女伯マティルデとアデライデ、臨席した諸侯と司教が副署したが、司教たちのなかには〔教皇側では〕、司教枢機卿、パレストリーナのフベルトゥスとオスティアのゲラルドゥス、司祭枢機卿サン・クリソゴーヌスのペトルスとサンタナスタシオのコノ、助祭枢機卿グレゴリウスとベルナルドゥス、副助祭フンベルトゥスなどが、また王の側では、ブレーメン大司教リーマル、ヴェルチェリ司教グレゴリウス、オスナブリュック司教ベンノなどがいた（一〇七七年一月二八日）。

この誓約の原文は、グレゴリウス七世のドイツ諸侯宛て書簡に付されて保存されている。それは次のような内容のものである。

《余、王であるハインリヒは、ドイツ王国の大司教、司教、修道院長、公、伯、その他の諸侯および〔同じ理由で〕彼らに従うすべての人々が、目下余に対して唱えている不平や非難について、教皇グレゴリウス聖下が定めた期限以内に、少なくとも余か彼に明らかな障害が生じないかぎり、彼の裁定に従って正義を行なうかまたは彼の助言に従って和解を行なうであろう。また〔障害が起こった場合にも〕ひとたびこの障害が解決されたならば、余は余の責務を果たすつもりである。もし教皇グレゴリウス聖下がアルプス山脈のかなたかあるいはその他の場所に行かれようとするならば、余に関するかぎりまた余が支配できる者に関するかぎり、安全を保証されるであろう。彼のみならず、彼を案内するか、彼に伴うか、彼から派遣されるか、あるいは彼を訪れて来る人々は、その滞在期間中と同じくその往復に、生命や身体を傷つけられたり捕われたりすることを恐れる必要はない。余に関しては彼の名誉に反することをする恐れは何もない。またもし他の者が〔彼に〕危害を加えようとするならば、余はできうるかぎり誠意をもって彼を助けるであろう。》

この誓約には解釈しにくい非常に曖昧なところがある。ハインリヒ四世は、教皇が旅行しようとする場合、自由にドイツに行くことと彼の身辺に配慮することを約束している。また彼は、かなりもってまわった言い方で、彼が受けようとしている赦免は彼が臣下からなされた非難に釈明する義務を果たさなくてもよいとするものではないことを認めている。しかし、彼はアウクスブルクの会議に出頭することを明確に約束していないし、しかも不可抗力の場合を除くように配慮している。それればかりか、彼は好ましくない顧問官たちを辞めさせることも、今後教皇座の権力を完全に認めることも約束していない。まして、忘れることのできないはずであるこの闘争の発端となった俗人叙任とミラーノ事件について、彼は全く触れていない。要するに、グレゴリウス七世は保証を何ひとつ得なかったのであり、争いをひき起こした諸問題は解決されないままであったのである。その上、ハインリヒ四世は、教会に復帰したので、この誓約で王の称号を再び用いている。このことは、最近、H・X・アルキリエールによって主張された説[1]とは反対に、教皇が、一〇七六年二月の公会議で宣告した廃位判決を取り消さないで、ただ教会法規上の赦免だけを行なおうとしたのではなかったことを示している。彼が教皇の前に再び現われる時には、彼はもはや許しを謙虚に懇願し過ちを懺悔する罪人でなく、諸侯を従えて、その行動を説明しにくる国王として現われることであろう。要するに、カノッサ〔事件〕の前には、ハインリヒ四世が王位を失うことは確実であった。ところが、カノッサ〔事件〕の後には、王位にとどまることが完全に可能となったのである。教皇座との、また諸侯との争いにおいて、彼は数カ月前には負けるかにみえた勝負に天才的手腕で勝つことに成功したのである。

そこで何人かの歴史家は、カノッサ〔事件〕は、ハインリヒ四世が屈辱を受けたにもかかわらず、グレゴリウス七世にとっては失敗であった、教皇は彼が一〇七六年のうちに苦心して積み上げた成功のすべてを赦免を行なったために棄ててしまった、と評価している。[2]

それはともかく、やはりこの行為が崇高であったことには変わりない。《この時に、教皇は立派な行ないをした。というのは、たとえ彼の意図がそのために損われようと、正しいことを行なったからである》と、ドイツの歴史家アルベルト・ハウクが書いている。この見解には誰も賛成しないわけにはいかない。もしグレゴリウス七世が頑として聞き入れなかったならば、彼は断固たる政治家、外交的手腕にたけた粘り強い人という名声を残したことであろう。だが、赦免を与えることによって、彼は偉大な教皇であり、真のキリスト教徒であることを示したのである。カノッサ〔事件〕は彼を神にまで高めた。何故ならば、この事件で彼は、地上的な考えを全く捨てた、神性の後光に包まれた姿を現わすからであり、全く超自然的な愛の衝動に身をまかせて、人間的正義に対して神の慈悲の勝利をゆるぎないものにしているからである。正義は罪あるものが罰せられることを求めていた。すなわち、キリスト教信仰の埒外に生き、臣下たちを虐げ、教皇に不遜極まりない挑戦をいどんだ王が、重臣たちの法廷に被告として出頭し、有罪判決を堂々と受けることを求めていた。ドイツ諸侯がトリブールでそのように決議していたし、教皇は彼らの決定を確認していた。しかし、カノッサでは、慈悲が正義にまさり、それが悔悛者の哀願する態度でひれ伏した罪人〔ハインリヒ〕を立ち直らせ、乱暴に棄て去った聖堂に彼をつれもどし、そこへ親のもとに帰ってきた放蕩息子のように迎えたのである。グレゴリウス七世は、この決定的瞬間に、慈悲の生きた化身であった。だからここに、彼がこの時もっとも偉大であった理由があるのである。

従って、この厳粛な時ほど、彼がキリストと使徒ペトロの名において行使するあの宗教的権威を高揚させたことはなかった。カノッサでは、一〇七六年二月のローマにおけると同じように、彼は政治的考慮に全く関心を払わなかったし、教会法規を守る以外には何も考えなかったのである。見せかけの悔悛のしるしを繰り返し示した罪深い人物を、ローマでは〔破門の鎖で〕縛り、カノッサでは解いた。ハインリヒ四世は、この劇的な瞬間に、グレゴリウス七世の支配と政策の全行動を規定しているつなぎ・解く力を認めた。教皇からみれば、これこそ偉大な成果であった。帝国の皇帝教皇主義はローマの至上権のまえに屈した。これが、グレゴリウス七世にとってカノッサという偶発的事件の大きな意義である。だから、この意味で、カノッサ〔事件〕は決して失敗ではなく成功なのである。だが、彼のまきこまれた情勢がそれをかなり一時的なものにしたことは否定できない。

カノッサの会談がもつこの神学的意義は、もっぱらハインリヒ四世と教皇座との争いを、その大部分が敵対する王を追い払う好機とみなしていたドイツ諸侯には理解されなかった。だから、彼らはその直前まで敵対していた両者のあいだに和解が成立したことを知って仰天してしまった。教皇は起こされた訴えを急にはうちきらないように気を配ってきたから、恐らくドイツへ来る計画はあくまで変えないであろう。しかし、ハインリヒ四世を許したのであるから、彼はその立場をすっかり変えてしまったに違いない。というのが少なくとも諸侯たちの考えであったが、彼らはハインリヒ四世の赦免の政治的結果にどのような幻想も抱かず、教皇の考えを信用していなかったので、グレゴリウス七世を既成事実の前に置いておいた方が安全であると判断したのである。彼らが教皇に来てくれるよう懇請したとも思われないが、彼の到着を待たず、彼らは二月にウルムで、ついで、三月一三日に、フォルヒハイムで会議を開いた。そしてこの会議で、教皇特使が王国〔の運命〕を決するためにグレゴリウス七世の到着を待つよう求めたにもかかわらず、彼らはハインリヒ四世を廃位し、その代りにシュヴァーベン公、ラインフェルデンのルドルフを選出したのである。数日後の三月二六日に、ルドルフは、彼を選んだ多数の諸侯や司教の臨席のもとに、しかしグレゴリウス七世の指示によって待機の姿勢をくずさなかった教皇特使は欠席したまま、マインツで大司教ジークフリートから戴冠された。

これ以後、叙任権闘争から生じた宗教的争いは政治的争いともなったのであるが、ここではその様々な経過をたどるわけにはいかない。ただ、この諸侯のクーデターで非常に微妙な立場に置かれたグレゴリウス七世の態度がどのようなものであったかを記せば充分であろう。ハインリヒ四世は、フォルヒハイムで起こったことを知ると直ちに、教皇に対し、簒奪者に反対して自分を支持してほしいと頼んだ。ルドルフはどうかというと、彼は自分の意に反して王国の統治をにぎったと言訳をし、自分は何事にも教皇座〔の命令〕に服すつもりであると言明したのである。グレゴリウス七世は王位を主張する両者のいずれを

〔王と〕宣言しようとしていたのであろうか。彼は、明らかに教皇座の命令に反するフォルヒハイムの決議に満足している態度を示すことはできなかった。しかし、一方では、ハインリヒ四世の態度も依然として謎につつまれたままであった。というのも、もし王がみずから教皇座に敵対する行動を一切差し控えているとすれば、ロンバルディア司教たちがもっとはるかに控え目な態度を示しているはずである。ところが、彼らの一人、ピアチェンツァのディオニシウスは、教皇特使オスティアのゲラルドゥスとルッカのアンセルムスが無資格就任者テダルドゥスを追放したのち、正統信仰を回復するために滞在していたミラーノから帰る途中、彼らをあえて捕え、投獄していたのである。そのため、グレゴリウス七世にとっては非常に困った事態となった。またそのために彼は、みかけはためらいがちであったが、実際には教皇が神から受けたと信じる使命にもとるまいとのみ配慮した態度をとったのである。

従って、三年のあいだ、教皇の政策は、不決断にみえながらも、あらかじめ極めて精密に定められた歩むべき道を忠実に歩むことになろう。つなぎ・解く力にもとづく、教皇というその職務のみを常に考えていたので、グレゴリウス七世は、一〇七七年五月三一日ドイツの教皇特使たちに書いているように、《どちらの主張が正しいかを判断し》、《当然統治しなければならない者に援助の手を差しのべる》ことを託された適任の最高仲裁者であると自分をみなしている。しかし、なすべき決定の重大さを自覚して彼は、シュヴァーベンのルドルフを認めさせようと迫るザクセン人たちの訴えにも、両敵手のあいだで始まった戦争の期間中、双方に代わるがわる有利に展開した軍事的経過にも影響されることなく、綿密な調査にとりかかったのである。けれども詳しい真相は全くわかっていない。というのは、僅かにいくらかの情報を提供しているザクセンの史料が、あまりにも公正を欠いているので、批判検討にたえないからである。確かなことは、グレゴリウス七世が、教会とキリスト教社会の最高首長として両敵手を裁決する仲裁判決を行なうためにドイツへ行く希望を抱いたのち、一〇七七年夏になって、この計画を断念せざるをえなくなり、最終決定を下す仕事を自分に残して、アルプスのかなたへ急派した教皇特使に充分な調査に必要な権限を委ねなければならなかったということである。

〔その後〕彼はありとあらゆる種類の失望を味わった。一〇七八年には、ハインリヒ四世のメルリヒシュタットでの勝利（八月七日）でドイツの混乱はますます激しくなった。そこで、グレゴリウス七世は事件をローマに移した方がよいと判断した。一〇七九年二月の公会議は一つの決定的段階を画している。というのは、ハインリヒ四世が、この会議に宛てた声明のなかで、教皇に、敵の嘘言に耳を貸さないよう、また彼の言い分を聞いた上でなければどのような判決も下さないように懇願し、一方、シュヴァーベンのルドルフの側も、有利な判決を得ようとし、ザクセン人たちもハインリヒに対して下された有罪判決を公式に更新してもらおうとしたからである。誰もが教皇の仲裁を望んでいるように思われた。そこで、グレゴリウス七世はこれを利用してハインリヒ四世の使者とシュヴァーベンのルドルフの使者に双方を拘束する誓約書を示してその答を求めたのである。ハインリヒは、代理人をつうじて、教皇座の使者たちがドイツに滞在するあいだ安全が保証されるように、彼らのところへ昇天祭の前に使節を送り、いかなる事にも教皇特使たちに服し、彼らの決定を認めると約束した。一方、ルドルフも教皇特使が開く会議に出頭するかまたはそれに代理を送ると約束したのである。

これこそまさにグレゴリウス七世にとって成功であった。一〇七九年までハインリヒ四世とシュヴァーベンのルドルフとは、彼らが原則的に認めている教皇の指示を結局は避けてきたか、あるいは教皇座の命令に曖昧な同意を与えてきたにすぎない。これに反して、今や、彼らはローマの調停を受け入れ、全教会の司牧者の判決に服すことを誓った。ローマの仲裁がグレゴリウス理論に従って認められたのである。しかし不幸なことには、それが実行に移されようとしたその日から、両君主のうち利益と野望を傷つけられる者が前もって従っていた教皇の裁定に反抗するかもしれないという恐れがあったのである。

教会法規にもとづく調査を命じられた二人の教皇特使、アルバーノの司教枢機卿ペトルスとパドヴァ司教ウルダリクスがドイツで行なった任務についてはよくわかっていない。のちにグレゴリウス七世は、ハインリヒ四世が一〇七九年のローマ公会議で決められていた会議の招集を妨げたと非難している。それに、細心な性格で知られている聖教皇が明らかな証拠をつかんでもいないであれほど明確な非難を行なったとは考えられない。だから、ハインリヒが、一〇七九年の最後の二、三カ月のあいだに、彼の方から不正のかぎりをつくしたと考えてよいであろう。彼はメルリヒシュタットの戦いに大勝利を収めた。そこで戦闘による勝利をほぼ確信し、彼は結んだ約束を無視して教皇特使たちの活動を妨害したのである。一〇八〇年の初め〔一月二七日〕には、フラルヒハイムでの新たなしかも全く決定的な勝利で、彼はドイツを掌中に収め、ザクセン軍は当面の争いから除外された。従って、彼は強いという自信があったので、教皇に自分の意向をおしつけたのである。

フラルヒハイムの戦いののち、彼は、ブレーメン大司教リーマルと、バンベルク司教ルッペルトを、その司教座聖堂助祭ブルハルトとともに、ローマへ使節として派遣した。かつてドイツ聖職者の先頭にたって教皇権威に謀叛を起こしたリーマルを選んだことはそれだけでもはなはだ不適当な行為であったが、それは教皇を威嚇し、この敵手を勢いにのって破門させようとする王の意図を明らかに示すものであった。だがそれはグレゴリウス七世の性格をよく知らなかったからなのである。三年前から教皇は、政治的・軍事的な出来事には全く影響されないことをはっきり示していた。彼は、二人のうちどちらかの正統性が疑わしいかぎり、自分の意見を明らかにしないようにし、正当な権利と正義を勝利に導く以外は何も考えないで、双方からなされた懇請を断固としてはねつけてきた。一〇八〇年にも、彼は、一〇七七年のカノッサの会談の時と同じように、使徒的良心が命じるところにのみ従っている。いいかえれば、教皇の至上権はこの世の偶発的事件に左右されてはならないと確信して、使徒ペトロの意志を忠実に判断することにもっぱら心をくだいていたのである。三年たってはじめて、彼は事件の全貌を握り、事情をよく知った上で判決を下すことができた。フラルヒハイムの戦いの結果がどうであろうと、彼が、神を前にして、また使徒たちの名において、今や行なおうとしている決定は変わらなかったであろう。ハインリヒ四世がどんなに強力にみえても、シュヴァーベンのルドルフの成功する見込がどんなに少なくても、彼はちゅうちょすることなく前者を破門し、後者をドイツ王として認めたに違いない。

公会議は一〇八〇年五月七日に開かれた。感動的な演説で、グレゴリウス七世は、前の年における教皇座とドイツ〔王〕との関係の経過をかいつまんで述べ、ついで、彼の望んでいた会議がハインリヒ四世の過ちから開かれなかったことを明らかにしたのち、彼は〔次のように〕付け加えている。

《先に述べたハインリヒは、偶像礼拝の罪にあたる不服従という危険をあえて冒すことも恐れなかったので、破門され、また彼が会議を妨げたことから、詛斥《そせき》の鎖につながれたのです。しかも、彼は、多数のキリスト教徒を死に引渡し、教会を掠奪し、ドイツ王国の殆どすべてを荒廃させたのです。そこで、神と聖母処女マリアの慈悲の裁きを信じて、聖使徒であるあなた〔ペトロ〕の権威の力で、私は、これまでしばしば述べてきた、王と呼ばれているかのハインリヒを、その一味の者すべてとともに、破門し詛斥します。全能の神とあなた方〔ペトロとパウロ〕の名において、私は、彼にドイツとイタリアの王国〔の統治〕を再び禁じ、彼から国王権力とこれに結びついている地位を奪い、すべてのキリスト教徒に王として服従することを禁じ、彼に王として服する誓いをこれ迄にしたかまたはこれから行なうすべての人々からその誓いを解きます。》

ハインリヒ四世をこのように破門し廃位したのち、グレゴリウス七世は、同じような荘重な調子でシュヴァーベンのルドルフを《ドイツ人たちが王に選んだ》ことを認め、次のような言葉で結んでいる。

《ハインリヒが当然にも、彼の傲慢さ、不服従、偽りのために王位を廃されたと同じように、この地位が、それに結びついている権力とともに、ルドルフに、彼の謙虚さ、服従、正直さのために、与えられました。》

この判決で教権と帝権との争いが開始されることは決定的となった。この判決はまたグレゴリウス的観念を明示したものであったが、この観念は、教会のすべての地位におよぶ俗人叙任禁令の更新をつうじて公会議で再び確認された。キリストその人から受けついだつなぎ・解く力によって、教皇は、教会の諸権利やその自由に対するいかなる侵害も見のがすつもりがなかったばかりでなく、正義の名において、世俗君主間の争いに断固とした措置をとり、すべてのものに教権の監督を課す最高の裁定者と自己をみなしていたのである。

ハインリヒ四世もまたその権力の神的起原を確信していたので、彼が、彼を断罪する判決も、それが明示している教義も受けいれないことは明らかであった。彼は直ちに戦いを始めようとしていたが、この戦いは双方ともにゆずらなかっただけにグレゴリウス七世の在位期の終りまで激しく続けられることになる。問題となっているのは、もはやドイツとイタリアの司教職の運命だけではなかった。この問題は依然として勝敗の分かれ目となる問題の一つであったが、それ以上に巨大な決闘の形で対決しあったのは、キリスト教世界の統治をめぐる二つの異なる観念であった。教会が王の手中にとどまるか、あるいは俗権に対してその独立を回復することになるかはこの決闘の結果いかんにかかっていたのである。

ハインリヒ四世が彼に対して下された破門と廃位の判決を知ったのは、復活祭のころ、この年四月一二日に陥落するリエージュにおいてである。彼は直ちにライン河に向かった。そして、五旬節の主日（五月三一日）に、彼は十九人のドイツ高位聖職者たちをマインツに招集したが、彼らの大部分は、これより数週間前にすでにバンベルクへ集まっていた。彼らはみな、王にグレゴリウス七世を廃位するようにすすめ、ロンバルディア司教たちの同意を求めるために、シュパイア司教のフッツマンをイタリアへ派遣することに決めた。彼らロンバルディア司教たちは直ちにこれに応じた。そこで王は、司教団の意向を信頼して、またそれ以上に世俗諸侯の意向を信頼して、ドイツとイタリアとの境にあるブリクセンに一〇八〇年六月二五日を期して彼の信奉者たちを招集することができたのである。

年代記作者はこの会議をあまり詳しく伝えていない。グレゴリウス七世の廃位記録には出席した司教の名簿が収められているが、その大部分はロンバルディア司教である。ドイツ人〔司教〕は僅かしか来なかったし、枢機卿団を代表していたのも枢機卿フーゴー・カンディドゥスだけであった。教皇に対して特に目立った点を付け加えることもなくかつての非難を繰り返したのち、会議はヒルデブランドゥスの罷免を決め、彼の代わりに、グレゴリウス七世から一〇七八年に破門されていたラヴェンナ大司教グイベルトゥスをクレメンス三世として選んだ。

この選出の違法性は全く疑う余地がない。ブリクセンの会議には教皇を任命する権限がなかったのである。しかも、これはあまり重要でないかもしれないが、ハインリヒ四世は、ドイツ〔諸侯の〕軍隊によってクレメンス三世を教皇位につかせ、彼を全キリスト教徒に教皇としておしつける決心をしたのである。

これこそまさに奇妙な錯覚であった。ドイツとロンバルディアの王国を除けば、聖職者と俗人、司教と王とは依然として正統信仰にしっかりと結ばれていたからである。この点、教会内部でグレゴリウス七世が着手した活動の成果を認めなければならない。教皇は、聖職者たちに彼の決定を尊重させるため、ローマに各地の諸教区を結びつける絆を締め直した。明確に限定された特殊な使命を与えられた臨時の教皇特使とならんで、彼は、特定地域内で裁判権を行使し、改革諸教令を公布する地方公会議を主宰し、反抗的な司教や〔一般〕聖職者を裁き、最も重要な事件を教皇座に移す、常設の教皇特使を創設した。フランスでは、ディイ司教、ついでリヨン大司教となったユーグとボルドー大司教オレロンのアマトゥス、コルシカでは、ピサの〔司教〕ランドルフス、ロンバルディアでは、ルッカの〔司教〕アンセルムス、ドイツではパッサウの〔司教〕アルトマンなどがそうであった。その持続的活動の結果、教皇権威は著しく普及したのである。

同じように、ブリクセンの決議は西方キリスト教諸君主のあいだにも何の反響も呼ばなかった。イギリスでは、ウィリアム征服王がグレゴリウス七世の敵対者たちから働きかけの的となったが、彼はこれに応じなかった。スペインでは、アラゴン、レオン、ナバーラの諸王が相変わらず《使徒の従順な息子たち》のままである。フランスでは、フィリップ一世が教皇の命令にあまり従わなかったが、彼はシモニア的高位聖職者に対し便宜を計るのを好意的な中立を保つことによって許してもらおうと望んでいた。ドイツに隣接する諸国ではどうかというと、ヴラチスラフ〔二世〕がその野望の的である王冠をハインリヒ四世から得たいと期待していたボヘミアを除けば、宗教的熱意の点でも政治的利害の点でも、これらの諸国はグレゴリウス七世に対して一般に好意的であった。すなわち、デンマーク王スヴェン二世、ついでハーラル三世は教皇と終始友好関係を保っていた。ノルウェーは教皇座に対して相変わらず熱烈な忠誠の態度を示している。ポーランドは、ちょうど危機にみまわれていたにもかかわらず、引き続きローマに服している。ロシアでは、キエフ王ドミトリイが一〇七五年に教皇座の封臣となることを宣言し、同じような意志表示が一〇七六年にクロアチア・ダルマチア公スヴォニミルによって行なわれている。最後に、ハンガリーでは、国内が激しく動揺していたにもかかわらず、グレゴリウス的正統信仰を変えようとしていないようにみえた。このように、ハインリヒ四世は、一〇八〇年の終りに、国外からの情勢転換を全く当てにすることができなかったのである。これに反して、ドイツでは、彼の勢力はますます強くなるばかりであった。ここではその上、エルスターの戦い（一〇八〇年一〇月一五日）で彼の敵手シュヴァーベンのルドルフが斃れ、それは神のさばきであるかにみえた。ザクセン人たちはその首領を奪われたので、当分効果的な抵抗をすることができなくなった。そこでハインリヒ四世は、ドイツ〔の情勢〕に自信をもち、アルプス山脈を越えて、ペトロの座に対立教皇クレメンス三世を即けるためにイタリアに達することができたのである。

グレゴリウス七世の方では戦いに敢然と立ち向かうつもりであった。彼の自信は依然として変わらなかった。一〇八一年二月末に、彼は悠々と恒例の四旬節公会議を開き、ハインリヒ四世とその一派に対して、先に公布された破門判決を更新している。三月一五日、王がアルプス山脈を越える手筈を整えていた時でさえも、彼はメッツ司教ヘルマンに宛てて荘重な調子の書簡を書いているが、このなかで彼は、ローマの至上権という彼の理論を教義の形でしかも必要に応じた詳しさで示しながら、キリストが聖ペトロに委ねたつなぎ・解く力によって、教皇権はいかなる例外もいかなる制約も受けないこと、この権力は聖職者にも俗人にも、司教にも王にも及ぶこと、従って、神の代理人に服さなかったためにハインリヒ四世は王を正しく廃位されたことなどを堂々と述べている。要するに、教皇は事の成行きを相変わらず平静な態度で見守っていたのである。しかし、だからといって彼が必要な措置を講じなかったわけではない。一〇七九年末か一〇八〇年初めにその所領を教皇座に遺贈した女伯マティルデとの伝統的な同盟に、彼はノルマン人の君主ロベルトゥス・グイスカルドゥスとの同盟を加えた。この同盟は直ちに効果をあらわさないが、それは教皇の周りにイタリア半島を完全に結集させることになるのである。

一〇八一年五月二一日に、ハインリヒ四世はローマの城壁の前に現われた。だがこの都市を占領することはできなかった。さらに、翌年二月から四月にかけての二度目の試みもやはり結局は失敗に終わった。しかし、ともかく王はイタリア中部に地歩を固めたのである。ここでは、彼が諸都市を特権〔の付与〕をつうじて慎重に手に入れていたので、フィレンツェを除くその大部分が彼につくことを明らかにした。彼は東ローマ皇帝アレクシオス・コムネノスとも同じく同盟を結ぶことができた。最後に、二カ年にわたる戦いと、ますます加わる窮乏にいらだっていたグレゴリウス七世の取り巻きのなかにも離反するものがでて、それが一〇八三年夏の三度目の襲撃を成功させる助けとなったのである。六月三日に、牝狼の都市〔ローマ〕は攻撃され、テヴェレ河までの全市街がハインリヒ四世の手中に落ちた。しかし、グレゴリウス七世は、サンタンジェロ城に籠城して降伏するのを拒み、妥協の提案をことごとくはねつけたのである。

ローマ人たちは平和を期待していたので失望した。上級聖職者も〔教皇への〕忠誠心が動揺し、十三人の枢機卿が教皇を見捨てた。〔一〇八四年〕三月二一日、ハインリヒ四世はこの極めて有利な情勢のなかで最後の攻撃を加えることができた。今度は、彼はテヴェレ河左岸の街も占領し、ラテラノ〔宮殿〕に対立教皇を落ち着かせた。だがグレゴリウス七世は依然として平然としていた。サンタンジェロ城に包囲されて、彼はそうせざるをえなくなれば死ぬことも辞さなかったが、全生涯をつうじて守ってきた諸原則を犠牲にするつもりは全くなかった。一〇八四年三月二三日にサン・ピエトロ〔大聖堂〕で開かれた大公会議に出席するようハインリヒ四世から招かれたが、彼はもっぱら無視して避けることにした。彼に対する訴えが審理され、彼は破門され罷免された。ついで、枝の主日の三月二四日に、クレメンス三世が正式に叙階されたが、この叙階は、慣例に従ってグレゴリウス七世に対して式を務めたオスティアの司教枢機卿によってではなく、これを行なう権限を全くもっていなかったモデナとアレッツオの司教たちによって行なわれた。そして最後に、三月三一日、サン・ピエトロ〔大聖堂〕で、ハインリヒ四世が対立教皇の手から帝冠を受けたのである。

軍事行動が直ちに再開された。ハインリヒ四世はサンタンジェロ城を再び包囲し、パラティーノの丘とカピトリーノの丘を占領した。だが、彼の成功はそれまでであった。ロベルトゥス・グイスカルドゥスが到着したので、王は、一〇八四年五月二一日に、退却しなければならなかったのである。彼は小規模の駐屯軍を残してノルマン人の攻撃を食い止めようとした。血みどろの戦いが始まり、最後に、ロベルトゥスが勝利を収めた。彼はサンタンジェロ城にいたり、グレゴリウス七世を救い出して、彼をサン・ピエトロ〔大聖堂〕とラテラノへと導いた。けれども戦いは終わったわけではなかった。ノルマン人たちとローマ人たちとのあいだに起こった突発的な事件の結果、それは掠奪となり、この間、ロベルトゥス・グイスカルドゥスの軍隊があらゆる種類の残虐行為にふけったからである。

ローマの掠奪で教皇はその地位を保つことができなくなった。グレゴリウス七世は首都を去って、亡命の道をたどらなければならなかったのである。何人かの信頼できる者を伴って、彼はモンテ・カシーノに、ついでベネヴェントに行った。ここに彼は数日間滞在し、最後にサレルノに行ったが、そこに結局落ち着いて、完全に自由の身となったのである。一〇八四年の終りに、彼は公会議を開き、クレメンス三世とハインリヒ四世に対して宣告されていた破門を更新し、ついで、この判決を周知させるために、教皇特使たちをキリスト教諸国に派遣した。正統信仰を守っていた人々を糾合するために、アルバーノのペトルスはフランスに向かって出発し、オスティアのウードはドイツへ向かった。これと前後して、教皇は、その宗教的遺言ともみられる最後の回覧書簡で、それまでに成しとげられた仕事の大体の輪郭を示し、将来に対する確信を説いている。

それは教皇書簡のなかでも最も感動的な文章の一つであり、真の勝利の叫びであったが、このなかでグレゴリウス七世は、度重なる破滅の数々を痛ましく思い起こしながらも、ペトロの小舟の上で、嵐に打たれても決して沈まず、騒ぐ波もその母の懐から奪うことのできない信徒たちを常にそのまわりに集めてきたローマ教会を繰り返し讃えている。

《諸国の君主諸侯や教会諸侯は、全能の神の子であるキリストと、使徒ペトロに反抗して、キリスト教を絶滅し、憎むべき異端をひろめようと、群れをなして集まったのです。しかし、神は私どもをあわれみ給い、主を信頼して怖れや残酷さやこの世で好まれる約束に動じない人々は、不敬の坂道をすべり落ちなかったのです。》

従って、グレゴリウス七世から何度となく懇願されてきた天の助けは、教会の改革を実現するという重大な使命を与えられた教皇を決して見放したわけではなかったが、都から追われ、言語に絶する辛い苦しみに疲れ果てた彼が、死の近づいたことを予感していたこの時に、再びその考えを向けたのはこの教会であった。

《私にはその資格がなく、しかも、神に誓って、私の意志に反するのに、神慮によって、わが母である教会が私を使徒の座につかせてからこのかた、私は、神の花嫁であり、私の女主人であり、我々の母である神聖な教会が、昔のように敬われて、自由、純潔、普遍のままであるよう、あらゆる努力を傾けてきました。》

自由、純潔、普遍、これら三つの言葉にグレゴリウス七世が行なった仕事のすべては示されている。というのも、彼は、俗人叙任の禁止とシモニアの根絶によって世俗権力から自由な、ニコライスムの絶滅によって肉体への隷属から解放された、教皇座の監督のもとでこの世にあまねく光り輝く教会を望んでいたからである。そして、このように自分が行なってきた事を明らかに示したのち、彼は全キリスト教徒に次のような最後の激励の言葉を投げかけている。

《わが親愛なる兄弟たちよ。今こそ私があなた方に述べようとしていることを注意深く聞いて下さい。キリスト教徒を名のり、その信仰に対する務めをわきまえているすべての人々は、使徒のかしらである至福のペトロが全キリスト教徒の父でありキリストにつづく最初の司牧者であること、聖ローマ教会が全教会の母であり女主人であることを知っていますし、信じています。もしあなた方がこのことを信じて全く疑わないならば、あなた方の主人〔教皇〕が誰であろうと、たとえ彼がふさわしくなくても、あなた方が父〔ペトロ〕と母〔ローマ教会〕から罪の赦免、現世と来世における祝福と恩恵を得るために、彼らを助け支援することを、全能の神の名において、私はあなた方に求め、命じます。あらゆる幸福のみなもとである全能の神があなた方の心を照らしますように。あなた方が功徳によってあなた方の父と母からふさわしい恩恵を受けるよう、神があなた方の心をその愛と隣人の愛とで豊かにしますように。そしてあなた方が恥じることなく彼らの仲間になれますように。どうかそうなりますように。》

この最後の回覧書簡には彼の気持が実に良く表わされているが、それを書いて間もない一〇八五年五月二五日に、グレゴリウス七世は安らかに息をひきとった。彼の讃美者、ベルンリエドのパウルは、彼が亡くなる直前の極めて教訓的な物語を残している。だがそれはあまりにも不確実な記述を含んでいるので、その最後がどうであったかを知ることはあきらめなければならない。この聖人伝作者が息をひきとろうとする教皇が述べたとしている《私は絶えず不正を憎み、正義を愛した》という有名な言葉は勿論信じがたい。しかしこの言葉は、理想に貫ぬかれ、教会と教皇座への奉仕にすべてを捧げたあの生涯を実によく要約している。教皇が行なったことにどのような評価を下そうと、誰も彼の〔行動の〕力強い一貫性を認めないわけにはいかないであろう。グレゴリウス七世が闘ったのは、〔終始〕教会の自由とその道徳的純潔を確保するためであったのである。ただ諸君主の反対が、特にドイツ王の反対が、彼を初めの計画から非常に遠くへ引き離してしまった。だが、闘争の展開は教皇が最初にめざしたものを忘れさせることはできなかったのである。叙任権闘争は、たちまちのうちに教権と帝権との争いとなった。しかし、教権が勝つか帝権が勝つかによって、司教選出の問題も異なる解決をみることは明らかである。すなわち、ある場合には、俗権をほぼ全面的に排除することによって自由な体制が回復されるであろう。また別の場合には、両権力それぞれの主張を考慮した妥協が生まれなければ、王が、勝ち誇って、司教の選出権を間違いなく保持することになるであろう。十二世紀の初めに、人々が結局たどりつくことになるのは、まさにこれらのちょうど中間の解決である。しかし、この解決は、指導的な人々に劣らぬ役割を果たした教会法学者や政論家たちによってずっと以前から準備されてきたものなのである。

原註

（1） H-X. ARQUILLIÈRE, Saint Grégoire VII. Essai sur sa conception du pouvoir pontifical, Paris, 1934, pp. 172 ssq.

（2） A. HAUCK (Kirchengeschichte Deutschlands, t. III, 4e éd., 1920, p. 809) と W. MARTENS (Gregor VII, sein Leben und Wirken, 1899, t. I, pp. 133-136) の見解はこのようなものであるが、それはカノッサ〔事件〕がグレゴリウス七世にとって勝利であったとする従来の説を詳しく論駁している。

第五章　グレゴリウス七世時代の叙任権をめぐる議論と論争

ニコライスムに関する一〇七四年のローマ公会議の諸教令は激しい論争をまき起こした。これら〔の諸教令〕は、肉欲に対する情念を棄てずに聖職を続けることのできる教会法規上の論拠を何とかして見出そうとした何人かの聖職者たちから激しく論難されたが、改革の信奉者たちからはこれに劣らず強力に擁護された。これに反して、一〇七五年の俗人叙任に関する教令は殆ど議論をひき起こさなかった。だがそれは少しも驚くべきことではない。この後の方の教令は直ちに公布されず、その実施が全西欧諸王国で延期されたからである。ハインリヒ四世の権威に従う諸地域においても、俗人叙任はミラーノ以外では殆ど問題とならなかった。従って、この新しい法規が知られていなかったこと、また人々が〔その公布を〕待ち望んでいたことはもっともだと思われる。しかも、ドイツとイタリアでは、叙任の問題は、別のはるかに一般的性質の問題、すなわち、世俗諸君主に対する、特に帝位が与えられるドイツ王に対するローマ教会の諸権利という問題によってたちまちかき消されてしまった。教皇の優越性を信奉する人々と教権のいかなる監督も及ばぬ神的権利にもとづく絶対君主制を擁護する人々は、激しい論争をつうじて対立しぶつかりあったが、この論争は俗人叙任の問題に時折かすかに触れているに過ぎない。

この問題にはじめて手をつけたのはトリーアの聖堂付き神学教授ヴェンリヒで、彼が一〇八〇年一一月にヴェルダンの〔司教〕テオデリックの名を借りて書いた書簡においてであった。これは、グレゴリウス七世に彼自身とその支配に対して加えられた批判を知らせるとみせかけながら、一〇八〇年のローマ公会議によるハインリヒ四世の廃位とブリクセン会議による対立教皇クレメンス三世の選出以後、ドイツ司教団の関心の的となっていた諸問題をかなりよく表わしている実に不思議なテクストである。一〇七六年以来グレゴリウス七世に加えられてきた非難はこのなかで再び取り上げられ詳しく述べられているが、これらの個人的な種類の不平不満とともに、著者は、改革諸教令、特に、《妻帯聖職者のミサを無効であると宣言した気狂いじみた法》と、俗人叙任の禁止を非難している。とりわけ後者の措置が辛辣な考察の対象となっている。しかし、奇妙なことにヴェンリヒは、この教令が《何よりも新しいという点で不当である》ことを認めながらも、もしそれが宗教的熱意から考えつかれたのであれば、正しいと言えるかもしれないとしている。彼の目からみて非難されなければならないのは、それが全く尊敬するに値する君主に対しても盲目的な憎しみに駆られて宣告されていることであった。しかも、この教令が公布された時に、グレゴリウス七世とハインリヒ四世との関係には心からの誠意が認められたのであるから、なおさら正しくないというのである。

グレゴリウスの法規に対するトリーアのヴェンリヒの立場は、こんな具合なので、正確に捉えることがかなりむずかしい。この神学教授は、聖職者と民衆による選挙という原則についてはあえてその考えを明らかにしなかった。しかし彼は、聖書、特にマカベア書から引用した、ヨナタンとシオンが異国の王から大司祭に任命された例を引いて〔マカベア前書一〇・二〇、一四・三八〕、司教選出に王が加わることを正当化しようとしている。彼はまた、グレゴリウス七世がいくつかの点で昔の権利を復活させたとしても、これら古い法規はずっと以前から全く実施されていなかったのであるから、この権利は効力を失っているとみなされなければならない、としきりに強調している。結局は彼も、教皇が教会聖職禄に対する一切の権利を俗人たちから取り上げようとしたことを肯定するのをためらっていないが、こうして、彼は、一〇八〇年のローマ公会議で更新され拡充されたグレゴリウスの法規がドイツ司教団に起こさずにはおかなかったいくつかの懸念を表わしているのである。

トリーアのヴェンリヒの書簡と『国王叙任例集』De investitura regali collectanea と題されたリエージュかロレーヌで作られた法例集とのあいだには明らかな親縁性が認められる。この法例集には、神学教授〔ヴェンリヒ〕の用いた引用が多数見出されるからである。恐らくこれら二つの著作は、ある共通の原史料から派生したものであろう。だがこの原史料は国王側の理論に充分新しい論拠を与えなかったに違いない。グレゴリウス改革を対象としたすべての論争におけると同じように、これら何人かの政論家たちも特に〔古い〕テクストの収集を行なっているが、対立する党派の人々はこれらのテクストからしばしば反対の結論を引きだすことになるのである。要するに、グレゴリウス七世の教皇治下では、叙任に関する国王側の理論はまとまった論述の対象となったとも思われないし、ハインリヒ四世の取り巻きのあいだで、その根拠となる法律的概念を明確にする試みがなされたとも思われないのである。

教皇側からは、ローマの理論をいくらか詳しく述べるために、グレゴリウス七世の亡くなる数カ月前に公にされた、ラウテンバッハのマネゴルトの『ゲープハルトに与える書』Liber ad Gebehardum を待たなければならない。一〇七六年には、グレゴリウス七世の最も忠実な補佐の一人、コンスタンツのベルノルトが、《尊敬すべきグレゴリウス七世によって聖職売買・姦淫聖職者たちに対してローマ公会議で公布された諸教令の弁証論》と題する論文をあらわした。だが、彼は、一〇七四年の法規しか検討していないし、恐らく教皇も同意の上、きっと〔触れない方が〕都合がよいという理由からであろう、一〇七五年の法規には言及していないのである。数年後には、ザルツブルク〔大司教〕のゲープハルトが、多分一〇八一年春に書いたとみられるメッツのヘルマン宛て書簡のなかで、ハインリヒ四世の処罰と教会分離から生じた実際的性質の問題を特に扱っているが、この書簡でも、さらにコンスタンツのベルノルトの著作、『ハインリヒ四世を駁する教会法書』Liber canonum contra Heinricum quartum でも、同じく〔叙任禁令には〕何も触れていない。これに反して、マネゴルトは、グレゴリウス七世によって行なわれた全改革を包括的に弁護しようとしている。こうして叙任の問題は、独創的な思想と洞察に富んだこの論文のなかで、それにふさわしい場所を見出したのである。

　ラウテンバッハのマネゴルトは、グレゴリウス七世の考えに共鳴して、自分の著作は伝統的規律を復活させるものであると終始述べているが、彼は何よりもまず、俗人叙任に対する禁令を特に様々な教令集から引用したテクストにもとづいて支持しようとした。彼は、十一世紀に実にしばしば書き写されたあの真偽不明の編纂物である「初代教会法令集」[二二]が俗権を介して教会を手に入れた人々を廃位するよう命じていることを想起したのち、司教は聖職者と民衆によって選ばれなければならないし、彼らの《一致した同意》があらゆる選出における本質的要素である、と繰り返し指摘した聖レオ大教皇（四四〇―四六一年）を沢山に引用している。この教皇は、《聖職者によって選ばれず、民衆によって指名されず、管区の司教たちによって、首都大司教の許可をえた上、叙階されなかった人々を司教のうちに数えることはいかなる規則も認めていません》とナルボンヌ司教リュスティクに書きおくっている。そこでマネゴルトは、〔王の〕確認は形式的なものであり、俗権の介入する余地はまったくない、と指摘している。聖レオの考えはモウレタニアの司教たちに宛てた別の書簡にもはっきり示されている。それには、《叛乱で奪われたり、策謀で得られた司教職は、たとえその名義人の品性や行動が非難を招かなくても、やはりその成立からして危険な例ですが、正しくなく始められたことが立派に続けられ、終わることは困難です》という言葉が見出される。これらのテクストからマネゴルトは、この大博士は司教選挙から俗人の干渉をすべて排除していると結論し、聖レオが他の教皇と完全に同じ考えであることを証明するために、王や世俗の権力者たちに全く触れていない偽〔イシドリアナ〕教令集のテクストをさらに数多く引用している。しかも彼には、教皇座の態度が聖書の教えるところと一致し、聖書の多くの箇所がヴェンリヒの引用に反しているように思われた。というのは、出エジプト記でも、彼によればトリーアの神学教授が間違って解釈しているマカベア書におけると同じように、俗権はモーセの律法による祭司たちの任命に干渉していないからである。

これ以外の場合にも事情が違うはずはなかった。そこでマネゴルトは、教会法規が俗人叙任を禁じている理由を説明しようとしたのである。彼はこの点に極めて強い関心をいだいていた。そのため彼が司教の任務についての考えを聖ペトルス・ダミアニの考えを借りて述べている数章は、『ゲープハルトに与える書』の中でも最も優れた箇所の一つとなっている。彼にとってもフォンテ・アヴェッラーナの名高い隠者にとってと同じように、司教職は、聖アウグスティヌスの言葉を借りれば、地位や名誉ではなく、まさに職務であり責務にほかならなかった。従って、聖グレゴリウス大教皇とともに、彼はこの神の言葉を教え説く者にこの世の利益を求めるいかなる権利も認めなかった。それは永遠の報償を放棄するおそれがあるからである。ところで、俗権が介入すれば、どうしてもこのような考え方に反することになる。何故ならば、君主は、司教職を授ける際に、彼のために奉仕したり、彼を巧みにおだてたりするすべを心得ているような追従する者を特に手なずけようと努めるからであり、またこのようにして、聖書〔ヨハネ伝一〇・一以下〕が述べている、羊の群れを盗んで滅ぼそうとしてやってくるために羊小屋へその門から入らず塀を越えて忍びこむ強盗にも似た、信仰も理想も道徳心もない聖職者たちを、教会の規則を無視して、教会のなかへ導き入れることになるからである。マネゴルトは、教会規律の懲戒など一向気にせず、司教職にとびつき、その目的がひとたび達せられると、《天に導かなければならない人々を大急ぎで地獄につき落とす》、これらの心いやしい人々に対して、二人の教会博士が下した非難を好んで思い起こしている。彼は、これらの《悪魔の説教師たち》は、悪徳で穢されているのに、《何かにつけて徳があるように振舞っている》とか、《彼らは慈愛の心をもたず、主人のような顔をしたいと望み、自分たちを教父の一人と認めていないので、彼らに従う人々に襲いかかり、恐怖で支配し、助けに行かなければならない人々を傷つけている》と非難している聖グレゴリウス〔一世〕を引用し、つづいて、聖アウグスティヌスが述べた〔とされている〕、次のよく知られている言葉、《きのう洗礼志願者であった者が今日は教皇。きのう円形劇場にいた者が今日は教会のなかに。夕べに競技場にいた者が朝には祭壇に。以前には道化たちにかっさいを送っていたかと思うと、今では乙女たちを聖別している》との一節を聖ヒエロニムスから書き写して引用している。この最後のテクストからマネゴルトは、《青年時代を放蕩と恥ずべき見世物にすべてついやしたのち、今し方君主の好意で突如として司教の地位に昇り、かつて一度も学んだこともなかったことを教えようとしている人々を、この言葉は明らかに示してはいないであろうか》との結論をひきだしている。

従って、国王による叙任は禁じられなければならない。そこでマネゴルトは、そのために行なわれる馬鹿げた儀式をやめるよう主張している。つまり、彼は、王がその任命した司教に司牧的責務を果たす上で彼を助けるべき杖と彼を天上に結びつける指環を授ける行為を強く非難しているのである。〔すなわち、〕杖と指環とは司教から後で祝別されなければならない。ところで〔そうすると〕王の叙任と司教の祝別とは重複することになる。けれども、もし前者が教会法上の価値をもち、叙階に等しいならば、後者はなんらの存在理由もない。というのは、カルタゴ公会議（二二）が再叙品と再洗礼とを禁じているので、司教を再叙階することはできないからである。それに同公会議は、聖職者と民衆の選挙ののちに、新しく選ばれた者はその管区の司教たちから叙階されなければならないと規定している。従って、叙任する権限は王にではなくこれら司教たちにある〔と〕。

それは結局、トリーアのヴェンリヒが効力を失っているとみなしたあの伝統的諸規則に立ち戻らなければならないということを意味していた。マネゴルトはこの神学教授を嘲るのをやめず、〔一〇八〇年の〕第四回トレード公会議やグレゴリウス大教皇から引用した多数のテクストを用いて彼に攻撃を加えたが、それらからも、《慣習というものは真実に勝ることはできない》し、それに何よりも《宗教的な事柄については聖霊によって啓示されたことに従わ》なければならないということになるのである。

これらの伝統的諸規則を、グレゴリウス七世は復活させるだけでは満足しなかった。彼はそれをいくつかの点で補足した。彼は教会法規が絶えず尊重してきた〔王の〕同意権を廃止しただけでなく、一〇八〇年の公会議で、彼は、司教空位の際に、選挙は首都大司教または教皇座の代理の臨席のもとで行なわれなければならないと決めていた。これは個々の教会の事柄に教皇が干渉するという、彼の教皇治下での極めて注目すべき一傾向を示している。グレゴリウス七世の熱烈な信奉者であったラウテンバッハのマネゴルトは、この全く新しい性格を帯びた教令を先例を求めることによって擁護したのである。けれども、この先例はあまり決定的でなく、彼は、選挙が異議を申し立てられたか、戦争のように周囲の事情が特別な事態を生じた若干の場合に、ローマ教皇が最終決定を留保してきたことを証明するのに成功したに過ぎなかった。マネゴルトは教皇座のために無制限な権力を要求したのであり、彼の叙任についての主張もこの考えに一致しなければならなかったのである。

それはともかく、グレゴリウス七世の在位期の終りまでは、双方ともに古い立場が固執されていた。グレゴリウス主義者たちにとって、司教職の叙任を俗人たちに認めることは、彼らに要求する権利のない祭司権を認め、教会に関係のない人々に教会事項へ介入することを奨励し、シモニアやニコライスムその他の宗教的生活を損う禍いに門を開くことであった。この主張に対して、ハインリヒ四世とその信奉者たちは、俗権は贈与によって教会を豊かにするために貢献してきたのであるから、王が司教を任命するのは当然であり、司教たちはその職務に結びついた財産を彼以外から受けとることはできない、と主張していたのである。長いあいだ、これらの正反対な二つの主張にはいかなる妥協もありえないようにみえた。そこで人々は、武力による勝利がどちらかに有利に結着をつけるであろうと考えたのである。ところが、グレゴリウス七世が亡くなると、二つの陣営それぞれにおいて、和解による解決を求める必要が感じられはじめた。十一世紀の末年には、のちに諸事件の進行に影響を及ぼさずにはおかなかった、叙任についての新しい諸概念の出現がみられる。従って、これら諸観念の出現は、恐らく、〔叙任権〕闘争を研究する者にとって、グレゴリウス七世の在位期の終りを示す血みどろの戦い以上に重要であろう。

この妥協による解決の最初のものは、対立教皇クレメンス三世の取り巻き、すなわち『ヒルデブランドゥスの離教』De scismate Hildebrandi の著者、フェララの〔司教〕グイドの著作に求められなければならない。

『ヒルデブランドゥスの離教』は、グレゴリウス七世の死後しばらくして、恐らく一〇八六年の夏のうちに書かれたとみられるが、これは全体からみればあまり重要な論文ではない。《ヒルデブランドゥスの離教》の本質を明らかにすることを口実に、著者は《まず彼のためにどのような弁明を行なうことができるかを明らかにし、ついでそれを動かしがたい議論の力で論破しよう》と考えている。そのため、批判を欠いた、一連の矛盾と相反する主張が述べられていて、たいして注目すべきものはない。けれども、同時代に書かれた他の大部分の著作と違って、フェララのグィド〔の著作〕は際だった穏健さで異彩を放っている。またそれには、正反対な両傾向に真の妥協をもたらす、実に独創的で新しい彼の叙任の理論のもとに確実にあった和解を望む気持が感じられる。

事実、フェララのグィドは、彼が教権にも受け入れられると考えていた和解を提案することによって、俗権の諸権利を守ろうとしている。そのために、彼は――まだ誰も考えつかなかった――司教の異なる属性を区別することを考えついたのである。彼の考えでは、司教の職務は二つに分けられ、それは秘蹟によって聖霊を伝えることと教会財産を管理することから成っていた。

《二つの権利が司教に認められている。一つは宗教的あるいは神的な権利であり、いま一つは世俗的な権利である。前者は神から生じ、後者は国家から生じる。司教職の宗教的属性のすべては神的なものである。何故ならば、それは司教という役職から与えられるとはいえ、実際には聖霊から与えられるからである。しかしこれに反して、この世の君主や俗人たちから教会に与えられる土地、財産、国王高権などの法律的・世俗的な属性のすべては勿論世俗的なものである。》

この一節は実に簡明である。著者は司教のうちに二つの役割を区別し、一方では、聖霊の仲立ちで神からその諸権力を受け、代わってこの聖霊を下位の者に伝える聖職者と、他方では、裁判を行ない賦課金を徴収する、世俗君主によって教会に与えられた財産や特権の保有者とに分けているのである。

この区別から、聖職者は教皇によって代表される教権に属し、教会財産の保有者は俗権、すなわち皇帝あるいは王に属するという重大な結論が直ちにでてくる。

《聖霊から生じる神聖なものは、皇帝権の支配下に置かれてはならない。しかし、諸皇帝の贈与は教会に永久に残るわけではないから、もしその譲渡が交代する皇帝や王によって更新されなければ、或る意味では後者〔皇帝や王〕に属している。というのは、もしそれらが彼らによって教会に確認されなければ、彼らの支配に再び帰するからである。

……何らかの〔聖〕役職を介して聖霊から譲られた神のものは、皇帝や王に関係がない。しかし、皇帝や王から与えられ、彼らから確認される必要のある諸財産は彼らに属している。というのは、彼らからそれらを得、彼らからそれらを受け取らなければならないからである。従って、歴史をつうじてローマ司教たちは、諸皇帝に教会の叙任権をもつことを認めてきたのである。もっとも、私は彼らに属していない神の施設や祭壇について述べているのではなく、教会財産について述べているのであるが。》

言いかえれば、司教たちは、王権から譲与された、司教館に隣接する土地に対しても、教会の農夫や召使いや小作人たちに対しても、いかなる権利も持っていない。彼らは王権に対して俗人たちと同じ義務を負っている。というのも、彼らは王に所有権が残っている財産の使用権、用益権しかもっていないからである。ではこの主張は司教職の授与についてはどういうことになるであろうか。フェララのグィドはこの点についてやや当惑しているようにみえる。彼が考えついた解決はあまり明らかでなく幾分矛盾している。というのは、彼が、或る箇所では、王が即位の際にその財産の所有権を教会に対して確認する権利を、王のために要求するだけにとどめているかと思うと、或る箇所では、司教の任命権を王に与えようとしているからである。

だが彼が何よりもまず強調しているのは、王か皇帝かがその職務を手に入れた時に前任者の贈与を確認するという点である。彼によれば、教会所有権もこの規則を免れることはできない。〔だから、〕この権利も、皇帝や王のすべての譲渡行為と同じように、本質的には一時的なものではないであろうか。教会の所有権も君主の生存期間中に限られ、国王職の名義人各々から更新されなければならないというのである。

《帝国や王国が、王位継承によって譲渡されないと同じように、帝国や王国の諸権利もまた、この原則に従って譲渡されることはなく、その皇帝や王〔の手〕に永久に留まることはありえない。もしこれらの諸権利がいつまでも彼らの手に留まっていないとすれば、どうしてそれらが委ねられた人々〔の手〕に留まることがありえようか。事実、王国や帝国が、ある人から他の人に譲られると同じように、王国の諸権利も、王が王位についている限り彼とともに続くのであり、彼が帝国あるいは王国を失う時には、彼とともに消えるのである。従って、皇帝や王のかの諸権利は、一度教会に譲渡されても、唯一人の皇帝か王の譲渡によって永久に教会に留まることはありえないのであるから、王や皇帝が繰り返し行なう叙任によって確認されることが有効であるように思われる。》

ここまでは、教会財産をその用益者に繰り返し確認することだけが問題となっている。だが、更に数行先で、フェララのグィドは、次のように書いた時、叙任という言葉に極めて違う意味を与えている。

《この〔国王〕叙任は伝統に一致している。それは野望を抑え、民衆の叛乱を終わらせる。教皇ハドリアヌス〔一世〕が皇帝カールに、レオ三世がルートヴィヒ〔敬虔王〕に、他のローマ諸教皇が他の諸皇帝に、彼ら〔諸皇帝〕がキリスト教国の防衛者であり司教選挙において民衆の暴動を鎮めるという条件で行なったのは、この譲渡である。》

この場合、君主が決定権をもつのは、もはや問題となっている司教座の土地や収入ではなく、まさに司教職保持者である。というのは、フェララのグィドが、《王は或る意味で聖職者自身の職務よりも神聖な職務を受けた》、そのため、《彼を俗人たちの一人と考えてはならない、彼は、その聖別式の功徳のために、神から選ばれたものとみなされるべきである》、と付け加えているからである。

要するに、フェララのグィドは、世俗君主のために二つの特権、すなわち、教会財産の所有権を確認する特権と司教を任命する特権とを代わるがわる主張したのである。

彼はこのような主張が、グレゴリウスの諸教令が依拠している教会法規のテクストに反していることを知っていた。というのは、聖アンブロシウスが教会は聖職者のものであると主張しているし、ゲラシウス〔一世〕も皇帝に宗教的問題に介入することを禁じているからである。だがこの場合、幸いなことには特免の理論（一三）がすべてを調停するために存在していた。同時代の教会法学者と同じように、フェララのグィドもこれを大いに利用している。彼は、聖アウグスティヌスの権威をもちだして、教会法規は不変ではない、周囲の事情を考慮し、それに適応しなければならない、と主張している。だから、教会に関する聖アンブロシウスやゲラシウスの諸原則が後から正しく改変されることができたので、《昔の人々から禁じられたようにみえることが、後になって教会の必要と効用によって許されてきたのである》。従って、ハドリアヌス、レオ三世、ニコラウス二世などの諸教令が法としての力をもたなければならないし、前に認められていた手続きを無効にするというのである。

俗権のためにフェララのグィドが主張したことは、これら三つの権威にもとづいていた。この場合、偽造でしかも新しく作られた三つのテクストが問題であった。というのは、これらの文書がはじめて論争に使われたからである。このうち最初のものは全くはっきりしている。偽ハドリアヌス〔の教令〕（一四）は、カール大帝が教皇座を譲渡する権利と権力を受けたと述べたのち、〔次のように〕付け加えている。

《更に、すべての首都大司教管区において、大司教および司教たちは、将来血縁関係や好意や金で司教職を手に入れることを認める古い慣習が廃止され、司教を選ぶ尊重すべき権利が王にのみ与えられるように、皇帝から叙任を受け、その後ではじめて叙階を受けるべきである。いかなる場合にも、たとえ僭越な動機からであろうと宗教的な動機からであろうと、司教が聖職者あるいは民衆によって選ばれても、もし彼が王から承認され叙任されなければ、叙階されてはならない。》

これは、確かに、司教を選ぶことは王の権限に属しているというフェララのグィドの主張である。しかし、この偽ハドリアヌス〔の教令〕は、教会財産の確認に触れてもいないし、司教職を俗権と教権に分けてもいない。〔次の〕レオ三世（七九五—八一六年）がルートヴィヒ敬虔王に対して、彼の父カール大帝にハドリアヌスが行なった譲渡を更新した偽造特許状は保存されていない。また〔これに関連して〕レオ八世の偽造特許状が問題であるとしばしば信じられてきたが、今日この文書が公にされたのはこれより数年後でしかなかったことが証明されているように思われる。[二五]〔最後に〕フェララのグィドによって言及されているニコラウス二世の教令はどうかというと、これは、ドイツの軍隊がローマを占領する直前にグレゴリウス七世を見棄てた枢機卿たちの取り巻きのあいだで、それより少し前に作られた皇帝派の〔偽造〕文書である。しかしこの文書は、ローマ教皇の任命方法を扱っているに過ぎないし、司教職全体に適用される規定を全く含んでいない。

従って、フェララのグィドが叙任の理論をたてるために依拠したのはある偽造諸特権の集録であったが、彼の理論は、王の主張に有利に結論しながらも、司教が一般の領主とは違って、その神聖な性格を忘れることのできない祭司的職務を果たしている点を認めることによって、和解への道を開いているのである。たとえ彼が、司教職に設けた教権と俗権の区別から、実際にいかなる結論もひきださなかったにしても、少なくとも彼はこの区別をはじめて明らかに指摘したのである。この点、フェララのグィドは北イタリアの聖職者のあいだに普及していたいくつかの考えを反映していた。彼がこの問題について『ヒルデブランドゥスの離教』のなかで発展させた諸概念は、二十年前に聖ペトルス・ダミアニの、一通は教皇アレクサンデル〔二世〕に宛てた、いま一通はトスカナのゴテフレドゥス公の礼拝堂付き司祭たちに宛てた、二通の書簡のなかですでにとりあげられていた。

ゴテフレドゥス公の礼拝堂付き司祭、ドイツ出身のトゥデキヌスとヴェネツィア生まれのヨハンネスは、《王または他の世俗君主から司教職を受けた人々は、それを買っても、叙階が無償でありさえすれば、シモニア的異端で穢されたものとみなされてはならない》と主張していた。聖ペトルス・ダミアニによれば、彼らはこの場合に、売買の対象となったのはただ俗権のみであって教権ではない。買われたのは財産の所有権であって祭司権ではない、と主張したという。彼らは、《金銭的契約は単に物質的手段にのみ関するものであって、教会とともにその職務を授ける秘蹟に関するものではない。自分たちは司祭にするものを無償で受け取っている》、と言いはったのである。

聖ペトルス・ダミアニは、このような詭弁に対して激しく憤慨している。《要するに彼らは、たった一人の人間に、罪なくしてはどのような取り引きにも応じることのできない聖職者と、彼こそ金のために非難されてよいのであるが、金持ちの地主という、二人の人間を区別している》と、彼は声を大にしていっている。そして、これらの巧妙な聖職売買が偽りであるとともに狡猾なものであることを示そうとして、彼らが設けようとした区別聖職者を激しく嘲笑したのち、この厳格な隠者は、要するに、君主から彼らの手に託された叙任の姿がどのようなものであるかを実に皮肉な調子で尋ね、《君主があなた方に司牧杖を与えた時、彼らはあなた方に「この教会の土地と富を受けよ」と言ったであろうか。そうではなく、私は確信しているが、彼らは「この教会を受けよ」と言わなかったであろうか》と付け加えている。そこで、教会と別に財産を受け取ることは、教会分離を企てることであり冒瀆的なことである。というのは、教会それ自体の財産を分割することだからである。教会を財産とともに受け取ることは、シモニア的であり異端的なことである。というのは、財産の所有と切り離すことのできない叙階をどうしても買わざるをえないからである、と彼は結論している。

ペトルス・ダミアニの二書簡と『ヒルデブランドゥスの離教』とのあいだの類似は一目瞭然である。フェララのグィドより以前に、ゴテフレドゥス公の礼拝堂付き司祭たちが、自分たちの背徳的な取り引きを弁護しようとして、司教職を、彼らが王から買い叙任をつうじて彼の手から受けた世俗的地位と、ただ秘蹟を与えるだけの宗教的職務とに区別することを考えついていたのである。

その上、ゴテフレドゥス公の礼拝堂付き司祭たちは教会財産に対する王の権利を暗黙のうちに認めていた。しかし、聖ペトルス・ダミアニの書簡では、フェララのグィドが考えたように、政権が変わる度にそれを確認することは問題になっていない。この確認の起こりは、諸君主が、彼らの前任者または彼ら自身か領主たちか個々の人々かが教会や修道院にかつて認めた種々の財産や諸権利の自由な用益権を、これら教会に保証した国王証書に求められなければならない。(一六)この種の特許状は中世にはいくらでもある。それらは、その総体が国王高権 regalia をなす、土地とか、慣習とか、あるいは種々の賦課金に関するものである。フェララのグィドは右の〔確認する〕慣例を原則としたのであり、彼はこれらの諸特権が王から彼の即位の際にまとめて更新されることを考えたのである。そこで、このような贈与は世俗的性質しかもっていないし、王がそれを確認するか否かは自由である。従って、司教たちはその職務に固有な財産や諸権利に対して所有権でなく用益権しかもっていない。そのため俗人叙任が必要となる、と彼は結論したのである。

要するに『ヒルデブランドゥスの離教』は、叙任権闘争の発展の上で真に影響を及ぼすことになるいくつかの新しい考えを普及させたのである。たとえフェララのグィドがその考えを徹底させていないにしても、のちにフランスの教会法学者、シャルトルのイヴォが考えたように、二重の叙任が必要だと考えていないにしても、また他のハインリヒ四世の信奉者たちのように、世俗君主のために教会財産を確認する特権や司教の指名権をあくまで要求していないにしても、少なくとも彼は、これまで知られていなかった教権と俗権との区別をはじめて主張したのである。そしてこの区別を、数年後に、シャルトルのイヴォが再び取り上げ、またこの区別に、スゥトリ（一一一一年）やヴォルムス（一一二二年）の協約はもとづくことになるのである。この点で、フェララのグィドの果たした役割は決定的であった。しかし、彼の主張が考慮される前に、更に多くの論争や戦いが行なわれなければならなかったのである。

不思議なことには、『ヒルデブランドゥスの離教』によって、グレゴリウス七世の敵対者たちの側から、対立する主張を和解に導くかもしれない司教職についての新しい概念が現われた時に、何人かの改革を信奉する人々も俗権の主張を考慮した妥協を行なう必要を理解しはじめたことに気付くのである。フェララのグィドの傾向に対置しなければならない一つの傾向が現われたのはイギリスにおいてであったが、これは恐らく、ウィリアム征服王の宗教的顧問であるとともにグレゴリウス七世の誠実な腹心の友であった、あの極めて徳心のあつい高位聖職者、カンタベリの〔大司教〕ランフランクから示唆を受けたものであろう。

『ダラム司教ウィリアムへの不当な迫害について』De injusta vexatione Wilhelmi episcopi Dunelmensis と題された小論文が残されているが、この論文によって、一〇八八年、バイユー司教オドの起こした陰謀に荷担したため訴えられたダラム司教ウィリアムの裁判の際に、司教の職務は「司教職」episcopium と「封」feodum という二要素が結びついて成りたっていると指摘されたことがわかる。だから司教は、信仰をひろめ秘蹟を授けることを委ねられた高位聖職者の役割と、封建領主の役割とを同時に果たしていたのであり、このような資格で彼は主君である王に服属していたのである。もっとも、誰も右の区別からいかなる実際上の結論も引きだささなかった。しかし、注目に値するのはこの区別それ自体である。フェララのグィドと同じように、『ウィリアムへの不当な迫害』の著者も、グィドの実に適切な表現を再び借りれば、司教に《一方は神から生じ、他方は国家から生じた》二人の人間を認めていた。そのため、王は、彼が上級〔所有〕権を持っている財産の保有者である司教の選出に関心をもたざるをえなかったのである。これはすでに、シャルトルのイヴォが十年後に公式化することになるシャルトル理論の名で知られる主張であった。イヴォは恐らくランフランクの弟子であったから、従って、妥協による解決の最初の着想はこの人物までたどらなければならないが、この解決が、教会法学者たちによって考え抜かれたすえ、西欧の諸王国で叙任権闘争を終わらせる、イギリス、フランス、ドイツの諸協約に示唆を与えることになるのである。

第六章　ウルバヌス二世の教皇在位期（一〇八八―一〇九九年）

グレゴリウス七世は、彼が一〇七五年の教令で提起した叙任の問題に手を付けないまま、一〇八五年五月二五日にこの世を去った。君主は誰もこのグレゴリウスの法規を知らなかったし、教皇もまたこれをシモニアか明らかな簒奪が行なわれた時でなければ課そうとしていなかった。従って、どんなに奇妙に思われようとも、叙任権闘争は、一〇七五年から一〇八五年に至るまで、何よりもまず理論的性格を帯びていたのであり、教会法あるいは論争の域を殆ど出なかったのである。教皇の死後数年間、キリスト教世界の注目を集めていたのは、依然として、ブリクセン会議の翌日にハインリヒ四世によってひき起こされた教会分離であった。

事実、教権と帝権の争いは、グレゴリウス主義者の穏健派と強硬派とが相争って内的危機の特に目立つヴィクトル三世の短い教皇在位期（一〇八六―一〇八七年）、ついで、教皇史上その重要性が少なくともグレゴリウス七世の時代に匹敵するウルバヌス二世の教皇在位期（一〇八八―一〇九九年）まで続いている。

一〇八八年三月一二日に、(この時ローマは対立教皇クレメンス三世の一味に占められていたために)テラチーナで枢機卿たちから選ばれた、オスティアの司教枢機卿、シャティヨンのウードが教皇ウルバヌス二世となった。彼は、ランス教区内のシャティヨン・シュール・マルヌに生まれた古い貴族出身のフランス人である。司教都市〔ランス〕の学校にかよい、ここで彼は聖職につき、しばらく司教座聖堂付き助祭の職にあったが、一〇七三年から一〇七七年のあいだに、修道への熱望を満たすためにクリュニー〔修道院〕へ入った。その後グレゴリウス七世が、彼を司教にするため、一〇七八年にこの修道院から引き離したのである。彼はこの時教皇の協力者となり、彼から多くの重要な役目を与えられた。そして教皇は、臨終に際して、この瀕死の教皇に後継者の選出について意見を求めた枢機卿たちに、彼の名をルッカの〔司教〕アンセルムスとリヨンの〔大司教〕ユーグの名とともに挙げたのである。けれどもモンテ・カシーノ修道院長デシデリウスが〔教皇に〕任命された。しかし、彼がほんの僅かのあいだ在位したのち、グレゴリウス七世を継ぐ重大な使命を託されたのはウードであった。

歴史家たちが下したウルバヌス二世に対する評価はかなりくい違っている。ある者は彼を、《非妥協的な神政主義者》であるとみなし、ある者は彼を、現実の必要に応じて法の厳正さを緩和することに極めてたけていた便宜主義者であるとみなしてきた。だがこのような評価はいずれもあまりに極端で誤っている。差し当っては、このグレゴリウス七世の後継者が、その書簡で何度も述べているように、教会諸法規を守ることに深く心をくばっていたこと、それとともに彼が、クリュニーで実践していたようなベネディクトゥスの戒律に忠実でありたいと望んでいたことに注目するだけで充分であろう。初期の何通かの書簡ですでに、彼は「グレゴリウス〔七世〕の僕」Gregorii pedisequus でありたいという意思、すなわち、亡くなった教皇の改革的法規を守り、教会とキリスト教社会における使徒の座の優越性を強めるという彼の努力を受けつぎながら、その仕事を継承したいという意思を明らかにしている。彼は離教主義者に全く妥協しなかったが、しかし彼の教義面での厳格さにはグレゴリウス七世に欠けていた政治感覚が加わっていた。教皇座から与えられた任務を果たしていたあいだに、彼は人間的な経験を積んだのであるが、この経験は彼にとって極めて貴重なものであり、それによって彼は、ペトロの小舟を、そのまわりに点在する沢山の暗礁をぬって、巧みなしかも力強い手であやつることができたのである。

一〇九三年の末まで、帝国の教会分離がウルバヌス二世の関心の的であった。彼が即位した時に、教皇権は憂慮すべき状態にあった。ドイツでは、教皇の立場はひきつづき後退しつつあった。ザクセンの反〔皇帝〕勢力はうち砕かれ、正統信仰を守っていたのは、ヴュルツブルク、パッサウ、ヴォルムス、コンスタンツ、メッツなどの僅か五人の司教だけであった。イタリアでは、情勢はこれよりは有利で、アキレイアの総大司教ウルリヒの周囲に集まった北部の何人かの司教たちが離教におちいっていたが、司教の殆どすべては教皇座に味方していた。その上教皇座は、女伯マティルデとの同盟や南部のノルマン諸侯との同盟を当てにすることができた。しかし、ローマでの戦いはつねにクレメンス三世にとって有利に展開し、彼は、プレネスト、ヴェッレトリ、スゥトリなどに強固な拠点を構え、一〇八九年五月か六月に、相変わらず居座っていたキリスト教社会の首都で公会議を主宰することができたのである。従って、なぜウルバヌス二世が、その在位期の初めに、帝国の教会分離を終わらせ、ローマに戻ることしか計画していなかったかが理解されよう。

彼が後の方の〔ローマ帰還という〕目的を達するためには、更に四年の歳月が必要であった。一〇八八年の秋のうちに、彼は一時テヴェレ河の島を占めることができ、ここで、一〇八九年四月一八日に、ささやかな公会議を開いた。ついで彼は、一〇八九年六月二八日に、首都への攻撃にのりだし、七月三日に入都した。しかし、一〇九〇年六月には、四月にアルプス山脈を越えていたハインリヒ四世の新たな攻撃の結果、彼は退却して南イタリアに難を避けねばならなかったのである。クレメンス三世は再びローマを手に入れることができ、そこに落ち着いた。一方、ハインリヒ四世は女伯マティルデに対する戦いを激しく続けた。彼はマティルデの拠点をひとつひとつ奪っていって、彼女を全く危険な状態に陥れ、一〇九二年には、〔休戦〕交渉をせざるをえないところまで追い込んだ。しかし、王が、どのような協定を結ぶにしてもマティルデによるクレメンス三世の承認が先決条件であると主張したので、高潔な女伯は、最後までたたかいぬくことを固く心に誓って、戦闘を再開した。彼女はカノッサ城に立てこもって抵抗し、ハインリヒ四世はその城門を破ることができなかった。しかもこの包囲でドイツ軍は非常に消耗したので、前の年に奪った場所をつぎつぎに放棄しながら、パヴィアまで後退した。ちょうどこの頃、王はミラーノでイタリア王に戴冠された彼の〔長〕子、コンラートが謀反を起こしたのを知った。王は、ロンバルディア諸都市を結ぶ彼に敵対する同盟の結成を防ぐこともできなかったし、ドイツでは、ウルバヌス二世の特使、コンスタンツのゲープハルトが再び教皇側につけることに成功した、多数の司教たちの変節を防ぐこともできなかった。イタリアにおけるドイツ軍の攻撃は失敗であった。そこで、ウルバヌス二世は、ハインリヒ四世が〔イタリア〕半島になおしばらくとどまっていたにもかかわらず、一〇九三年一〇月末に、ローマへ帰ることができ、ここで彼は、一〇九四年春にラテラノ宮殿を取りかえすまで、とりあえずフランジパーニ家のもてなしを受けることにした。ハインリヒ四世は屈しなかった。だが彼は一〇九七年の復活祭頃でなければアルプス山脈を再び越えて来なかったので、クレメンス三世はラヴェンナの自分の教区に戻らざるをえなくなり、以後あまり目立たない生涯をそこで送ることになるのである。一〇九三年の終りに、帝国の教会分離は事実上終わった。そして教権と帝権の争いは、これ以後、ウルバヌス二世を全く悩ますことのない、取るに足りない動きをいくらか示すに過ぎなくなった。教皇は、一〇九八年に、サンタンジェロ城を再び取りかえし、ローマでの戦いも対立教皇を見放したのである。

教会の統治は離教者たちに対する戦いの影響を受けた。それは、同じ原則にもとづいていたが、その外見は〔ウルバヌス二世の〕在位期の初めと終りとで同じではない。《かつて私どもの至福の父であるグレゴリウス教皇を信頼していたように、私を信頼して下さい。何事にも、私は彼を手本に見習うつもりです。私は彼が斥けたことを斥け、彼が断罪したことを断罪し、彼が愛したことを愛し、彼が正しく普遍であると考えたことを認め許します。要するに、何事についても、私は彼と同じように考えているのです》と、ウルバヌス二世は一〇八八年三月一三日にドイツの司教たちに書いている。ヒルデブランドゥスは、一〇七三年に、教皇位に即いた時、ニコライスムとシモニアを除去する以外には何の計画も予告しなかった。ついでこの道徳的改革の失敗で、彼はよりよい司教を確実に補充するため、一〇七五年に、俗人叙任を禁止しようとした。ウルバヌス二世の理想もこれと違わない。彼も妻帯聖職者や姦淫聖職者に対して、また《利益を得るために、神の贈物である教会財産を売ったり買ったりする》人々に対して、同じように破門を命じている。俗人叙任はやはり形式的に断罪されているに過ぎない。一〇八八年一二月一四日のマグロンヌ司教に宛てた書簡には、《聖職者と民衆の意思に反して、世俗諸権力がひそかに聖職保持者たちを任命することがあまりにもしばしば起こっているので、私どもは、もし司教であるあなたか、あなた方のうちの一人が死亡するようなことがある場合には、いかなる世俗権力者も司教を叙任するためのどのような名誉もどのような権力も僭取してはならない、そして、教会法規の定めるところに従って、聖職者と民衆が、一致した助言により、無償で、しかも不正でなく選んだ者をその座につけなければならない、と決定しそう望んでいます》との言葉がみられる。グレゴリウス七世が述べたことも同じであった。

この書簡は在位期の最初の年に書かれたものである。これに続く数年間に、ウルバヌス二世は彼の前任者によって下された諸禁令を確認している。南イタリアを旅行していた一〇八九年九月一〇日に、彼はメルフィで七十人の司教が参加した公会議を開いた。シモニア、ニコライスム、俗人叙任などが禁令の対象となったが、これらは一〇七五年から一〇八〇年までにローマ公会議で決められた諸禁令と同じである。特に教令第八条には、《いかなる聖職者も俗人から叙任を受けてはならない。この禁をおかした者は罷免する》と定められている。人々はなぜグレゴリウス七世が、一〇八〇年に、一〇七五年の法規を例外なく教会のすべての地位にまで拡げたかを理解した。そこでウルバヌス二世は、彼の前々任者によって定められたこの規定を完全な形で確認したのである。だから、この教皇が在位期の初期に書いた書簡のなかに、グレゴリウスの法規が幾分でも軽減されている例をさがしても恐らく無駄であろう。しかし、これまでになくこの法規は、制定者がすでにその模範を示していた緩和した形で実施されたのである。

事実、一〇九四年まで、ウルバヌス二世は、あらゆる成功の可能性を彼が始めた離教者たちに対する戦いに結びつけようとして、時には何もしないに等しい寛大な態度を示している。勿論、王か貴族の側に明らかな権力の濫用があった時には、彼は必ずそれを指摘している。例えば、一〇八八年一〇月一五日に、彼はカスティーリア王アルフォンソ六世に対して、この王が無理やり罷めさせたあげく投獄した〔サンティアゴ・デ・〕コンポステラの聖ヤコボ〔教会〕の〔大〕司教、ディエゴをもとの地位にもどすよう厳命し、篡奪者〔カルデーニャのペトルス〕の失格を宣言している。その代わり、彼は同じアルフォンソ六世が、グレゴリウスの教令を無視してサアグンの修道院長ベルナルドゥスをトレード大司教に任命したことを認めている。フランスでは、スワソン司教アンリが王の手から叙任された。教皇は彼を辞めさせるほかなかった。しかし、《教会の必要のために》、教皇は、彼が教皇座に対して忠誠の誓いを行ない、また、とりわけ、俗人たちの手から叙任された司教や修道院長の叙階に列席しないという誓いをすることで、彼を司教職につけている。同じようにウルバヌス二世は、一〇九〇年の終りに、聖職者と民衆によって選ばれたとはいえ国王叙任を受けたという理由でサンス大司教リシェが塗油するのを拒んだ、シャルトルのイヴォを〔司教に〕叙階した。〔帝国領内では、〕ハインリヒ四世から任命された司教たちでさえも教皇から厚遇されている。ミラーノでは、一〇八九年に、大司教アンセルムスが、教会法規による選挙ののち、ローマの諸教令を無視して、当時破門されていたこの君主〔ハインリヒ四世〕の手から叙任を受けた。恐らく彼もまた王に父をつうじて金を渡したのであろう。けれどもウルバヌス二世は、《教会法的正義の厳しさを教皇権威で和らげる》のをためらわず、アンセルムスを認めている。カンブレでは、一〇九二年に、司教ジェロー二世が死亡した時、聖職者たちは長い討論の末マナッセを選んだ。彼は皇帝に会いに行ったが、同意してもらうことができなかった。反対派は彼が居ないのを利用してヴォシェルとかいう人物を代わりに決め、ハインリヒ四世はこの人物に叙任を与えた。ウルバヌス二世が認めたのはマナッセでなく、むしろヴォシェルである。一〇九五年に、教皇はクレルモン公会議でその態勢を立て直すことになるが、しかしそれでもやはり彼が、その在位期の初めに前任者の俗人叙任に関する法規を大幅に歪めていたことは事実である。

シモニアの疑いがある時でさえも、教皇は証拠の代わりになる〔本人の〕申し立てにあまりにも簡単に満足してしまっている。だから教皇の審問が赦免判決で終わらなかった例はまれであった。アミアン司教ジェルヴァンは配下の聖職者たちからシモニアで告発された。その選挙に異議が申し立てられたのである。彼はウルバヌス二世のもとへ行ったが、教皇は彼を正しいと認め、彼に服さないものは誰でも教会法規に従って制裁を加えると脅かしている（一〇九一年一二月二〇日）。彼は再び告発された。だが一〇九三年七月一八日付けの別の書簡で、教皇は、サン・リキエ修道院にせよアミアンの司教職にせよ、それらを手に入れるために全く金を与えもしなかったし与える約束もしなかったと誓ったこの高位聖職者を赦している。ボーヴェ〔司教〕フルクもやはりシモニア的取り引きの疑いをうけた。彼は一〇九三年のうちに教皇のところに現われた。ウルバヌス二世が彼に対して下された有罪判決を取り消して、彼を〔司教として〕認めるためには、彼が司教になることをあきらめると申し出るとともに、たった一人の司教座聖堂参事会員が彼のために証言するだけで充分であった。リモージュでは、一〇八七年に〔司教に〕選ばれたアンボーがシモニアで告発されている。このサン・マルシャル修道院長はローマに行き、一連の証拠を提出したが、それによると、この選挙は結局教会法規に反していたということになる。ウルバヌス二世はアンボーに釈明するよう求め、そして彼の誓約を受け入れたのち、別に何も調べないでリモージュの聖職者たちに彼を司教とみなすよう命じている。同じように、教皇が、一〇九一年に、リエージュで名うてのオトベルトの選挙に異議をとなえたとは思われない。この人物は聖フベルトゥス年代記によれば、司教になるために金を湯水のごとく使い、その教会管理はいつも醜聞の的であったという。

従って、一〇八八年と一〇九三年のあいだに改革的法規はかなり曲げて適用されていたことが指摘されよう。公会議諸教令は変わらなかったが、これらの諸教令とそれを日常実施することとのあいだには奇妙な相違があったのである。ウルバヌス二世はグレゴリウスの諸教令を少しも変えていない。だが彼には、それらにそむく態度をとろうとした人々を赦免する傾向があったことは明らかである。だからといって、彼は間違っていたと非難するべきであろうか。人々は頭から a priori そう決めてかかりたくなるかもしれない。けれども、いくつかの書簡は、周囲の事情からそうせざるをえなかったあの態度を教会法規の上で正当化しているのである。ウルバヌス二世はよく知れ渡った変節で激しく非難されているが、彼が多数のためらう人々や勇気に欠ける人々を寛大な処置で教皇座に結集しようとしたことや、教会からあまりにも沢山の司牧者が失われるのを恐れたことは、確かに疑う余地のないところである。しかし、彼のためらいがちな心も、もしそれが特免という教会法上の理論に支えられていなかったならば、決してあのようななげやりな態度はとらなかったであろう。この理論が彼の教皇としての全行動の根底にあったのである。

ウルバヌス二世が〔その在位期の〕初期に書いた書簡の一つ、テッラチィーナ司教ペトルスに宛てた書簡には次のような言葉が見出される。

《多くの行為は悪意にもとづいていないのですから、それは悪いようにみえても実際にそうではありません。私どもは使徒行伝〔一五・二八〕のなかで、至福のペトロが、すべての者に〔ユダヤの〕律法を守らないように命じた決定〔使徒指令〕に反して、もっぱら特免によって、ユダヤ人たちの反感を招かないように、ある事情から表向き、それ〔律法〕に従ったことを読んでいます。同じように、使徒パウロは弟子たちに割礼をほどこした方が得策だと考えました。彼もまた、やはりユダヤ人たちから殺されるのを恐れて、ユダヤの祭式に従って宮できよめをしたのです〔一六・三〕。》

ペトロやパウロがみずから断罪し禁じたモーセの祭式にあえて従ったと同じように、教皇もまた、ある禁令を特免することができるというのである。というのは、彼がピストイア〔司教〕のペトルスに宛てて書いているように、《教会諸侯〔枢機卿や司教〕は多くの事柄を教会法規の条文に従って厳しく裁き、多くの事柄をその時の必要に応じて見逃し、多くの事柄を人々の資質に応じて適度に気づかぬ振りをしている》からである。つまり、ローマ教会は、もし《特免》が規律を損う恐れがないと判断すれば、教会法規の遵守を特免する力をもっているというのである。この理論は、ウルバヌス二世の時代に教皇書簡にはじめて現われ、同じ頃コンスタンツのベルノルトが『避けるべき破門、違反調停とその教会法源』De excommunicatis vitandis, de reconciliatione lapsorum et de fontibus juris canonici と題する論文のなかで詳細に述べているが、それは俗人叙任に関する教令に違反してもキリスト教的平和と信徒に対する伝道のために許されることを明らかに示している。この理論は、グレゴリウスの法規に〔加えた〕実際上必要ないくらかの変更を正当化する上で、ウルバヌス二世に大いに役立ったといってよい。しかし他方でそれは、グレゴリウス七世の在位期にとられた断固たる態度を決して弱めるものではなかった。それは、諸教令をもとのままにしておいて、適当な時期に、これらの教令を極めて厳格な形で改めて施行することができるという利点をもっていたばかりでなく、それはまた、教皇座に法令を思いのままに実施したり一時停止したりする権限を与えるから、ある点ではローマの権威を一層強化していたのである。

しかし特免に訴えることができるのは、教会を妨げる例外的事情がある場合のみに限られていた。宗教的生活が正常に復した時には、教会法上の規則がいささかも軽減されるべきでないことは明らかであった。これは、教皇書簡に浸透していた妥協的精神に動かされず、ウルバヌス二世に教会法規を再び厳格に適用するようすすめていた何人かの法律家や政論家たちが主張した点である。一〇八九年から一〇九四年のあいだに書かれた『キリスト教的生活論』Liber de vita christiana の著者、スゥトリのボニゾの場合もそうであったが、彼はローマ教会の権威に従い、それが《新しい教会法規を定め、事情によっては古い法規を変える》権限をもつことを認めながらも、ローマ教会はこの特権をできる限り最小限に行使しなければならないと考えている。というのは、彼が結論しているように、《正しくなく始められたことが幸いな結果に終わることはむずかしい》からである。これに反して、シャルトルのイヴォは、一〇九三年と一〇九四年に公にした教会法令集のなかで、規則をウルバヌス二世と同じように解釈し、特に慎重な教皇の気持を安心させようと明らかに配慮しながら、この特免の理論を沢山の新しい考えを用いて発展させている。彼によれば、「汝殺すなかれ、汝姦淫するなかれ」のような不変の掟がある。これらの掟にはいささかの軽減も加えてはならない。というのも、それは神の命令そのものに反することになるからである。しかし、これらの掟とならんで、聖書が緩和することを認め、教父たちがこれまでも事情に応じて緩和する措置を忘れずこうじてきた様々な服務規定がある。この場合、俗人叙任に関する教令は後者の範疇に入れなければならないに違いない。もっとも、イヴォはニコライスムとシモニアに対して下された判決については好んで詳しく述べているが、まだそれ〔俗人叙任禁令〕には言及していない。数年後に彼は、一〇七五年から一〇八〇年までのグレゴリウスの法規に対して明らかな攻撃を加えることになるが、それは教皇座の側からの激しい反論を招かずにはおかなかった。

差し当って、シャルトルのイヴォの発言は孤立しているかにみえた。しかもウルバヌス二世の周囲ではむしろ厳格主義へ復帰する傾向にあった。このことを確かめるには、この教皇在位期の初めに公にされた政論家の著作のうち最も興味ある作品の一つ、枢機卿デウスデディトの『教位侵奪者・聖職売買者・離教者駁論』Libellus contra invasores et simoniacos et reliquos schismaticos を読めば充分である。これにはグレゴリウスの法規が現われて以来提出されてきたすべての問題が詳しく取り扱われている。また、それまでに教会法規の大集録を公にしていた著者は、特に豊富なテクストを引用している点で異彩を放っている。俗人叙任の問題は彼が検討している様々な問題のなかでも重要な位置を占めているが、それは枢機卿の大きな関心の的となっていたようである。

デウスデディトはグレゴリウス七世の教令を極めて厳格に適用することを求め、ウルバヌス二世の妥協的政策に反対の立場をとっている。彼は聖職を売ったり買ったりする聖職売買聖職者たちに烙印をおすだけでは満足しなかった。彼は、無償であっても、聖職を王または領主の手から受けるすべての人々を攻撃し、いずれの場合にも、教会の独立は守られないと考えている。ところで、教会法規は明らかであり、聖書も、世俗の法や教会の法も、俗人たちに聖職者に関するあらゆる事柄に干渉することを禁じている。〔そこで、〕枢機卿フンベルトゥスが注目したいくつかの点を再び取り上げて、デウスデディトは、世俗君主たちによる司教任命が宗教的生活に及ぼす諸結果を次のように痛烈に非難している。彼らの誰かからあこがれの的である司教の地位を得たいと望む聖職者はみな、宮廷で生活し、しばしば金を払ってそこで色々な関係をとり結ぶために、自分の職務を棄ててしまう。というのも、君主の取り巻きの愛顧が得られるのは金によるからである。このような〔司教〕志願者は、ひとたび司教になってしまえば、その悪習の数々をやめないであろう。司教座聖堂から三日以上離れることはすべての高位聖職者に禁じられているのに、彼は常に宮廷で奢侈と浪費にかこまれて生活し、たとえその結果王になんの利益をもたらさなくても、彼が教え導くよう委ねられた民衆に全く接しなくなってしまうであろう、〔と。〕

従って、デウスデディトは、俗人叙任を極力非難し、グレゴリウス七世によって決められた規則に反することを全く認めていないのである。それどころか彼は、一般に、聖職者に対する世俗君主のいかなる権利も認めていない。というのも聖職者は、神によって、植え、水を撒き、建て、教え、洗礼を施し、礼拝することを委ねられた神と人との仲介者であり〔コリント前書三〕、神にのみ従わなければならないからである。要するに彼は、俗人たちは聖職者のみが処分する権利をもっている教会財産に手をふれることはもとより、彼らが建てたかもしれない教会の諸権利を要求することさえ禁じられている、と指摘しているのである。

この『教位侵奪者・聖職売買者・離教者駁論』が、ハインリヒ四世に勝利を収めたのち次第に厳格主義へと傾くことになるウルバヌス二世の政策転換に寄与したことは確かである。だが、教皇が俗人叙任に対するはじめの姿勢を変える気になったのは、恐らく、一〇八七年にウィリアム征服王を継いだウィリアム〔二世〕赤顔王がイギリスで犯した乱行のためであろう。

ウィリアム赤顔王はノルマンやイギリスの歴史家たちからひどく酷評されているが、彼らは、その一人であるハンティンドンのヘンリイの言葉を借りれば、王を《誰よりも獰猛で、しかもたちが悪い》と非難している。自分の権威に非常に執着して、彼は独裁欲と特に伝説的なまでの貪欲さをほしいままにしていた。彼は、王として認められると直ぐに、その品行についての醜聞で名誉を失墜するとともに、教会を掠奪し、司教座や修道院を臆面もなく売りとばしはじめたのである。そこでカンタベリ大司教ランフランクは、彼をおだやかに叱責し、彼に即位の時に行なった教会を保護するという誓いを思い起こさせた。しかし、《一体誰が約束を全部まもれるだろうか》という答えをようやく得たに過ぎなかった。今度は、ウルバヌス二世が仲裁しようと試みた。だが彼は何も得なかった。しかも、ウィリアム赤顔王はそれまでも彼を〔教皇と〕認めようとしていなかった。だからといって王がクレメンス三世の教会分離に同調していたわけではない。ただ彼は教皇位を認めていなかったのである。ランフランクが（一〇八九年五月に）没した時、彼は自制心を全く失って、聖界に極めてひどい圧制を加えた。特に、カンタベリ教会は恐怖政治のもとに置かれた。この間、ウィリアムは、どんな忠告にも耳を貸さず、自分以外に大司教はいないとはっきり宣言して、この〔大司教〕座をいつまでも空位のままにしておいたのである。彼が司牧杖を聖アンセルムに与えようと決心したのは、ようやく彼が重い病気にかかって一時死にかかった後である（一〇九三年三月六日）。聖アンセルムは、彼の叙階式（一〇九三年一二月四日）ののち直ちに、空位となっていたあいだに没収された財産の返還を請求し、この教会の諸権利を要求した。そのため、王とのあいだに激しい争いが起こったが、〔この争いで〕王は自分の任命した司教団の支持を得ることができた。けれどもその驚くべき隷属が〔かえって〕俗人叙任による損失を浮き彫りにしたのである。

ウルバヌス二世は、他の西方諸君主にもやはり大して満足していなかったので、よく考えてみる必要があった。ドイツのハインリヒ四世は正統の教皇権威に対して執拗に反抗している。カペー朝のフィリップ一世は〔確かに〕離教者たちと通じてはいない。しかも彼はウルバヌス二世に服従を誓って彼に心から味方さえしている。しかしだからといって彼は、グレゴリウスの法規を特に尊重しようという態度を示しているわけではないし、教皇がローマの諸教令に違反している疑いのある高位聖職者に寛大なのを大いに利用して、国王司教座に自分の選んだ候補者たちをつけている。一〇九二年に、彼は気まぐれな情欲のとりことなり、妻のフリースラントのベルタを離婚して、封臣の一人〔アンジュー伯フルク〕の妻、モンフォールのベルトラードを奪って、数カ月後に結婚したが、これは、教義と道徳の番人である教皇座と彼との良好な関係を当然危くさせずにはおかなかった。

このような諸君主の様々な反抗にあって、ウルバヌス二世は強硬論者たちの助言にどうしても耳を傾けないわけにはいかなかった。強力な矯正が必要であり、教義の求めていることを故意に無視している諸君主の手に教会をまかせておいては、信仰にまた信徒たちの宗教的生活に極めて重大な危険が及ぶ、と思われた。そこで、一〇九五年に、ピアチェンツァとクレルモンの両公会議が、教皇の示唆をうけて、グレゴリウスの法規を更新し、更にその幾つかの点を厳しくすることになるのである。

ピアチェンツァ公会議は、一〇九五年三月一日に、四千人近い聖職者を集めて開かれたが、それは俗人叙任についてはいかなる教令も公布しなかった。この会議は、グレゴリウス七世時代のローマ諸公会議が姦淫聖職者と聖職売買者に対して下した禁令を再び公布し、これに幾つかの補足的な細目を加えるだけにとどまった。それはまた、離教者や、カトリック教徒として叙階されたのちローマ教会から分離した司教たちによって授けられた叙品についての非常に議論の多い問題に決着をつけた。これらすべての措置は教会改革にとって新たな段階を画している。だが、司教選挙の問題は、下級聖職の問題と同じく、取り上げられなかったのである。

これに反して、一〇九五年一一月のクレルモン公会議は、この点で決定的な重要性をもっている。ウルバヌス二世がフランスへ赴いたのは、何よりもまず、そこで殆ど守られていなかったグレゴリウスの法規を再び公布するためであった。彼は、教皇特使、リヨンのユーグがヴィクトル三世の即位に不満をいだき、その結果カペー王国をかえりみなかったために、聖職者の道徳的な状態が日々に悪化していたことや、憂うべきことに《シモニアによる腐敗》がこの国に再発していることを知っていたのかもしれない。教皇は、アミアンのジェルヴァン、ボーヴェのフルク、リモージュのアンボーのような、その過去について完全に疑いがはれたわけでなく、彼が必要な調査もせずにその誓約を認めてきた何人かの司教を、充分な証拠もなく許してきたことを恐らく覚えていたのであろう。だから、不義の王が破門されていたにもかかわらず、教皇座に一致して忠実であり、離教者と全く接触していなかった唯一の教会であるフランスの教会を、是が非でも更生させなければならなかったのである。一〇九四年の初めに、リヨンのユーグを一〇八六年に解任していた常設特使に再び復帰させることによって、教皇はグレゴリウス主義の方針に復帰する意思をすでに明らかにしていた。教皇統治のこの傾向は、クレルモン公会議で更に一層はっきりした形で示されることになるのである。

この〔公〕会議は何よりも第一次十字軍が発足したことで知られている。しかし、民衆にその東方計画を告げるに先だって、ウルバヌス二世は、教会規律に関する多くの事柄を規定し諸教令を発布したが、これらの教令は、恐らく十三人の大司教と二百五人の司教からなるこの公会議が、多数にのぼるフランスの高位聖職者のほかに、教皇がフランスを旅行中随行していた多くのイタリアの高位聖職者や二人のロレーヌ司教、メッツのポポーとトゥールのピボ、それにトレード首座大司教ベルナルドゥスとアラゴン大司教ベレンガリウスの率いる多数のスペイン司教などを集めて開かれただけに、特に決定的な重要性をもっていた。事実、クレルモン公会議は国家の枠を大きく越えていた。つまりそれは全欧的な性格を帯び、その決定は高い価値をもっていたのである。

ニコライスム、シモニア、俗人叙任などに関するグレゴリウス七世の諸教令が次のように更新され明確にされた。淫蕩な生活を送る、司祭、助祭、副助祭あるいは司教座聖堂参事会員のすべては罷免される。聖職者の住いには、神聖な教会法規に認められた者を除いて、いかなる女性も〔住むことを〕許されない。司祭、助祭、副助祭および司教座聖堂参事会員の子息たちは、前もって修道士か修道参事会員になっていなければ、聖務や聖職につくことは許されない。いかなる者も教会の地位を買ってはならないし、埋葬や終油や堅信などに対していかなる報酬も求めてはならない。最後に、いかなる者も俗人から聖職を受けてはならない、王や諸侯はいかなる叙任も与えてはならない、とはっきり規定されている。しかも、教令第十七条は、司教や一般聖職者が王や領主に封建的〔忠誠〕宣誓を行なうことを禁じている――これはまさに、グレゴリウス七世もためらっていた新たな禁止である――。この規定によって、ウルバヌス二世は封建社会から教会を完全に絶縁させたのである。

教会財産も、聖職保持者についで、それを簒奪から守るべく定めた諸規定の対象となった。特に、俗人たちは十分一税を保持したり、それを自分たちのために先に取ったり、教会や祭壇の諸収入を得てはならない、と命じられたのである。

こうしてグレゴリウスの原則への復帰は明らかとなった。一〇九六年七月八日から一二日にかけて、ニームで開かれた公会議は、聖職者が聖職禄を俗人の手から受ければ、彼はこの行為だけでそれを失うと規定し、教会になされた奉納物または十分一税を得るか保有している俗人に信徒との関係を一切断つよう命じ、相続で教会を所有している者には、その教会を解放しない限り教会聖職禄をもってはならないと禁じるなどして、クレルモン公会議の仕事を補足した。ウルバヌス二世がすべての世俗的保護支配から聖職者を解き放とうとしたことはますます明らかであるように思われる。その在位期の初めに〔俗人に対して〕極めて好意的な便宜主義的態度を示していた教皇は、断固として全く非妥協的な立場の信奉者に変わったのである。クレルモン公会議以後死ぬまで、彼は、様々な影響を受けながらも、一〇九五年にとった態度を絶えず強めることになろう。

一〇九五年から一〇九六年にかけてフランスを旅行しているあいだに、ウルバヌス二世はカペー王国内でのシモニアの弊害に驚いたようである。その後、この大《異端》は絶えず彼にとって大きな気がかりの種となっていた。国王フィリップ一世は、教会に認めさせようと望んでいた不義の結婚に相変わらず心を奪われていたので、教皇座の諸教令を軽視する態度をあまりはっきりとらないようにしていた。だがそれにもかかわらず、数多くの事件が生じ、それがウルバヌス二世により良い司教を確実に補充することがいかに必要であるかを示したのである。

一〇九六年に、オルレアン司教ジャンが亡くなった。彼の後任として、教区の聖職者は教会参事会長サンシオンを選んだ。しかし彼は、すでにグレゴリウス七世時代にルニエと呼ばれる悪名高い聖職売買者が罷免された際に推薦されたが、その後必要な保証を提出しなかったために斥けられていた人物である。ところがフィリップ一世王がこの選出に同意したので、彼は、当時リヨン教会の首座大司教権を認めなかったために聖職停止をうけていたサンス大司教の代わりに、シャルトルのイヴォに叙階してくれるよう頼んだ。しかし、サンシオンがこの手続きをとっているあいだに、彼はシモニアで訴えられ、しかも彼を中傷する人々は、もし王の報復をうけない都市へ訴えの理由を明らかにしに行くことができれば、その真相を立証する用意があると言明したのである。そこでイヴォは彼らをシャルトルに召還したが、彼らは出頭せず、またそれ以上抗議しなかった。このように彼らが出頭しなかったので、イヴォはサンシオンに聖職売買者でないことを誓わせた上で、彼を叙階せざるをえないと考えた。だが間もなく、誹謗者たちが出頭しなかったのは王から買収されたためであるという噂がひろまった。そこで、トゥール大司教ラウルが介入し、一〇九八年に、彼はサンシオンからその〔司教〕座を取りあげ、代わりに司教座聖堂助祭のジャンという候補者をつけたが、これはこの間サンシオンと仲違いしていたフィリップ一世と同意の上で行なったらしい。今度は、ジャンがシャルトルのイヴォに叙階してくれるように頼んだ。しかし、イヴォは大いに困惑して、教皇特使、リヨンのユーグの意見を求めた。そこでユーグは自分のところへ全員を召還した。教皇特使は双方の意見を聞いたのち、ジャンについてとかくの噂があったにもかかわらず、彼を〔司教と〕認めた。というのは、彼は恐しく身持ちが悪いとか、〔王妃となった〕アンジュー〔伯〕の〔妻、モンフォールの〕ベルトラードの借金を返してやったとか、フィリップ一世からそれを完全に返済するまで叙階を延期せよと命じられたなどと噂されていたからである。それにもかかわらず、ジャンはオルレアン司教にとどまることになった。

この場合、勿論二人の競争者のうちのどちらかが、もう一人の人物よりもはるかにふさわしかったというわけではなかったし、またどうもフィリップ一世はどちらにも関係をもっていたらしいのである。だがそれよりはるかに明らかなのは、王がこれらの選出に介入したために生じた危険であった。これ以外の場合にも、それは同じように恐るべき姿を現わしていたのである。一〇九六年に、マグロンヌに立ち寄った際に、ウルバヌス二世は、シャルトルの一聖職者ギヨームが、教会法規に定められた年齢に達していなかったにもかかわらず、パリ司教に選出されたことを知らされた。彼はモンフォールのベルトラードの実弟であったので、王が彼を選ぶよう選挙人たちに強要し、彼らはある額の金を受け取ったという噂がひろまっていた。けれども、ウルバヌス二世は、彼を選んだ人々が王の脅しに従ったのでもなく、王妃と血族関係にあるためにギヨームを選んだのでもないと誓えば、彼の叙階を許すことにした。宣誓がおこなわれ、そしてギョームは叙階されたのである。

パリの聖職者たちの誓いがどこまで本当であったかはかなり疑わしい。ボーヴェでの、やはり一〇九五年に没した司教フルクの継承にも、同じような懸念が生じた。アンセルムとかいう者が選ばれたが、ニーム公会議の際にリヨンのユーグがこの任命に反対したので、叙階は一〇九七年まで延期された。常に困難なことであるが、アンセルムと特に親しい関係にあったフィリップ一世がシモニア的に介入したことを確認できなかったので、ユーグも反対を取り消さないわけにはいかなかったのである。

ウルバヌス二世は、これらすべての場合に、真に公平な精神の持主であることを示した。だが彼はかなり心の動揺に悩まされていたに違いない。確実な証拠がないので、彼は、王権が選出の際に表面に出ていなければ、いずれ明らかになるかもしれない〔にしても〕疑わしい司教たちを認めないわけにはいかなかったのである。しかし、王の干渉から起こる様々な支障は、あまりにもしばしば黙認されたので、日を追ってますます明らかになり、グレゴリウスの法規と、俗人たちに対する教会の独立についてのイタリア教会法学者たちの主張がともに正しいことを証明したのである。

これらの弊害はイギリスでさらに一層顕著であった。一〇九四年からは、ますます貪欲になるウィリアム赤顔王と、王権に対して教会の諸権利と独立を守ろうと堅く決意していたカンタベリ大司教聖アンセルムとのあいだに、深刻な争いが起こった。何人もの修道院長が悲しむべきことに〔王から〕任命されたのち、アンセルムは王にいくらかの建言をした。だが彼は次のような手きびしい反駁を招いた。《それが何であなたに関係があるのか。これらの修道院は私のものではないか》と。臆せずに大司教は、《ありますとも。それらはあなたが保護者として保護するならばあなたのものです。けれども、あなたはそれらを荒廃させてきたのですからそうではありません》と言い返した。この対話は激しい衝突のきざしをすでに示していたが、その最初の出来事はロッキンガム公会議（一〇九五年二月）で起こった。

この会議は、聖アンセルムがウルバヌス二世の手から大司教の肩掛《パリウム》を受けるためにローマへ行く計画をたてたのに対して、ウィリアム赤顔王が反対したことから招集された。大司教はこの対立を教会会議にもちだすことを望んだ。彼はあらかじめ、司教、一般聖職者、修道士、諸侯を集めて会議をひらき、その席で、一方では彼らの懇請と王の命令にもとづかなければその地位を受けなかったことを、他方ではウルバヌス二世を〔教皇と〕認めるとはっきり表明してきたことを彼らに想い起こさせたのち、彼が悩まされているつらい心の葛藤、つまり、いかに王に対する忠誠と教皇になすべき服従とを両立させたらよいか、自分はこれら二つの務めのどちらかに背かなければならないのであろうか、という悩みを打ち明けたのである。司教たちは、おずおずと怯えて、王に従うよう助言した。大司教は、彼らの態度に憤激して、ローマの首位権を信じ正統の教皇に従うつもりであると彼らに向かってはっきり断言したが、これはウィリアム赤顔王の激しい怒りを招いた。しかし彼は王に反抗し、骨の折れる折衝を重ねたあげく、王は結局ウルバヌス二世を認めたのである。だがこの最終的な譲歩もイギリスの教会に加えられていた抑圧を終わらせることにはならなかった。そこで、一〇九六年の初めにディジョンの修道院長ジャラントンが教皇の要請でウィリアム赤顔王とロベール・クルトゥズとの仲を調停するためにイギリスに赴いた時、大司教は王が相変わらず教会や修道院の収入を横領し、空位となっていた司教座に〔司教を〕任命せず、シモニアや聖職者の淫行を助長していると証言することができたのである。司教や修道院長たちは、王の財政的要求を満足させるために、聖遺物や十字架や聖杯などを売らなければならなかったし、貧者のために取っておいた資金を慈善に使うのを思いとどまらなければならなかった。聖アンセルムを除けば、彼らの誰もがこれに抗議しなかった。彼は、一〇九七年一一月に、王の意に反してローマ訪問 ad limina〔apostolorum〕の旅をくわだて、ジャラントンが教皇に述べていたかもしれない、専制的な王からいつも食い物にされ、司教のことごとくが王の手先であるため真剣に反抗することのできなかったイギリスの教会の不幸な状態を、ローマへ証言しに行ったのである。カンタベリ大司教が明らかにした事実で、恐らくウルバヌス二世は、グレゴリウス七世によって示された方針に従って、教会を俗人の支配から救う必要があることを完全に納得したのであろう。

ところで、フランスとイギリスの教会が、シモニアによって荒廃し、全く自由と独立を失っていたちょうどその頃、グレゴリウス七世の死後間もなくイタリアに現われた和解の考えが、別の形をとってではあるが、教皇に背かずに王と好ましい関係を続けたいと望んでいたフランスの司教たちのあいだでも優勢となっていたようである。これらの考えは、一〇九七年に、ある機会からたまたま明確な形で示されることになった。〔すなわち〕シャルトルのイヴォの筆になる、フェララのグィドと同じ関心からであるが、それとは別の観点から考えついた叙任の新しい理論が公にされ、ついでそれが、やはりフランス人であったにもかかわらず、イタリアの教会法学者たちの立場をとることになったウルバヌス二世から非難されようとしていたのである。

シャルトルのイヴォは十一世紀末にそのすぐれた人格でフランスの教会を支配していた。ボーヴェのサン・カンタン修道院長であった彼は、ウルバヌス二世が教会財産を横領したために罷免したジョフロワの後任として、一〇九〇年シャルトル司教に選ばれた。首都大司教とのあいだに確執を生じたので、彼は教皇から司教叙階を受けるためローマに赴いた。多分ウルバヌス二世はこの新司教と話をしているうちに彼の学識を認め、教皇座が関心をよせていた諸問題を検討するようこの時彼に依頼したのであろう。いずれにしても、教会法学者としてのイヴォの名声を確立した〔教会〕法令集、すなわち、『トリパルティタ』Tripartita、『教令集』Decretum、『パノルミア』Panormia が公にされたのはその後の数年間である。この学識と経験に富んだ高位聖職者がのちに注目されることになる諸傾向はすでにこれらの作品に示されている。ローマ首位権の確固たる信奉者であり、教皇座の全権 plenitudo potestatis を強く肯定する点ではイタリアの教会法学者たちと同じであったにもかかわらず、イヴォは世俗権に対してはこれらの人々よりも妥協的態度をとっていた。ウルバヌス二世がその在位期の初めに絶えずそれから着想をえていた特免の理論を、今度は彼がとりあげて、彼は、『教令集』の序文のなかで、「時に応じた必要」necessitas temporis は教会法規の違反を弁明することができるばかりでなく、福音書や使徒の掟に反しない限り、《愛徳の恩恵》だけでも法の改変を《認める》に充分であるとためらわず断言している。

ウルバヌス二世と違って、シャルトルのイヴォは自分の考え方を変えなかった。そして、教会法規を厳格に実施することに救いを感じるのでなく、諸教皇や教皇特使たちとともに彼もやはり心を奪われていた改革の将来を確実にするためには、俗権にいくらか譲歩して、それに、教皇座の指示をもっと好意ある寛大さで受けいれよう、シモニアやニコライスムを完全に根絶するために教皇座と協調しようという気を起こさせた方がよい、と彼は考えたのである。一〇九七年に没したサンス大司教リシェの継承〔問題〕で、彼は独自の叙任理論を完成することになったが、この理論はこれまで公表されてきたものとは極めて異なっていた。

リシェの後継者ダンベールがサンス教会に対するリヨン教会の首座大司教権を認めるのを拒否したので、リヨン大司教で教皇特使のユーグは、彼の叙階を妨げようとし、そのため彼を《司教職の叙任を王の手から受けた》と非難した。シャルトルのイヴォは、サンスの司教座聖堂参事会員たちから審議を委ねられたのであるが、かつてサンス大司教が行使していたガリアの首座大司教権は自分のものであるとするユーグの主張に抗議するだけでは満足しなかった。彼はこの教皇特使の国王叙任に対する考えにも異論をとなえたのである。そこで、この問題を論じた彼の書簡の一節はそっくり引用する価値がある。というのも、それが極めて重要な意味をもっているからである。

《けれども、そうだとしますと、この〔国王〕叙任は司教任命に際しいかなる秘蹟的な力ももっていませんから、それを付け加えたり省略したりすることが信仰または宗教にどのような妨げとなるか、その点私どもは知りません。というのは、正規の選出につづいて王が司教職を譲渡するのを教皇権威はこれまで殆ど妨げたことがないという事実を私どもは知っているからです。しかも私どもは、神聖な思い出をもつ教皇が、時には諸教会から選出された人々のため王に司教職を譲渡するよう取りなし、王の同意が得られなかったために、或る場合には叙階を延期させた例さえ読んで〔知って〕います。私がこの手紙を長々と書き続けるのをいとわなければ、その例を幾つか引用することができるでしょう。教皇ウルバヌス〔二世〕もやはり、私どもが彼の考えを充分理解するならば、王たちに封建制的叙任〔investitura corporalis〕(一七)を禁じただけであって、彼らが民衆の首長である以上、彼らに選出を禁じたのではありません。第八回公会議(一八)は彼らが〔司教〕選挙に加わることを禁じていますが、〔俗権の〕譲渡〔concessio〕を禁じてはいません。この譲渡が、手、身振り、言葉、杖の何によって行なわれるかということは、王に教権〔spiritualis〕を与えようとする意図がなく、彼が単に表明された誓いに同意するだけか、または選出された者に教会のヴィラ villa やその他の外面的な財産を譲与しようとするだけならば、どうでもよいことなのです。》

このテクストは実に重要な意味を含んでいる。このような主張は改革派の教会法学者によってこれまで一度も明確に述べられたことがなかった。グレゴリウスの法規は王の司教選挙への参加と俗権も教権も含んだ俗人叙任をともに禁じているのに、シャルトルのイヴォは王にある種の特権を認めているのである。特に彼は、教権がこの〔俗権の〕譲渡に関係がなく、またこの譲渡を行なう象徴が教権にとってなんらの重要性ももたなければ、君主は《司教職を譲渡する》ことができる、と主張している。だから叙任が、すべての封とおなじように、《手によって》行なわれるか、あるいは枢機卿フンベルトゥスが宗教的職務のしるしと認めた《杖によって》行なわれるかは、彼にとってどうでもよいことであったのである。

のちにイヴォは、その理論を発展させ、それに新しい洞察を更に付け加えることになる。だがここでは、俗人の介入をすべて禁じたグレゴリウスの主張にはっきり反対の態度をとりながらも、その輪郭を示すだけにとどめている。その他、彼は先例を求めることができるとほのめかしているが、この点は確かに議論の余地のないところであった。グレゴリウス七世は、一〇七三年九月一日の書簡で、ルッカ司教に新たに選出されたアンセルムスが《司教職の叙任を王の手から受ける》ことを認めている。しかも俗人叙任に関する教令を公布した後でさえ、彼は——先に述べたように——選出がシモニア的売買で少しもけがされていないことが明らかになる度に、それを黙認してきた。ウルバヌス二世はこの前任者の態度に従ったのである。その在位期の初めに、彼は世俗君主からその地位を手に入れた高位聖職者を正統〔な司教〕と認めたばかりでなく、ダンベールの選出が激しい議論をまき起こしたこの年一〇九七年にも、彼は新たに選ばれたミラーノ大司教、ブュイのアンセルムスに対して、この大司教が女伯マティルデの手から叙任されたことを何ら非難しなかったようである。もっともそれは公会議教令の公的性格とは違った単なる寛大な処置でしかなかったが、これらの教令については誰も沈黙していたし、また誰もそれらを公然と否認することはできなかった。シャルトルのイヴォは教皇座が特免の権限を大いに利用した具体例を挙げることもできたのである。しかし彼は、クレルモン公会議がグレゴリウスの禁令を更新したばかりであることや、教皇が寛大であったとはいえ、自分も出席した〔公〕会議の諸教令を否認するのは困難であるということを忘れなかったのではなかろうか。

ウルバヌス二世は今や重大な困難に直面しようとしていた。教皇特使リヨンのユーグほど〔教令〕違反を目の敵にしていた者はいなかったが、イヴォの書簡は外ならぬ彼に宛てて書かれたからである。違反が起こるかもしれなかったので、ユーグは急いで教皇にシャルトル司教との紛争を訴えた。しかもその際、彼は教皇にダンベールの選出について明らかにされた〔イヴォの〕理論を知らせるとともに、それを痛烈に非難し、それがひき起こすかもしれない危険に教皇の注意をうながした。ウルバヌス二世はイヴォによって起こされた事件にも、また彼が妥協的態度で考えついた解釈にも、それほど心を動かされなかったようである。そして恐らくごういんな特使の指示に従ったのであろう、教皇は極めて明瞭な形でシャルトルのイヴォの理論を認めなかった。そこでイヴォは落胆して一時は司教を罷めようと考えた。けれども、教皇は、色々な場合に、とりわけフィリップ一世の離婚の際に、改革的思想とキリスト教倫理の厳格な擁護者として振るまってきた彼のような奉仕者を罷めさせるつもりはなかった。従って、彼はイヴォの辞任を認めなかったのである。しかも、彼は一〇九八年の初めにローマへ行ったダンベールを叙階さえした。しかし、彼はシャルトル派の考えに賛成でないこと、また一〇七五年の〔グレゴリウス七世の〕教令を条文どおり厳しく守ることを急いで明確に示したのである。

ところで、サンスのダンベールの選出がひき起こした議論と、ウルバヌス二世が開いた晩年の公会議で公布した諸教令とのあいだには、ある種の相関関係があることを認めないわけにはいかない。だがそれは、イタリアに追放されていた聖アンセルムがリヨンのユーグと同じような意味で影響を与えたためであろう。

一〇九八年一〇月三日、その頃南イタリアを巡歴していた教皇の主宰のもとに、バーリで公会議が開かれている。百八十五人の司教が出席したが、そのなかにカンタベリ大司教〔聖アンセルム〕も含まれていた。この公会議では俗人叙任を授けたり受けたりした者に対して破門が宣告されている。数カ月後の一〇九九年四月三〇日、復活祭期間中に、最後の公会議が、司教、修道院長など百五十人が出席してローマで開かれている。再び教皇は、高位聖職の叙任を授けた俗人を、それを受けた聖職者や、こうして任じられた聖職者を叙階した司教とともに、破門している。十一世紀の最終四半期に下されたすべての決定のなかで、これほど厳格なものは確かに一つもない。というのは、破門が俗人叙任を授けた者と受けた者ばかりでなく、叙階した者にも同じく及んでいるからであり、この点でそれまでの懲戒が更に厳しくなっているからである。

イギリスの歴史家エドマー〔の伝えるところ〕を信じるならば、このローマ公会議は更に歩を進めて、《教会の職位《オヌール》を手に入れるために俗人たちの封臣《オム》となる》者も破門したという。それは、聖体を祝別することによって、彼らの役職をつうじ、《それは天使にさえ許されていないことであるが、万物の創造者である神を創出し、贖罪と全世界の救済のために献げる》手が、《昼も夜も淫らな接触で穢されたり、あるいは掠奪や不正な流血で穢されたりしている手の僕となる》ことはできない、〔もしそれを犯せば〕瀆聖《イニョミニィ》の科を受けなければならない、という理由からであった。従って、ウルバヌス二世は、諸君主に教会の叙任を禁じるだけにとどまらず、聖職者が俗人に臣従儀礼《オマージュ》を行なうことも認めないのであるから、俗人叙任に対して、グレゴリウス七世よりも厳しい態度を示したように思われる。

ウルバヌス二世が亡くなる（一〇九九年七月二九日）直前の二、三年間に、教皇庁尚書院からだされた書簡は、これと同じ考えをまさに反映しているし、〔右の〕公会議諸教令とも一致している。クレルモン教会に宛てた一〇九七年四月一八日付けの書簡は、《聖職者のみに属する》司教選挙に俗人が干渉することをすべて禁じている。ウルヘル司教ウドに宛てた一〇九八年四月六日付けの別の書簡は、いかなる俗人も聖職者に対して裁判権をもってはならないと厳命している。一〇九九年一月一〇日に、オータン司教ノルゴーに書簡を送って、教皇は《俗人の暴力から教会を守り》たいと望んでいると繰り返し述べている。これら最後の〔二つの〕テクストは司教選出に関するものではないが、それでもやはりこれらの言葉は教皇の精神状態を表わしている。つまり、ウルバヌス二世は、世俗権と和解し妥協するという考えを全く退けていたのである。彼の祖国で、彼が枢機卿の位に即く前に属していたあのフランスの教会で、教皇座の理論と王権のそれを接近させようと努める中立派が形成されていた時に、彼は、教会はそれが捧げられた〔守護〕聖人のものであるというグレゴリウス主義の教義に強く引かれ、君主が司教選出にどのような形ででも参加することを一貫して拒否していたのである。その在位期の初めに、極端なといえるほどの便宜主義的な態度を示したのちに、彼は結局、リヨン大司教ユーグが終始その首領であり中心人物であった強硬なグレゴリウス主義者たちの一人となったのである。

この態度は重大な結果を生まないわけにはいかなかった。一〇九五年以降、グレゴリウス主義の方針を更におし進めたために、ウルバヌス二世は諸君主を教皇座に対立させることになったが、彼らは脅威を感じて、今やクレルモン、バーリ、ローマなどの〔公会議〕諸決定に反抗して攻勢をとろうとしていたからである。この時までもっぱら理論的、教会法的な領域に限られていた叙任権闘争は、以後西欧の三つの王国において激しく燃え上ろうとしていた。だから、この妥協を認めない政策への復帰が、今や到る所で始まろうとしていた争いの原因であることは疑う余地がない。ウルバヌス二世の教皇座に真の重要性を与えているのはまさにこの点である。しかしながら、教皇が彼の死後直ちに起こる激しい反対を誘発していたこの時期にも、唯一可能な解決が、シャルトルのイヴォによって推進されながら、やはり練られていたことも忘れるわけにはいかない。この解決はローマ教会に厳しい試練を与えた激しい論争や血みどろの戦いを伴わなかったわけではないが、それが結局最後に勝利を収めることになるのである。

第七章　十二世紀初頭のイギリスとフランスの叙任権闘争

　ウルバヌス二世は一〇九九年七月二九日に亡くなった。八月一三日に、枢機卿たちは彼の後任に枢機卿〔サン・ロレンツォ修道院長〕ライネリウスを指名し、彼はパスカリス二世を名のった。この人は、ウルバヌス二世と同じくクリュニーで修練した、全く不偏不党の性格をもった立派な人物であった。しかし彼には、彼の先任者にあれほどの大事業を成しとげるのを可能にさせた、あの決断力に富んだ優れた先見の明、あの融通性、あの強靱な意志が欠けていた。熱烈な改革の信奉者である彼は、ウルバヌス二世がその在位期の終りに無謀にもとった厳格な排他主義の道を直ちに進もうとしていたのである。

　パスカリス二世による最初のローマ公会議はようやく一一〇二年の四旬節に開かれた。恐らく教皇は、〔対立教皇〕クレメンス三世の死（一一〇〇年九月八日）に続いて起こった、教会分離の最後の揺りかえしが完全に鎮まるのを待とうとしたのであろう。事態は極めて急速に正常に復し、また反対教皇の後継者にサン・ルフィノのテオドリクスという人物をたてようとする企ても直ちに失敗に終わった。この問題が片付いたので、パスカリス二世は全力をあげて教会改革に専念することができるようになったのである。

一一〇二年の四旬節の期間中にラテラノに招集された、殆どイタリア司教ばかりからなる公会議で、パスカリス二世は再び俗人叙任を禁止した。不幸なことに、この教令の正確な原文は保存されていない。だが確実なことは、新しい教皇が、前の教皇在位期の終りにシャルトルのイヴォによって推進された考えに同調するどころではなく、グレゴリウスの法規を極めて厳格に確認したことである。

これに続く二年間に開かれたローマ公会議は別に問題とならない。しかし、一一〇六年の一〇月二二日に、教皇によって上イタリアのグァスタラで開かれた教会会議の際、俗人叙任が再び禁止され、トリーア大司教ブルノーが教皇教令を守らなかったかどで罷免された。この非妥協的な態度は、これに先だつ時期にグレゴリウスの法規が実際には全く実施されなかったにもかかわらず、ウルバヌス二世の在位期の末に示された攻撃をすでに不安に感じていた諸君主の反対を当然まき起こさずにはおかなかった。これまで法律上の論争に終始していた叙任権闘争は、以後より激しい局面を再び呈することになるのである。ドイツでは、未来の〔皇帝〕ハインリヒ五世が父ハインリヒ四世に対して叛旗をひるがえしたために、この闘争はたまたま延期されることになった。これら二人の敵対者が、かなりの数にのぼる司教が心から従っている教皇座と疎遠になるのを避けようとしたからである。そのため、一一〇二年の諸教令は反対を少しも招かなかった。むしろ叙任権闘争が最初に起こるのは、イギリスとフランスにおいてである。

イギリスでは、ヘンリー一世が、一一〇〇年八月二日にたまたま狩猟中の事故で亡くなったウィリアム赤顔王〔二世〕の後を継いでいた。彼は、兄〔ロベール〕や先代の王よりも、むしろ父のウィリアム征服王に似ていた。王としてふさわしく、公正無私な彼は、悪徳も暴力もともに憎んでいた。即位の時からすでに、彼はウィリアム赤顔王の宗教政策をやめる意向を明らかにしている。父の構想を受け継いで、彼は、戴冠されると直ぐに、司教たちの示唆をうけた「自由憲章」(一九)を発表しているが、このなかで彼は、前王の時代に極めてしばしば行なわれていたような、司教や修道院長の死亡を利用した司教領または修道院領の売却を行なわないと約束している。彼は、この時追放されていた聖アンセルムに、カンタベリ大司教座を受けるためもどってくるよう懇請した。彼はあらゆる機会をとらえて選挙の自由と教会財産の尊重を教会に約束した。しかし、どんなに〔教会との〕和解を望んでいたにしても、彼はこれまで王権が保持してきた諸特権を放棄するつもりはなかった。だから、パスカリス二世が一一〇二年のローマ公会議の諸教令をイギリスで実施すると通告した時、彼は教皇座の意向に反抗し、叙任は自分の権利であると言いはったのである。すでに彼は、聖アンセルムが、帰ってきた時、ウルバヌス二世によって確認された最も新しい公会議決定に従って、彼が求めた忠誠宣誓を拒否した際に、ひどく驚いた態度を示した。ヘンリー一世は、父〔の時代〕の慣例に従って、精力的に聖職者の風紀の混乱と戦い、ロンドン公会議（一一〇二年九月二九日）で、シモニアとニコライスムに対するかつての諸禁令を更新したが、〔教皇座との〕衝突は避けられなかった。俗人叙任を禁じるパスカリス二世の書簡が彼のもとに送られてきた時、王はそれを検《あらた》めようとさえしなかった。この間、彼は自分の気持をぜひ明らかにしたいと望んだ。それで論争家たちは教皇座の諸決定に対する抵抗を正当化するように思われる諸論拠を彼に示したのである。

すでにウルバヌス二世時代に、教皇座の幾つかの決定に抗議してはばからなかったあの《ヨークの無名作家》と呼ばれる著作家の作品、『司教叙階・国王聖別論』De consecratione pontificum et regum が現われたのは、恐らく一一〇二年のうちであろう。この論文には、ドイツとイタリアの教会法学者がすでに明らかにしていた多くの考えが見出される。けれども、叙任に関する王の権利は、全く新しいとはいえないまでも少なくともかなり独創的な形で示された、しかも極めて激しい調子で展開されたある考えにもとづいている。著者は俗権の神聖な性格を次のように主張している。王は祭司である。何故ならば、彼は〔国王〕聖別式で以後教会諸権威を授けることのできる祭司的人格、《主キリスト》となるからである。勿論、聖職者が魂を教導することを務めとしているのに対して、王本来の職務は《身体〔世俗社会〕を統治する》ことであるから、王は世俗的財産を除いて宗教的権力を自由にすることはできない。だがそれでもやはり彼は鍵の権力を聖職者と共有している。そこで、地上の国と神の国は肉体と魂と同じように互いに切り離すことができないから、王は司教を任命し、公会議を招集し、教会事項に関する法を定めることができる。言うまでもなく王を聖別するのは司教である。しかしそれは、この高位聖職者の優越性を何ら意味するものではない。というのは、教会では下級の者がしばしば上級の者を叙階するからである。首都大司教に対する司教、教皇に対する枢機卿の場合がそうである、と。

これらの論拠に力を得て、ヘンリー一世はその非妥協的な態度を変えなかった。彼は特に聖アンセルムに対して、王権を認めるか、さもなければイギリスを離れるようにとうながした。ついで、貴族たちの意見に同意して、彼はカンタベリ大司教がローマに行って教皇に王の意向を伝えるというところまで妥協した。そこで大司教は、教皇に教会の自由を傷つけるような解決を進言することは断じてありえないであろうと明言しながらも、再び大陸への道をたどった(一一〇三年四月二七日)。彼は一一〇三年秋にローマに着いた。ところが、そこにはすでにヘンリー一世の個人的な使者であるエクセター司教ウィリアムが先に行っていて、王は叙任を絶対に放棄しない、とはっきり言明していたのである。パスカリス二世も、〔その意図は〕正反対であったが、同じように非妥協的な態度を示した。そこで聖アンセルムは、〔両者の〕意見が一致しえないのを確かめたのち、ローマを離れないわけにはいかなかった。ピアチェンツァで、彼はエクセター司教に会ったが、司教は彼に、それでも親切な態度で、王の特権を認めない限りイギリスに帰ることは許されないだろうと伝えた。そのため、彼はリヨンに居を定め、ここで事の成り行きを見守ることにしたのである。一方、ヘンリー一世は、まず大司教の収入の一部を、ついでその全部を没収した。パスカリス二世の側でも、譲歩しようとする態度をみせず、イギリス王を破門するにはいたらなかったが、ともかく王の顧問官たちのうち王の反抗に責任ある者を破門した。〔こうして〕叙任権闘争はアングロ・ノルマン王国で開始されたのである。

すると直ちに、妥協に導くための調停〔の試み〕がヘンリー一世のもとで現われた。一〇九七年の事件以来ずっと沈黙を守ってきたシャルトルのイヴォが、自分の考えを適用する以外に西欧諸国家に平和をもたらすことはできないと確信しながら、彼が穏健さと正義の精神をもっていると認めていた王に手紙を書いたのである。彼は、教権が俗権に優越しなければならないことを、グレゴリウス七世もウルバヌス二世も非難しなかったに違いない言葉で、極めて明確に王に喚起した。《動物的感覚が理性に従わなければならないと同じように、地上の権力も教会の統治に従わなければなりません。肉体が魂によって統御されなければどうすることもできないと同じように、俗権も教会の教義によって教え導かれなければどうすることもできないのです》と彼は述べている。祭司権の優越という原則をこれ以上明確に主張することはできなかったであろう。しかし、この教義を解釈するに当たって、シャルトルのイヴォははっきりと妥協的傾向を表わしたのである。このような教権の優越性をいったん確認すると、彼は、両権が協調しなければ良い統治はありえないし、両権は相互の無理解から互いに対立しないで、同じような愛の気持で和解しあい協力しあうよう努めなければならないと考えた。そこで、イヴォは叙任問題を解決するためには教皇座と理解しあうことが最も望ましい、と王に示唆したのである。

差し当って、イヴォはこれ以上はっきり述べていない。彼は何よりもヘンリー一世に有益な反省をうながし、その結果、教会の平和に必要な行動を起こさせようとしたのである。彼の弟子であり友人でもあったフルーリイのユーグが、ヘンリー一世に献呈した、『王権及び祭司権論』De regia potestate et sacerdotali dignitate と題する論文を一一〇三年か一一〇四年に書いたのは、恐らく彼の薦めによるものであろう。この論文はシャルトル派の理論を教義の形で表わしたものとみなしてよい。この論文が公にされたことは、叙任権闘争における一つの画期的な出来事であった。

シャルトルのイヴォと同じように、フルーリイのユーグも、教俗両権が協調する以外にキリスト教の平和を確保する道はありえないということをヘンリー一世に説得しようとした。彼の教会国家関係の理論はこの到達すべき目標との関連で考えられている。この理論を証明するのに、彼は殆どカロリング時代の文献から借用した議論に依拠している。だから彼の立場は、ランス〔大司教〕のヒンクマール〔八〇六―八八二年〕のそれとあまり大して違わない。しかし、彼の考えそのものには何ら独創的なところがないにしても、彼は最上の原史料から得た伝統的な神学的諸概念を実際上の必要に適合させるすべを心得ていた。特に彼は、これまで〔教俗〕双方ともにあまりにも権利を主張することばかりに専念しすぎてきた、だからといって彼はこれらの諸権利を無視するわけではないが、しかし、もし各々が同じように自己の務めを自覚するならば、和解が一層容易になるであろう、ということを充分に理解していたのである。両権力は神的起原をもっている。言いかえれば、キリストは王としてとともに祭司として祈願されているが、このことは、フルーリイのユーグにとって、極めて明らかな意味をもち、キリストが王権と祭司権の唯一の源泉であり、《彼〔キリスト〕がその身に〔両者を〕兼ねていることによって、愛の絆が決して断ち切られることなく常に両者のうちにあるよう、またそのように結ばれた両者が互いに助け合い支持しあうように真の友愛で結びつけている》ことを意味していた。

《神の配慮》とはそういうものなのである。それは、もし君主と司教がともに神の定めた秩序に従おうと心を配るならば、尊重されるというのである。一君主に語りかけているので、フルーリイのユーグは祭司の責務よりも王のそれを説いているが、これは別に不思議なことではない。勿論彼は、司教が《宗教の番人》であることや彼がこの世の財産を求めてはならないこと、また彼が本来専念するべきことは彼が番をしている羊の群れに心をくばり、それを誤りや堕落から守る点にあることなどを喚起していないわけではない。しかし、王権 regia potestas〔の問題〕が、カロリング時代の著作家たちや、フルーリイのユーグが恐らく知っていたとみられるラウテンバッハのマネゴルトから着想をえて、より詳しく展開されている。〔すなわち、〕司教が《宗教の番人》であると同じように、王は《神によって定められた秩序の番人》であるが、このことは、彼が正しくなくしかも専制的でない限り、民衆に服従を要求する権利がある――マネゴルトの理論が再現されているのはこの点である――代わりに、彼らを誤りから守り、公正と正義の正道にとどめておかなければならないことを意味している。この場合、真のキリスト教徒は《神の意志に反する法に従ってはならない》。だがこれに反して、もし理性が命じる法を守らなければ、彼は罪を犯すことになる、と。

もし俗権と教権各々が互いにその責務を果たすならば、両者のあいだに望まれる相互理解が極めて容易に実現されることは言うまでもない。だからフルーリイのユーグが、あれほどこの責務という考えを説いた理由もここにあった。それほど彼は、両権の和解が何よりも良心と善意の問題であると確信していたのである。王が聖職者をその宗教的性格のために尊重し敬い、一方、聖職者の側も、《天上の王国》は《地上の王国》の助けを借りないわけにはいかないし、教義を守らせるには、必要があれば力でこれを強制することのできる唯一の存在である王権にどうしても頼らなければならないということを納得すれば、両者はますます和解に達することが容易となる。そこで、これ以外に現実の争いを終わらせることはできないのであるから、ユーグが願ってやまなかった、相互尊重と相互愛から生まれるあの同盟が結ばれるというわけである。

ひとたびこの事実が認められれば、確かに叙任の問題は容易に解決されるはずであった。フルーリイのユーグはシャルトルのイヴォの解決に似た解決を提案している。けれどもいくらか微妙な違いも含んでいた。イヴォと同じように、ユーグも司教職を俗権と教権とに分けている。それは王と祭司〔の各々〕に或る固有の権限を与えることである。しかし、シャルトルのイヴォが聖職者と民衆による選出手続きに変更を加えることを全く認めなかったのに対して、フルーリイのユーグは王による任命に反対していないか、あるいは少なくともこれら二つの形式のいずれにも何ら否定的な立場をとっていないように思われる。《王は、聖霊の啓示の力で、宗教的な聖職者に司教職の職位《オヌール》を授けることができる》、と私は考える》(二〇)。宗教的な聖職者は、《金銭への愛にあまり悩まされることがなく、その素行や交際について咎められたり軽蔑されたりしない》からである、と彼は書いている。グレゴリウス主義者たち、それにシャルトルのイヴォも、王にこのような譲歩をすることは決して認めなかったであろう。しかも、フルーリイのユーグはこの王による任命がいずれにしても〔現に〕行なわれている点を考慮していない。というのは、彼がその数行後にはじめて選出の問題を検討しているからである。《司教が教会の慣例に従って聖職者と民衆によって選ばれる場合、王は言うまでもなく選挙人たちに暴力をふるったり専制的な仕方で混乱させないで、正しい叙階に同意を与えなければならない》と。

要するに、フルーリイのユーグは、選出手続きをシャルトルのイヴォほどには重要視していないのである。彼は真に宗教的な人々を司教職につけるのを容易にするために何よりも王に信頼をおき、その行動をあまり厳しい規則でしばらなかった。聖職者の選出が批判を招く場合には、王は《選挙人の無謀な振舞いをその強制力でおさえるため、選出された者を憎むべき汚辱でけがした罪を告発する》権限をもっているばかりでなく義務がある。従って、王の同意は、選出の場合に、単なる形式的手続きではない。もし選出された者が宗教的見地から望ましいすべての保証を与えなければ、彼は〔王から〕拒否されることもありうるのである。フルーリイのユーグの考えによれば、明らかにこれは、俗権が教権になすべき、しかもその名にふさわしい王ならば誰でも教会に対して拒むわけにはいかない援助の一つであった。だが専制的な君主がこのような特権を濫用する危険はないであろうか。ユーグがこの問題を考えてもみなかったことは明らかである。それほど彼は、君主が司教に祭司的権力を授けることはありえないと確信していたのである。

選挙手続きについて、フルーリイのユーグは、フランス王フィリップ一世の犯した数々の誤りを目撃したシャルトルのイヴォが訴えた点を全く警戒していないが、その代わり彼は、叙任については〔イヴォより〕はるかに的確である。リヨンのユーグ宛ての書簡で、またその後の全書簡で、イヴォは、王が司教職の叙任をする時、彼は司教職に付属した財産を譲渡するが、その職務に固有な諸権力を譲るのではない、彼は《教権を叙任する》意思を持ってはならないしまた持つこともできない、と繰り返し強調している。フルーリイのユーグもこの見解と全く同じ意見であった。だがこの点で、逆に、彼の方がシャルトルの司教よりもはるかに現実に即した態度を示しているのである。イヴォは叙任が行なわれるしるしを全く重視しなかった。彼にとっては、君主の意図が純粋でありさえすれば、それが杖で行なわれようと指環で行なわれようとどうでもよかった。これに反して、フルーリイのユーグは、君主に対し杖による叙任を認めていないのである。《選挙の後で、選出された高位聖職者は、王の手から、指環や杖を受けず、世俗的諸物件の叙任を受けるべきである。そして彼は、大司教から、指環か杖によって、司牧職 cura animarum を受けるべきである》と彼は書いている。

この一節は叙任権闘争の展開にとって極めて重要な意味をもっている。それまでに明らかにされていた教権と俗権との区別を再び取り上げながら、国王諸特権の擁護者であるフルーリイのユーグは、俗権が宗教的しるしを用いてはならないということを教会に認めたのである。たとえ彼が杖と笏による二重の叙任を考えつかなかったにしても、彼は教会固有の諸権利を大司教に返還するためにそれを世俗君主から取り上げ、そして両権分離の原則を、その論文のなかで書いているように、聖職者は《その職務の権威によって》王に優る、従って、王は霊魂を管理する象徴である司教杖に冒瀆的な手をかけてはならないというように、人々の心をうち、しかも少々粗野な人々にもわかるような具体的で明瞭な形で言い表わしたのである。

人々はますます妥協への道を進んでいった。そこでヘンリー一世が賢明さと良識にもとづく議論に耳を貸さずにいられなくなったことは明らかである。フルーリイのユーグだけが王の取り巻きのなかでそれを述べていたのではない。一一〇三年に王のために司教を任命する権利を熱心に主張したヨークの無名作家も、やはりこれらのシャルトル派の考え方から影響を受けていた。彼が『ローマ教皇論』De romano pontifice を書いたのは恐らく一一〇四年頃としなければならないが、このなかで彼は、教皇座に対して辛辣な態度をとりながらも、叙任は司教に《民衆の支配と世俗的諸物件の保有権を》譲渡するに過ぎないとためらうことなく主張している。シャルトルのイヴォが述べたことも違わなかったし、イヴォ以前にも、イギリスで、カンタベリのランフランクが、理性と公正の印を刻まれたこの考え方をすでに略述していた。

従って、これまで一度も深く理解しあうことなく互いに対立してきた諸理論を和解させるのに好都合な雰囲気がイギリスでかもしだされた。グレゴリウス改革が始まって以来常にそうであったように、理論がそれと密接な従属関係にあった現実に先行したのである。ヘンリー一世は、『王権及び祭司権論』を読んだのち、聖アンセルムとともに今やますます和解への傾向を深めようとしていたが、フルーリイのユーグはアンセルムのために道をひらいたのである。

周囲の事情も、カンタベリ大司教〔アンセルム〕の行動を容易にした。ヘンリー一世の姉、ブロア〔伯夫人〕のアデルが病気になったので、彼女が深い敬愛の念を抱いていたアンセルムが彼女のもとに赴いた。彼らが話しあっているうちに、教皇座とイギリス王との紛争が当然問題となった。〔アンセルムと王との〕同じく嘆かわしい争いを終わらせることに心をくだいていたこの敬虔な王女は、一一〇五年七月二一日に、レーグルで彼女の弟と大司教が会見するよう取り計らうことに成功した。ヘンリー一世は、聖アンセルムに彼の教会の財産を返還して〔和解への〕第一歩を踏みだした。ついで、シャルトルのイヴォとフルーリイのユーグの考えを自分のものにして、彼は司教任命に関する教権の諸権利を認めた。だが彼は、司教たちにたいし、彼らが王権から受ける封とひきかえに忠誠宣誓を求める権利は棄てなかった。そして最後に、王の見解を知らせるために教皇のもとへ使者を送ることが両者の合意の上決定された。この使者は一一〇五年の末にようやく出発し、闘争を終わらせることになったパスカリス二世の書簡をたずさえて一一〇六年の春に帰国したが、この書簡は不幸にも残っていない。

この書簡は、エドマーが『〔イギリス〕現代史』Historia novorum のなかでその要点を伝えているが、この書簡で協約が可能となったのである。これまでとってきた態度をはっきりと撤回することなく、教皇は、正規の手続を踏んで就任し、封臣の宣誓を行なった司教たちに叙階を与えることを聖アンセルムに認めた。これは司教職に含まれた俗権に対する国王の諸権利を認めることであった。そこで、この譲歩は理論上一時的なものであったが（それは《神が王の心を動かす日まで》続くと定められていた）、この譲歩が両当事者に受け入れられる妥協案 modus vivendi をもたらすことができたのである。

最終的な協定は聖アンセルムの病気で遅れた。この高位聖職者は、彼と会うためにベック修道院に行った王と改めて会談し、ついで、一一〇六年九月に、彼はついにイギリスに帰ってきた。一一〇七年八月にロンドンで開かれた議会が、教皇座とのあいだに行なわれた協定を承認した。司教は王からも他のいかなる俗人からも杖と指環で叙任されてはならない、他方、司教叙階は、選出された者が王に封とひきかえに封臣の宣誓をしないうちは行なわれてはならない、と規定された。これは、フルーリイのユーグが『王権及び祭司権論』のなかで述べたような、シャルトル派の理論に完全に一致した妥協であった。はじめて、国王は司教を杖と指環で叙任することをやめたのである。しかもそれは、王権がその諸特権を何とかして失うまいとして、あらゆる譲歩に特に敵対的な態度をとってきた国においてであった。教皇座も、やはりはじめて、それまで神聖不可侵とみなしてきたグレゴリウスの諸教令に変更を加えることを認めたのである。クレルモン公会議で、一〇九五年に、ウルバヌス二世は司教や〔一般〕聖職者に対して王または貴族に封建的宣誓を行なうことを禁じていた。またローマ公会議（一〇九九年四月三〇日）で、彼は、高位聖職を得るために《俗人の封臣》となることを同意したすべての聖職者を破門に処していた。これらの措置はイギリスで廃止され、ここでは以後司教は、司教叙階に先だって王に臣従儀礼を行なうことになった。しかも、俗人叙任の原則は、司教位それ自体に対してではないにしても、少なくともそれに結びついている所領に対しては認められた。だから、ウルバヌス二世の諸教令が廃止されたばかりでなく、グレゴリウス七世の法規もやはり損われたのである。このようなわけで、イギリスの協約は叙任権闘争の歴史に一時期を画しているように思われる。

その結果、ウィリアム赤顔王と教皇ウルバヌス二世とのあいだで争われた闘争でまだ満身創痍の状態にあったこの国に宗教的平和が回復された。一一〇七年以後にも、王権と教皇座とのあいだに紛争はいくらか起こったが、それはロンドンの協約で確立された体制からというよりも、イギリスの教会が、ウィリアム征服王の組織した頃と少しも変わらず、一度も教皇座とあまり密接な関係で結びついたことがないという事実から生じたのであり、協約は全体としては一度も問題とならなかったのである。この協約を利用して、イギリス教会を指導し監督しようとしたので、教皇座は有力な司教たちに支持されていた王権の側から反対されないわけにはいかなかったが、この反対は時にはどんなに強硬であっても、それでもやはりその態度は正しく、しかも礼を失したものではなかった。他方、杖と指環による叙任を放棄したとはいえ、ヘンリー一世はなお司教たちの支配者であることを主張していた。〔その上〕ロンドンの協約は彼の王国のうち〔イングランド〕島のみに関するものであった。従って、ノルマンディでは、彼の父や兄弟が行なったように、彼は以前の体制を全く変えることなく引き続き司教位を自由にしていたのである。イングランドでも、表面上は選出の自由を尊重していたが、彼は〔実際には〕圧力をかけてしばしばその指示に従わせていたし、彼の選んだ候補者が任命されていた。とりわけ彼は、司教座の空位期を好んでできるだけ延ばそうとした。大抵の場合、名義人の死後、王が後任を決めるまで、二年から四年は待たなければならなかった。カンタベリでは、一一〇九年に、聖アンセルムが亡くなったのち、空位が五年間もつづいたのである。

この聖アンセルムの継承問題は、ヘンリー一世の統治期間（一一〇〇―一一三五年）に国王と教皇座とのあいだに生じた唯一のやや重大な事件の原因となった。王は、一一一四年まで空位を延ばしたのち、この年彼みずからの権威でカンタベリ〔大司教〕座にロチェスタ司教ラルフをつけ、しかもその上、王はラルフが大司教の肩掛《パリウム》を受けるためにローマへ行くのを妨げようとした。彼はカンタベリ大司教を国家教会の首長にしようとしたわけではないにしても、少なくとも彼は、もしローマが教皇特使〔legatus〕a latere をつうじて干渉することによってイギリス聖職者に対する王権威の行使をあまりはなはだしく妨げるようなことがあれば、彼を頼りに〔反抗〕しようと恐らく考えていたのであろう。パスカリス二世はこの選出の不正を黙認する態度をとったが、新大司教のローマへの ad limina 旅に加えられた妨害には激しい非難を行なった。教皇特使、サン・サバ〔修道院〕のアンセルムスは、この非難をしたためた教皇書簡をヘンリー一世に届け、肩掛を持参してそれをカンタベリ〔修道院〕のクライスト・チャーチの祭壇に納めた。この〔肩掛の〕譲与がなされると、教皇は王が教皇座の使節をイギリスから閉めだしたことに不満を示した書簡を王に再び書いた。彼は、どちらかというと素気ない言葉で、すべての重要事件がローマに移され、いかなる公会議も教皇の同意がなければイギリスで開かれないよう、同じく教皇のみが司教をある座から他の座へ移す権限をもつよう望んでいると述べている。ヘンリー一世は非常に政治感覚に富んでいたので、衝突をひき起こすはずはなかったが、パスカリス二世も彼以上にそれを望んでいなかった。王は教皇の怒りを鎮める使命を帯びたエクセター司教ウィリアムをローマに送った。その結果、国王にとっても教会にとっても好都合な小康状態がもたらされたのである。

ヘンリー一世とのあいだに維持した良好な関係に助けられて、王権威からの反発があったにもかかわらず、教皇座は、一一〇七年の協約を利用して、イギリスに改革的傾向を一層浸透させることができた。叙任の問題が解決されたので、一一〇八年にロンドンで開かれた公会議は、司祭、助祭、副助祭などは近親者をのぞいていかなる女性もその家においてはならない、彼らの所に異性が訪問することさえ許されない、もしこの禁を犯す場合には彼らは職務を解任され、聖職禄を取り上げられる、と命じて、聖職者独身制に関するグレゴリウスの法規を更新し補足した。もし叙任権闘争が改革の本質的目的である聖職者の道徳的刷新を容易にするためにグレゴリウス七世によって始められたという事実を想い起こすならば、宗教的平和を確立して、国王の支持のもとに司教たちが必要な矯正活動を開始することのできたイギリスの協約のような協定の重要性は充分に理解されよう。〔協約の〕成功が必ずしもこの〔改革の〕努力を叶えなかったにしても、イギリス聖職者の道徳的水準が依然として低いままであったとしても、少なくともイギリスは以前よりもローマの影響を受け入れるようになったかにみえるのである。この影響は、プランタジネット家ヘンリー二世の絶対主義がそれを再び妨げ、ヘンリー一世によって確立された宗教的平和をうちくだくまで絶えず認められることであろう。

ロンドンの協約が両当事者に受け入れられることのできる妥協案 modus vivendi をイギリスで生みだした時に、フランスでも、同じ着想にもとづく妥協が叙任権闘争を終わらせたが、この闘争は、カペー王国において、もしフィリップ一世の離婚問題が王と教皇座との諸関係を悪化させせなかったならば、全く穏かな様相を呈していたに違いない。

俗人叙任に関する教令は、それが出された二年後〔一〇七七年〕にフランスで公布されたが、それは極めて控え目な形で実施されてきた。グレゴリウス七世とウルバヌス二世とは、明らかにシモニア的選出が行なわれた場合にのみそれを無効とし、カペー朝の王の支持がドイツとの闘争において教皇座に役立つかもしれなかったので、彼らは王を非常に慎重に扱い、不正な売買が行なわれた時にも、フィリップ一世王から叙任された司教たちをあえて罷免しなかった。しかしながら、ウルバヌス二世は、すでに述べたように、フランスを旅行した時にフランスの聖職者の道徳的状態を知って激しい衝撃をうけた。これこそまさに、彼がクレルモンやその後の諸公会議で明らかにしたより厳格な態度をとるにいたった理由である。この同じクレルモン公会議で、教皇は、三年前にアンジュー伯の妻ベルトラードを奪ったのち、教会法規を無視して彼女と結婚しようとして、教皇の命令に従わず、不義の関係を続けて、教皇座に対する軽視を重ねてきたフィリップ一世を破門せざるをえなかった。パスカリス二世は、登位した時に、卑しい肉欲とともに貪欲なことで知れ渡っていた、この他に類をみない王を慎重に扱う理由は少しもなかったのである。

フランスにおける叙任権闘争の起こりは、一〇九九年一一月二一日に突然襲った司教アンソーの死に伴って生じた、ボーヴェでの〔司教〕選出に求めなければならない。この高位聖職者の後任として、聖職者たちは、一一〇〇年のうちに、放蕩で身をもち崩した男、同名の家老《セネシャル》の息子のガルランドのエティエンヌを任命した。シャルトルのイヴォによれば、フィリップ一世はこの選出に無関係ではなかったらしい。いずれにしても、パスカリス二世は、〔その経過を〕逐次知らされていたので、イヴォの意見に従って、この奇怪な高位聖職者を認めようとしなかった。ボーヴェの聖職者たちは、新たに選出しなおすように要請されたので、ガロンを選ぶ意向を明らかにしたが、彼は逆に信仰と学識について完全な保証を示した。だが彼に同意 consensus を与えるよう懇請されると、フィリップ一世はそれを拒否した。そこで直ちに事態は非常に緊迫したものとなった。シャルトルのイヴォは、この争いで重要な役割を演じ、王がガルランドのエティエンヌのために圧力を加えたことを非難したが、彼はランス大司教に手紙を書いて、王の拒否は正しくないのでガロンを叙階してほしいと頼んだ。彼はその際に、《ローマ教会が承認してきた第八回〔コンスタンティノポリス〕公会議（一八）〔の決定〕に従って》、王はいかなる理由があっても司教選出を妨げてはならないことを喚起し、常に主張してきた考えに従って、《それ故、神は教会内で彼に属するものを持たなければならない。その後で王たちは神によって彼らに認められたものを持つべきである》、すなわち疑いもなく俗権の譲渡権を持つべきである、と結論したのである。けれども、フィリップ一世は屈服したままではいなかった。彼は、自分が生きている限り、ガロンをボーヴェ司教には絶対しないと誓った。そのためガロンは司教座の財産を所有することができなかった。一方、パスカリス二世の方でも、全く譲歩しなかったのである。

事態は一一〇四年までそのままの状態で経過せざるをえなかった。ボーヴェの事件で始まった教皇座とカペー朝の王との争いは特に激しくなりそうにみえた。フランスの聖職者は明らかに王に好意的であった。それは彼らが、これまで王の不正な夫婦関係を黙認しようという態度をとってきたことに示されていた。シャルトルのイヴォや、他の真に宗教的精神に燃えていた何人かの高位聖職者を除けば、フランスの司教たちは、はっきりした態度をとらず、かといって教会の諸法規に反抗する王とも縁を切らないようにしてきたのである。パスカリス二世は、厳しい政策をとることによって、なんとか王と司教たちをローマの権威により従順にさせることができるであろうと考えた。しかし、彼は間もなく深い失望を味わわなければならなかったのである。

即位後直ちに、教皇は、ともにイタリア人の二人の教皇特使〔legatus〕a latere、サンタナスタシアの枢機卿グッビオのヨハンネスと、サン・ウドクシーの枢機卿ベネディクトゥスをフランスに派遣した。彼らは、何よりもまず、ウルバヌス二世によって下された破門と聖務禁止を更新する使命をおびていた。彼らは一一〇〇年一一月にポワティエで開かれた公会議の時にそれを果たした。ところが直ちに事件が起こったのである。この会議に出席していたポワトゥーのギヨーム伯が公然とその主君の味方をし、教皇特使たちが王に対して破門を宣告した時に、彼は席をけって退場し、これに教皇座に従順であるよりも王に忠実な何人かの司教が従ったのである。教皇特使たちは、フランスで叙任権闘争が始まった時に、教皇が聖職者たちの支援を当てにすることができなかったという事実を知らなかったとすれば、それをこうして思い知ったのである。すでにポワティエに着く前に、彼らはこの憂慮すべき事態を経験していた。一一〇〇年九月三〇日、シモニアのために非難されたオータン司教ノルゴーを裁くためにヴァランスで催された公会議の際、ノルゴーにその職務を禁じた判決は激しい抗議にあったが、これはいずれにしてもリヨン大司教ユーグがけしかけたものであった。彼はグレゴリウス七世とウルバヌス二世が彼に引き続き与えてきた常設教皇特使の職をパスカリス二世が更新しなかったことに不満を抱いて、教皇特使たちの招集に応じるのを拒否し、ついでノルゴーに対して下された判決を認めようとしなかったのである。

パスカリス二世は、リヨンのユーグに伴われてローマに行ったオータン司教を結局は赦した。しかし、その後四年間、彼のカペー王国に対する態度は全く変わらなかった。フランスであれ、イギリスであれ、ドイツであれ、到る所で、彼はグレゴリウスの原則を厳格に復活させようとする意図をはっきり示している。とはいえ、中立派の人々も活動しないでいたわけではない。シャルトルのイヴォは、同じ頃にイギリスのヘンリー一世から引き出そうとしていた和解の意志表示をフィリップ一世からも得ようとしていた。そして、この企ては、困難であったにもかかわらず成功を収め、彼があくまで辛抱強く求めつづけた和解政策に勝利を齎そうとしていたのである。

一一〇四年の初めに、イヴォは、パスカリス二世が一一〇二年の終りにフランスへ派遣していた教皇特使、アルバーノのリカルドゥスに宛てた書簡のなかで、フィリップ一世が間もなく罪の償いをする望みがあると満足そうに述べている。公会議を招集することが検討されたが、これは実際に、一一〇四年七月三〇日、ボージャンシイで開かれた。王は、恐らくシャルトルのイヴォにうながされたのであろう、和解への第一歩を踏みだした。ボージャンシイにおいて、ランスとサンス大司教区の多数の司教の前で、彼はこれ以上《その妾》といかなる関係ももたないと誓ったのである。高位聖職者たちはこの声明を喜んで記録にとどめ、それを教皇に報告したので、教皇は王が教会に復帰するのに必要な権限をアラス司教ランベールに与えた。復帰はこの年が終わらないうちに、サンスとトゥールの大司教および多数の司教が列席して一二月二日にパリで開かれた公会議の時に行なわれた。フィリップ一世は、裸足で、極めて謙虚な態度で神聖な福音書に手を置き、以後ベルトラードといかなる不正な交渉ももたないと誓った。その後で、彼は赦免を受けたのである。

十二年間、カペー王権と教皇座との諸関係の上にのしかかっていた婚姻問題が解決される一方、ボーヴェの事件もまた、思いがけない、しかし満足すべき解決をみた。

選出されたのち、ガロンは教皇から叙階してもらうためにローマへ行ったが、教皇は彼をポーランド使節に任じた。フランスに帰ってきた時、彼は自分の司教座につくこともできなかったし、王から承認もされなかった。だがパリ司教フルクが死亡したことですべては落着したのである。パリの聖職者が、恐らく一一〇四年七月初めであろう、ガロンにこの死去した高位聖職者の後を継ぐよう依頼した。ちょうどボージャンシイ公会議が招集される直前であり、しかもフィリップ一世は、折をみてこれに先立つ二、三カ月間に示してきた好意的態度を証明しようとしていた。ところで、王はどんなことがあってもガロンがボーヴェの〔司教〕座につくのを妨げると誓っていた。しかし、彼の誓いはこの司教区だけに関するもので、パリ司教区には適用されなかった。だから、彼はこの新たな選出に同意することを承知したのである。そこで今度は、ガロンをボーヴェからパリへ移すことをパスカリス二世に認めてもらうことが問題となったが、シャルトルのイヴォはいつもの熱心さでそのために奔走し、教皇の同意をとりつけた。一一〇四年一二月二日に、ガロンはパリ公会議にこの都市の司教の資格で出席している。

従って、一一〇四年の終りに、カペー王権と教皇座とのあいだにあった緊張の原因はすべてなくなった。王は彼をキリスト教社会から破門するに至った不義の結婚を諦めた。ボーヴェの事件は事実上の同意に達し、互いに譲歩することによって終わったのである。そこで今度は、今後同じような事件が再発しないようにすることと、司教選出について、教権の主張と俗権の感情をともに考慮した妥協案 modus vivendi を作ることが問題となった。双方とも好意ある態度を示していた。フィリップ一世は年をとったと自覚し、来世のことを考えていたが、それはもし彼が教会と教皇座の従順な息子としてふるまえば一層保証されることになる。それに恐らく彼は、〔後継者に〕指名されていた未来の国王であるルイ六世の影響を受けていたことであろう。ルイ六世は、聖職者や宗教的な事柄を父よりはるかに尊重していたし、教会や修道院などの保護者であり、これら教会や修道院を騒乱を好み王領を掠め取ろうとする封建諸侯の襲撃から守っていた。一方、パスカリス二世の側でも、フランスとの協調を望んでいた。フランスは西方の他のどの国よりも十字軍の軍隊を提供していたし、またすでに、彼の二人の前任者、グレゴリウス七世とウルバヌス二世が求めてきたこの国の支持は、ドイツ王と争う場合教皇座に役立つかもしれなかったからである。ところで、一一〇五年のうちに、新しいドイツ王ハインリヒ五世は、一連の司教任命を直接行なうことで、グレゴリウスの法規を少しも認める意志のないことを示していた。だから、フィリップ一世の歩みよりを利用し、シャルトル派の考えに従って、カペー王国内で叙任権闘争を全く起こさないような協定を彼と結ぶのが賢明なのではなかろうか。一一〇六年のうちに、パスカリス二世は、ドイツでの出来事を憂慮して、この見方に従ったのである。彼はフランスに赴き、フィリップ一世と、彼の息子で共同統治者のルイに会った。そしてこの旅で、一一〇七年に、同年イギリスの聖アンセルムとヘンリー一世とのあいだで結ばれたロンドンの協約と同じ原則にもとづく協定に達することになるのである。

この協定の正確な内容は、公式の記録が一つも伝わっていないので不幸にも知られていない。ただそれに伴う交渉〔の経過〕がわかっているだけである。一一〇七年一月にフランスへ入ると、パスカリス二世は、まずリヨンに行き、そこでエネイの教会を聖別し、ついでディジョンに行った。ブルゴーニュから彼は、ロワール河流域に向かって進み、そこで三月八日に、ラ・シャリテの教会の献堂式を行なっている。フィリップ王とルイ王の使者が彼を歓迎するためにやってきたのはここである。しかし、王たちと再会する前に、彼はどうしてもシャルトルを通って行きたいと考えた。この町で彼は、復活祭を祝い、司教のイヴォと会ったが、その助言は彼にとって特に貴重であったに違いない。その後で、彼はパリへの道をたどり、サン・ドニに着いたが、彼はそこへ感動を覚えながら入り、崇敬されていた遺物の前にうやうやしくぬかずいた。

教皇がフィリップ一世と彼の息子、未来のルイ六世と会見したのはサン・ドニである。二人の王は教皇の前にひざまずき、教皇は彼らの手を取って立たせ、自分の前に腰掛けさせた。それから、彼らと親しく話しあいながら、《彼は、聖ペトロとその代理者を助けるよう、また教会の安全を保ち、彼らの先任者であるカール大帝やその他のフランス諸王によって確立された慣例に従って、暴君や教会の敵、とりわけ皇帝ハインリヒ〔五世〕に対して大胆に抵抗するよう、彼らに要請した》と、スュジェはその『ルイ〔六世〕伝』Vita Ludovici で伝えている。

この史料からだとサン・ドニの会談は、パスカリス二世が感じていたドイツからの脅威にもとづいて行なわれたということになるように思われる。スュジェは、〔右の〕ルイ肥満王の伝記の他の箇所で、教皇はフランスに来て、何よりもまず、《皇帝ハインリヒ〔五世〕が彼を悩ませてきた、また今後更に一層悩ませるおそれのある聖職者叙任をめぐる諸問題と新たな争いについて》王およびその息子と相談するつもりであった、と記している。事実、サン・ドニを離れると、パスカリス二世はハインリヒ五世の使者たちと会うためにシャロン・シュール・マルヌに行くことになるが、彼は多数のフランス司教やサン・ドニ修道院長アダン、それにスュジェにもついてきてもらっている。〔ところが〕スュジェの記述はカペー王国内で俗人叙任問題がどう取り決められたかについて少しも触れていない。教皇が王たちと和解したことは、彼らが教皇に心からの敬意を示した事実から明らかであるが、それは教皇が彼らの使者とラ・シャリテで最初に会った時なのか、それともサン・ドニに着く前なのであろうか。この点は確かめることができない。シャルトルのイヴォは、その書簡の一つで、彼の司教都市〔シャルトル〕にパスカリス二世が滞在した時のことをかなりありのまま述べているのに、彼が叙任についての交渉にもその協約にも全く触れていないのはやはり奇妙なことである。従って、史料がいずれも述べていないところをみると、双方とも、ドイツ王に対抗する協定を明らかに破棄することになるようないかなる議論も始めない方が賢明だと判断したのではないか、と考えてみる余地があろう。

フランスに関する限り叙任を扱った史料はただ一つしかない。それは、シャロンでの会談ののちに、パスカリス二世によってトロワで開かれた公会議の教令である。スュジェは、ドイツの使者たちが出発したのち、パスカリス二世がトロワへ行き、《そこで彼は大分前から招集されていた全体公会議を盛大に開いた》と述べているが、一一〇七年五月二三日に開かれたこの会議の詳しい経過は全く伝えていない。だがその諸教令は極めて幸運なことに残されていて、教令第一条は次のようなものである。《以後司教叙任または高位聖職を俗人から受ける者は何人といえども罷免されるべし。なおその候補者を叙階する者も同じ》と。

このトロワの教令の正確な意味は何であろうか。この点はこれまでも大いに論じられてきたところである。ある歴史家はこれを、シャロンの会談で、ハインリヒ五世の使者たちが王のために司教を杖と指環で叙任する権利を強く主張したために生じた単なる《形式的な宣言《プラトニク》》にすぎないとみている。(1) 他方、この教令の文面はグレゴリウス七世やウルバヌス二世の諸教令のそれとも、パスカリス二世のもとで開かれたラテラノ公会議やグァスタラ公会議の諸教令とも違わないから、叙任に関する法規には何ら変更がなかったと考えることもできよう。だがそれ以上に考えられるのは、〔教令の〕字句は訂正されなかったが、その解釈がシャルトル派の主張を入れて幾分和らげられ、パスカリス二世とカペー朝の諸王とのあいだに、王は以後教権の叙任を与えないが、司教位に付属する財産は引き続いて《譲与する》という暗黙の了解があったのではないかということである。ウルバヌス二世に宛てた一〇九七年の書簡のなかで、シャルトルのイヴォ自身王に譲渡権 concessio を認めているが、この譲渡権は《教会付属の土地《ヴィラ》およびその他の外面的財産》に適用されている一方、叙任は教権に関係があるので、この譲渡権と叙任とを区別しているように思われる。また彼は、聖ヨハネに関する注解の一つで、《財産を所有する〔ことができる〕のは王権のおかげである》という聖アウグスティヌスの言葉を引用している。パスカリス二世は、叙任を断罪しながらも、財産の譲渡が宗教的な意図を少しも含まないことがわかったので、今後財産の譲渡には反対しない、とフィリップとルイの二人の王にほのめかしたのであろうか。そう判断する余地は充分にある。というのは、実際に、その後事態がそのように進展したからである。

シャロン・シュール・マルヌの司教、シャンポーのギヨームが、一一一九年に、叙任をめぐって争っていたドイツ王ハインリヒ五世と教皇とを和解に導くためストラスブールにこの君主を訪ねた時、彼は王に次のように述べている。《陛下、もし真の平和をお望みならば、あなたは司教職と修道院の叙任を放棄なさらなければなりません。そうなさったからといって、あなたの国王権威が少しも損われないことを保証いたしますために、私は、私がフランスの司教に選ばれました時、叙階の前にも後にも王から何も受けませんでしたが、租税、軍役、その他の国家に属する諸権利をつうじて、あなたの司教たちがあなたから受けている、しかもそのためにあなたの身に破門を招いた叙任によって、彼らがあなたの王国であなたに奉仕していると同じように忠実に、王に奉仕しておりますことをお教えいたしましょう》と。

その場に居あわせたある目撃者によって忠実に伝えられたこの訓示は、実に重要な意味をもっているばかりでなく、それは、ルイ六世の時代（一一〇八―一一三七年）に、フランス司教たちがトロワ公会議の教令に従って、その地位を王から与えられなかったこと、しかし王に対し封建的忠誠〔宣誓〕を行ない、俗権によって彼に従属していたことを示している。他の多くの証拠からも、ルイ六世が国王の諸権利を少しも損わないように慎重に気を配りながら、常に教会の諸権利を尊重していたことがわかる。このフィリップ一世の後継者はその父とは全く似ていなかった。というのは、彼も、カペー朝の他の王たちと同じように、強欲で淫蕩であったが、彼はこれらの欠点を、どんな事にも正義に従って行動し、他の人々の諸権利を尊重しようとする確固とした誠実さで補っていたからである。騎士王の典型であった彼は、貪欲で好戦的な封建諸侯の乱暴なふるまいから聖職者を守ろうとしていた。心から信仰していたので、彼は教会や修道院などを豊かにし、慈善のための基金をふやし、改革の導入を促進することになる。もっともそうだからといって彼が、教会裁判権や領主裁判権に対抗して国王裁判特権を極めて厳格に守ろうとしたことには変りなかったが。

従って、パスカリス二世がフランスを旅行しているうちに成立した妥協は、王権と教権との均衡を保とうと心をくだいていた王の意向を極めて正確に反映している。だから、シャルトルのイヴォの影響は絶えず増すことになったであろう。その教会法令に関する著作によって、フィリップ一世の統治の最後を示す宗教的争いでの仲裁によって、カペー朝の王と教皇座との和解に果たした役割によって、イヴォは、フランスの教会で、カペー朝の宮廷で、またローマにおいて、真の信望をかち得たが、それを証明したのは彼の知的才能とともに宗教的熱意であった。彼は、《公正な性格をもち、神の教会に献身的で、教皇座のために尽くす君主》とみなしていたルイ六世王に個人的に非常な愛着を感じていたので、彼が《救済の花ばかりでなく、その果実も》期待していた《教会と国家との同盟》を維持するために、常に擁護してきた考えを厳しく実施するように絶えず見守っていた。何度も繰り返して、彼は昔の〔宗教的〕情熱をよみがえらせるかにみえた司教選挙に介入し、それが救いようもない状態に陥らないうちに紛争を鎮めることになるのである。フランスが叙任権闘争を免れたのは彼のおかげであったが、それは、カペー王国では、あまり重要でない幾つかの事件を起こしたにすぎなかった。

シャルトルのイヴォの影響のもとに、ルイ六世は国王の伝統的諸権利を厳正に行使することに専念したので、彼は結局、〔司教〕選挙を認め、選出された者を承認し、司教位に結びついている種々のレガリア regalia (二二) を譲渡することになった。彼は教権に留保された領域を決して侵害しようとしなかった。その先任者たちと違って、彼は司教職を決して《与える》のでなく、ただそれに結びついていた財産や世俗的諸権利を譲与した。しかもそれを、昔のように叙階式の前でなく、この儀式の後に行なったにすぎない。これは確かに、彼が司教職保持者の任命に介入していなかったことを物語っている。

けれども、王が全面的にこの任命権を放棄するに至ったと考えてはならないであろう。彼が教会法規上の原則を尊重し、杖と指環で叙任するのをやめたからといって、彼は司教たちの選出から〔全く〕手を引いたのではない。一一一二年に、ラン司教で極めて悪名高いゴードリが暗殺された時、王はオルレアンのサン・クロア〔教会〕の聖堂参事会長ユーグをその後任とするよう強く主張したが、それはこの聖堂参事会長の地位を彼のお気に入りのガルランドのエティエンヌが欲しがっていたためであった。だからといって彼が常に自分の候補者をつかせることができたわけでもない。彼が即位した時に、ランスの〔大司教〕座をめぐって二人の候補者が争っていた。一部の選挙人から選ばれたにすぎなかったがパスカリス二世の叙階したラウル緑公と、フィリップ一世がこの司教座の財産を譲与したルテルのジェルヴェとである。ラウルが忠誠宣誓を行なうことを承諾したので、ルイ六世は一一〇九年に彼を大司教として認めた。同じように、オーセールでも、一一一五年に、ウルジェールという名の司教座聖堂参事会員を支持したのち、彼は多数派の選んだモンテギュのユーグに従っている。

一方、教皇座の側でも必ず介入したが、それは決して教会法上の諸規則に反して行なわれたのではない。これらの諸規則にもとづいて、教皇座は、特免を与えるにせよ、罷免するにせよ、あるいは、パスカリス二世が聖職者と民衆によって選出された者を調査の上承認した一一一二年のル・ピュイの場合のように、選挙が異議を招いたにすぎないにせよ、かなり多くの機会に介入したのである。更に、教皇特使たちが注意深く監視していたが、彼らは要請されなければ介入しなかったし、大部分のフランス司教を引き続き叙階していた大司教にとって代わろうとは一般にしなかったのである。

カペー朝の王と教皇座とがともに示した穏健な態度のおかげで、叙任権闘争を殆ど完全に免れたフランスの教会は、十二世紀初頭の数年間に、すっかり安定した状態を迎えた。暴力行為やまた単なる異議の申し立てさえも特筆しようと常に目を光らせていた年代記作者たちが何も述べていないところをみると、司教選挙が事件を起こすことなく行なわれ、平静な状態が絶えず支配していたと考えられる。その上、司教任命についての諸規則が明確化された。すなわち、次第に任命は教会参事会が行なうようになったのである。しかもこのような選挙体への制限が優勢であったにすぎなかったとしても、また教区の聖職者を代表するこの〔選挙〕体の内部に激しい対立があったにしても、それでも全体からみれば、司教の補充が改善され、十一世紀に極めてひんぱんに起こっていたシモニアの事例が例外的になり、パスカリス二世の旅行の結果確立された体制のもとで選ばれた高位聖職者は、道徳的純潔さで際立っていたばかりでなく、下級聖職者がグレゴリウスの規律を実行に移すのを愛情をもって見守っていた真の司牧者であったと言ってよい。十二世紀に、シャルトルのイヴォに匹敵する者としては、有名な人々だけを挙げれば、トゥール大司教、ラヴァルダンのイルデベールやパリ司教、サンリスのエティエンヌなどがいる。

従って、フランスとイギリスでは、司教選出にシャルトルのイヴォの理論を採り入れた結果は同じであった。教権と俗権それぞれの権利の境界設定にもとづいた王権と教皇座との協約は、これら両国において、グレゴリウス七世と彼の後継者たちによって追求されてきた道徳的改革の導入を容易にしたのである。この事実だけでも、シャルトルのイヴォによって提案された叙任問題の解決が良識と理性による解決であったことは明らかであるが、それと同時に、この解決は教会法規の極めて純粋な伝統と完全に一致したものであったように思われる。叙任についてのグレゴリウスの法規は、司教選出に世俗諸君主が介入することを一切排除し、彼らによって行使され、そしてカロリング時代の終りに真の任命に変わった同意 consensus を廃止するものであったから、これらの革新のために、この教会法規の伝統への純粋な復帰とみなすことはできない。むしろ逆に、一一〇七年にイギリスとフランスで実施されたものこそ、この伝統であった。

この解決は、十二年後に、ヴォルムスの協約の際にドイツでも同じように採用されることになった。しかし、激しい混乱がなかったわけではない。事実、叙任権闘争は、西欧の二王国ではこれに充てられた〔叙任権闘争という〕表現がはたして適切であるかどうかが問題になるほどおだやかであったが、それがハインリヒ四世（一〇五六―一一〇六年）の治下で始まった帝国の諸地域では、帝国の伝統に頑固なまでに忠実で、しかも先任者たちが譲り伝えてきた叙任権を絶対に手ばなすまいと決心していた彼の後継者ハインリヒ五世の時代に、それは悲劇的な姿をとって再発したのである。

原註

（1） これは Bernard Monod; Essai sur les rapports de Pascal II avec Philippe Ier (1099–1108) p. 56 が用いた表現である。

第八章　ドイツの叙任権闘争　一一一一年の危機

ドイツは、十二世紀初頭の数年間に、国内的危機を迎えたが、この危機はたちまち内戦となった。一一〇四年一二月一二日に、やはりハインリヒと呼ばれたハインリヒ四世の息子は、一〇九八年以来政権に加わっていたにもかかわらず、ザクセン、シュヴァーベン、バイエルンなどのすべての不満分子を引き連れて父の宮廷を去った。野心に燃え、独裁的であったばかりでなく、何よりも慎重さに欠けていたこの若い君主は、支配したくてたまらず、全く名目上参画しているにすぎなかった政権を独占しようとしたのである。

教皇座は直ちに微妙な立場に置かれていることに気がついた。ハインリヒ四世は、対立教皇クレメンス三世の死（一一〇〇年九月八日）後、和解する気持のあることをいくらか示していたが、それは、マインツで開かれた聖俗諸侯の会議で、《教会の統一を実現し、ローマ人たちと全教会の選挙によって教皇を擁立するため》ローマへ使者を送ることを提案させるという手際の悪いやり方によってであった。これに対してパスカリス二世は、そのような手続きはすでに選ばれている教皇を再選することになるから応じられないと答えていた。その後も王は、教会の最高首長から受けていた破門を解いてもらうために、悔悛のしるしとしてイェルサレムに出かける意向を明らかにしていた。〔一方〕未来の王ハインリヒ五世の方でも、叛乱を起こした当初から、かつて彼が父に行なった宣誓の有効性についてパスカリス二世の見解を打診するためローマへ使者を送り、しかも教皇の同意がなければ王国を引き受けないと言明していたのである。

双方とも教皇座がその目標であったこれらの申し入れを前にして、取るべき態度は一つしかなかった。全信徒共同の司牧者であり、キリスト教的平和の拠りどころである教皇は、個人的問題を越えた立場をとり、悲しむべき〔親子の〕争いを鎮めるために努めるべきであったのである。ところで、パスカリス二世の意思はそうであったとしても、実際には、彼が未来のハインリヒ五世によってあやつられるままになり、中立を守れなかったことを認めなければならない。決定を留保して仲裁を申し出ようとしないで、彼はハインリヒ五世の服従心をほめ、彼に帝国を〔与えると〕約束しながら、教皇の祝福を送った。それによって教皇は叛逆の息子が成功するのを容易にしたのであるが、教皇特使、コンスタンツのゲープハルトは終始彼に従い、その存在によってハインリヒ五世の周りに昔からのすべての反対者を集めるのに力を貸したのである。彼〔ハインリヒ五世〕は一連の軍事的成功を収める。その後で、彼は、教皇特使、コンスタンツのゲープハルトとアルバーノのリカルドゥスの前でハインリヒ四世の廃位を宣言するため、マインツに議会を招集するが、直ちにハインリヒ四世はこの会議に出頭して教皇座の代表に服従すると申し出る。ハインリヒ五世は彼を捕えさせて来るのを妨げる手筈をととのえる。だから破門が彼に対して更新されたが、彼は知らされなかった。そして叛逆の息子がマインツ大司教から戴冠される。教会法規の諸規則を無視して宣告された判決を教皇に承認してもらうためローマへ使者が送られる。ハインリヒ四世の側では、クリュニー修道院長ユーグの仲介でパスカリス二世に対し働きかけようとする。と同時に、軍をたてなおして戦いを再開する。しかし、いくらか復讐が可能になったかにみえた時に、彼は疲労と心痛に打ちひしがれて、一一〇六年八月七日にこの世を去るのである。

この時に、パスカリス二世は謀叛を起こした息子にことさら味方したことで犯した誤りにすでに気がついていたかもしれない。ひとたび勝利を収めることが確実になると、ハインリヒ五世は、空位となっていたすべての司教座に、せいぜい体裁をつくるだけにすぎない擬装選挙さえ行なわず、大胆極まりない無造作なやり方でみずから〔司教を〕急いで任命した。ミンデン、ヴュルツブルク、レーゲンスブルク、シュパイア、ザルツブルクで、彼は教皇座諸教令に反する任命を彼独自の権威で行なった。このような具合であるから、決裂は免れようもなかったし、叙任権闘争が再開されないわけにはいかなかったのである。

パスカリス二世は事態の重大さにかなり早く気がついたようである。だから、彼が一一〇六年にグァスタラ公会議で俗人叙任の判決を更新する気になったのは、恐らくハインリヒ五世が教会法規上の諸規則に加えた侵害のためであろう。以前から、王権と教権を長いこと対立させてきたこのやっかいな問題を解決するため、教皇がドイツへ行くことが懸案となっていた。しかし、グァスタラで、ドイツ司教たちがハインリヒ五世の招聘〔したいとの意向〕を再び伝えた時、教皇ははじめ同意していたこの計画をしばらくのあいだ中止すると答えた。彼は、年代記作者、アウラのエックハルトがほのめかしているように、暴力的なことで知られていた王が何か陰謀をたくらんでいるのではないかと恐れたのであろうか。それよりもむしろ彼は、とりわけカペー朝の王たちの支持を前もって確保しておきたいと望んだのではあるまいか。というのは、グァスタラ公会議の直後に彼はフランスに行き、そこで、すでに述べたように、フィリップ一世とルイ六世からすばらしく歓待され、彼らから、一一〇七年四月のサン・ドニでの会談中に、使徒ペトロとその代理人に完全な忠誠を与えると保証されているからである。

パスカリス二世がシャロン・シュール・マルヌに行き、そこで、五月半ばに、ハインリヒ五世の使者と叙任についての教皇と王の考え方を比較検討するために会うことになっていたのは、この〔フランス王との〕友好的な会談が終わってからである。教皇ははじめ、ハインリヒ五世にフランスとドイツの国境で会談するよう提案したが、王はとりあえず、トリーア大司教ブルノー、多くの司教、およびバイエルン公のヴェルフ五世とツェーリンゲンのベルトルト公を含む何人かの世俗諸侯をパスカリス二世のもとへ差し向けるだけにした。

教皇に従っていたスュジェは、ドイツ使節の資格で発言するために派遣されたトリーア大司教の陳述の正確な原文でないにしても少なくともその大体の内容を伝えている。叙任についてのドイツ側の主張は、それに極めて明らかに示されている。すなわち、選挙の前に、《候補者の名前を皇帝陛下の耳に入れ、もしその人物が適当であれば、選挙それ自体の前に同意を得る》必要があることと、選出された者は皇帝に《指環と杖の叙任》を懇請し、《忠誠と臣従の誓いを行なう》義務があること、以上がハインリヒ五世の側から大司教の示した二つの基本的要求であった。そしてこれとともに彼は、王の叙任が行なわれなければ、司教は《都市も、城、市場、市場税その他の皇帝権威に属する〔いかなる〕物も持つことができない》と主張したのである。

この主張はそれでも大変控え目に示されたが、パスカリス二世はこれを断固として拒否した。《もしも教会が皇帝に相談しないと高位聖職者を選ぶことができないというのならば、教会は彼に奴婢のように服従していることになり、キリストが死なれ給うたことが無駄になる。指環と杖による叙任は、これらのものは祭壇に属しているから、神御自身の諸権利を簒奪することになる。主の御身体と御血に献げられた手が、恩義を結ぶために、剣を使うことで全く血ぬられた俗人の手中に置かれるということは、品級の秘蹟と神聖な塗油に反することである》と、彼はピアチェンツァ司教に言わせたという。

教皇の考え方はこの声明にはっきり表わされているが、それはドイツ王がトリーア大司教をつうじて示した考え方に劣らず明らかであった。つまり、パスカリス二世は、〔第一に〕司教選出の際前もって王の意見を求めることを聞きいれようとしていないのであり、第二に、教皇は、王がその手で、新しく選出された者に《祭壇に属する》しるし、すなわち杖と指環を授与することを認めていないのである。

これら二つの主張は、どんなに排他的にみえようと、全く妥協の余地はなかったのであろうか。そう断言することはできないであろう。何よりもまず争われているのは指環と杖による叙任についてである。しかし、パスカリス二世が俗権叙任の原則を頭から a priori 斥けていない点に注目されよう。だから、もし誰かが、フルーリイのユーグがイギリスのヘンリー一世に提案した二重の叙任方式をシャロンで勧めたならば、教皇はそれに賛成したかもしれないのである。もっとも、ハインリヒ五世が選出の前に任命する意向を公然と表明していたので、司教任命への王の介入という問題はそれ以上にむずかしい事柄であった。だがそれはともかく、もしかすると、双方の主張が相対して述べられたのちに、調停の試みがなされたのかもしれない。スュジェの述べているところによれば、パスカリス二世はこれに喜んで応じたようである。というのは、教皇が尚書院長アダルベルトゥスに《静かな落ちついた態度でこれらの問題を話しあう》よう提案させているからである。しかし、この申し出ではドイツの使者たちから拒否された。《論争を終わらせるのはここではなく、ローマにおいてである》と彼らは答えたという。だから、争いの平和的解決は全く検討されなかったようである。叙任権闘争は、ドイツでは、この年一一〇七年に、イギリスとフランスで成立した妥協に類するいかなる妥協も受け入れられそうになかった。

シャロンでの会談とそれにつづくトロワ公会議(一一〇七年五月二三日)ののち、パスカリス二世はイタリアに帰った。ハインリヒ五世の方では、自己の諸権利を全く放棄するつもりのないことを明らかにするため、一一〇七年三月八日に亡くなったヴェルダン司教リッヒェルの後継者を急いでみずから任命した。しかし、ボヘミアとハンガリーでの重大な難局にさらされ、ポーランド人たちから脅威を受けて、彼は叙任権闘争を解決し帝冠を受けるためにイタリアへ南下する計画を実行に移すことがしばらくのあいだできなかった。まだ国内の平和を回復していなかったが、彼がアルプスを越える意向を表明したのは、ようやく一一一〇年の初めである。この声明に、パスカリス二世は、三月七日にラテラノで開かれた公会議で、俗人叙任の禁令を更新することによって答えている。争いは避けられず、しかも特に激しくなりそうであった。それほど対立する両陣営の各々が以前の立場を守ろうと決意しているようにみえたのである。

とはいえ、この非妥協的な意思表示は文学的な形をとって主張された。だから、例によって、論争が武力による争いに先行したのである。一一〇九年のうちに、リエージュの一聖職者が、ハインリヒ五世の求めに応じて、『司教叙任論』Tractatus de investitura episcoporum と題する極めて注目すべき小論文を書いている。一年半後の一一一〇年一二月には、ちょうどハインリヒ五世がイタリアに入った頃に、ルッカ〔司教〕のランゲリウスの『指環と杖について』Liber de anulo et baculo が現われたが、この論文では、叙任についてのグレゴリウス主義の主張がハインリヒの主張を反論している。もしこれら両著作を考慮に入れなければ、この年一一一〇年の終りに起こる政治的危機は理解することができないであろう。この危機をひき起こした衝突はこれらの著作の議論からのみ判断することができるのである。

『司教叙任論』の著者であるリエージュの聖職者は、皇帝のために司教の叙任権、しかもできる限り、杖による叙任権を要求している。《司教は、叙階の時に、祭壇に指環と杖を置き、ついで司牧権 cura pastoralis のための諸権力をそれぞれ頸垂帯《ストラ》と聖ペトロの権威から受けるのであるから、王や皇帝が司教を叙任するのに、言葉によろうと、証書によろうと、杖によろうと、あるいは彼が手にもつ他のどのような象徴によろうと、それはどうでもよいことである。しかし、この叙任は、二つのもの、すなわち教権と俗権を意味する杖によって行なわれるのが最もふさわしい》と彼は書いている。

この最後の言葉から、イギリスとフランスの協約に影響を与えた考え方とは逆に、王の叙任は言うまでもなく教権的性格と俗権的性格という二重の性格をもっているということになるように思われる。リエージュの聖職者はドイツ王が伝統的に行なってきたもう一つの要求についてもやはりはっきり述べ、叙任が叙階の前に行なわれるべきであると主張している。《王による叙任は、圧制者や強奪者がおびやかす教会の動産や不動産に安全をもたらすので、先行するのである。〔ついで〕司教の罰令が、王の罰令に加えられて、共通の救いのために作用するように、叙階が続く。そこで、もし司教が国王高権 regalia について王に臣従儀礼と〔忠誠〕宣誓をしなければならないとすれば、それを叙階の前にするのがよりふさわしい》と彼は続いて述べている。

叙任についてのドイツ側の主張は、王が新たに選出された者に教権と俗権をともに授ける杖を授与することと叙階に対して叙任を先行させるという、その二つの基本的主張によって、これほどはっきりと言い表わされたことはなかった。〔それに、〕この著者によって援用されている様々な論拠は、全く新しいものではないが、注目される価値があろう。〔というのは、〕今までよりも、歴史的論拠が他のあらゆる論拠に優先しているからである。リエージュの無名作家は、その数年前から流布されていたハドリアヌス一世の偽造特許状を大々的に利用しているが、それには、上記の教皇ハドリアヌスがカール大帝に、ローマのパトリキウスの称号とローマ教皇を任命する特権とともに司教職の叙任権を与えた、従って、いかなる司教も国王または皇帝からその教会に任じられなければ叙階されてはならない、ただ唯一の例外は、教皇がその叙任権をもっている聖ペトロ世襲領の司教職に認められるだけである、と書かれてある。『司教叙任論』によれば、ハドリアヌス一世は極めて古い慣例を教令の形で示したに過ぎないという。何故ならば、旧約の諸王は別にしても、ダゴベルト〔一世〕、ジギベルト〔三世〕、テウデリク〔三世〕、キルデリク〔三世〕や、宮宰たちが、ハドリアヌスによってカール大帝に認められた特権をすでに行使していたからである、というのであり、その証拠が数多く引用されている。

歴史的論拠とならんで、叙任に対する国王の主張を正当化するという点では、王権が教会に尽した様々な奉仕についての考察がこの論文にも再び見出されるが、これは『王権及び祭司権論』におけるフルーリイのユーグの議論を思い起こさせる。この点については、国王裁判権が祭司権の下した判決を守らせることのできる唯一の存在として指摘されている。何故ならば、《皇帝権は教皇の破門の及びえないことを果たす》からである。しかも、教会はキリスト教的王や皇帝たちから恩恵を与えられ、豊かにされてきたし、彼らはまた、市場税、伯領、保護職などを司教たちに譲与してきた。従って、《民衆の一人でありその首長である王が、司教を叙任し就任させ、自分の都市を委ねている者を敵の侵入から守る》のは当然であったのではなかろうか、司教たちは、彼らが王から受けた財産や国王高権のために、彼の封臣ではないのであろうか、と著者は続けて問うている。だから結局、リエージュの無名作家は封建的権利にもとづいて叙任権を要求していることになろう。王は封主として封臣である司教に教会に結びついた財産や諸権利を譲与しているのである。だがそれにしても、彼は、司教は一般の封臣とは違う、司教はその性質上王の監督を免れている教権を委ねられている、と考えることができないでいるし、またそう考えようともしていない。彼にとっては、教会をかまどや水車と区別するものは何もなく、また宗教的勤務は他の封建的勤務と同じ次元におかれていたのである。ところで、教皇権は、教会法学者たちによって繰り返し論じられてきた教権の優越という理論に対立する、このような考え方を認めることはできなかった。ハインリヒ五世の〔陣営の〕法学者たちの考えと、強硬なグレゴリウス主義者たちのそれとをへだてている溝がいかに深いものであったかを知るには、この『司教叙任論』とルッカのランゲリウスの『指環と杖について』とを比較するだけで充分である。

どうみてもルッカのランゲリウスは、ハインリヒ五世が恐らく大いに宣伝していたに違いない『司教叙任論』を反論するようパスカリス二世から依頼されたとしか思われない。彼はそれをごくありふれた文学的価値をもった二千行の詩で果たしたが、この詩は少なくともグレゴリウス主義的伝統を忠実に表現している。彼が何よりもまず反論しているのは、《俗人の手から決して受けてはならない二つの神聖なしるし》、すなわち指環と杖によって叙任するという、リエージュの聖職者によって肯定された世俗諸君主の主張に対してであった。けれども彼の議論は、もっぱら口先だけで全く独創性に欠けている。〔例えば、〕司教の指環は、夫が消えることのない結びつきのしるしとして妻に与える指環にたとえられているが、これに対して杖は、倒れた人々を起き上らせ、なまけ者をはげます牧者の杖にたとえられている。また、キリストは夫であるとともに牧者であるから、彼のものであるそのような象徴はカエサルの贈物であってはならない〔と述べている〕。従って、結論は明らかであろう。つまり、俗人たちは宗教的な贈物を授けるこれらの《神聖なしるし》を譲与してはならない、王はただ《黙って》いさえすればよい、というのである。これは完全なグレゴリウス主義の理論である。だからランゲリウスはこれ以外の理論を全く認めていない。彼は教権と俗権をできる限り分離するという考えを一切しりぞけている。僅かに彼は、杖によって譲与することのできない《家や城など》を王が司教に自由に使わせる点をそれとなく述べているにすぎない。

従って、パスカリス二世の代弁者であるルッカのランゲリウスは、『司教叙任論』で示されたようなハインリヒ五世の主張を反駁するだけで満足しているのである。彼は妥協が可能であるとは少しも考えていない。リエージュの聖職者がもちいた典拠 auctoritates と論拠 rationes に、彼は必ずしも証拠とならない別の種々の議論を対比させている。〔だから〕各々がそれぞれの立場を変えていなかったのである。そこで力が決着をつけることになるであろう。リエージュの聖職者は、彼の論文の終りのところで、その職務にふさわしくない教皇をためらうことなく罷免したオットー大帝やハインリヒ三世の思い出にそれとなく触れている。この警告は明らかであり、パスカリス二世は王の意向に反抗した場合に生じるかもしれない結果をそれとなく知らされているわけである。この頃から事件が急速に進展し、叙任権闘争はかつてなかった危機的な段階を迎えるのである。

一一一〇年八月に、ハインリヒ五世は三万の軍隊とともにグラン・サン・ベルナール峠でアルプスを越え、イヴレアを通ってイタリアに入る。彼は何の抵抗にも会わなかった。ハインリヒ四世が遠征した時の恐ろしさを覚えていたので、ロンバルディアとトスカーナの都市のすべてが戦わずに降服する。女伯マティルデは、教皇座の忠実な同盟者であったが、彼女もまたドイツ軍の通過にあえて敵対しなかった。半島南部のノルマン人たちが、一一〇一年に亡くなった彼らの最高首領、シチリアのロジェル〔一世〕を失って、ローマ教会を助けにやってこられなかっただけに、成功は確実であるかにみえた。ハインリヒ五世はフィレンツェで降誕祭を祝い、ついでアレッツォまで進み、そこからパスカリス二世に使節を送るが、これに間もなく書記官長アダルベルトの率いる二度目の使節が続き、そしてこの使節が、一一一一年二月四日に、ローマのサンタ・マリア・イン・トゥッリ教会で、パスカリス二世の派遣した使者たちと会うのである。

直ちに会談が行なわれる。王の代理人たちは、恐らく彼らのために書かれた『司教叙任論』を念頭においていたので、現在の教皇が、これまで六十三代の教皇在位期をつうじて認められてきた——と彼らは述べた——国王叙任をこれ以上認めようとしないことに驚き、司教たちはカール大帝とその後継者から広大な所領を受けてきたが、これは司教選出に関するドイツ諸君主の主張を正当化するものである、と頑強に繰り返す。すると直ちに、パスカリス二世の使者たちが、もし国王側の主張の理由がそうであるならば、教皇は司教たちのために、すべての所領、すべての財産、すべての収入、彼らが皇帝から受けているすべての国王高権 regalia を放棄する用意がある、と応酬する。そして直ちに彼らは、もしパスカリス二世が約束を実行すれば、ハインリヒ五世は叙任に権利があると主張しない、という保証を受けるのである。

それは全く意外な事の成行きであった。多くの教会法学者と〔国王側の〕法学者たちによって擁護されてきた伝統的な〔二つの〕立場は、話し合いによって、偶然にも極めて思いがけない仕方で崩れ去った。教皇の方では、司教職に含まれる俗権は教権から分離することができないというグレゴリウス主義的観念を放棄し、一方、ハインリヒ五世の代理人たちは、もし司教職に結びついている諸財産が王に返還されるならば、司教選出から手を引いてもよいと認めたのである。しかしそれは、両権の協定と両権間の権限分割にもとづくシャルトル派の妥協ではなく、ウルバヌス二世の在位期に枢機卿デウスデディトが説いたような、教権と俗権との全面的な分離をめざすものであった。教皇座が耳を傾けたこの助言者〔デウスデディト〕もまた、その『教位侵奪者・聖職売買者・離教者駁論』のなかで、司教選挙についての世俗諸君主の主張に反論しながら、司教の封建的義務にもとづく宮廷での勤務が、結局は司教にその務めをおろそかにさせ、その職務と両立しえない俗世間的生活を送らせることになる、と指摘するに至っていた。従って、世俗的財産の放棄が、神の心に従って司教を教会につける最良の方法であったのではなかろうか。パスカリス二世は、一一〇二年に、カンタベリ〔大司教〕のアンセルム宛ての書簡で、封建的勤務は教会の自由への侵害であると述べているが、教皇はこのような解決に賛成せざるをえなかったのである。だから彼の使者たちが、それをドイツの使節に進んで提案しても驚かなかったであろう。これに反して、後者〔ドイツの使節〕は、相続法をまぬがれていた聖界封建諸侯が一世紀半このかた大いに尽してきた王からも、彼によって任命され、福音の説く貧困に専念するためにこの世の財を放棄し、豪奢な生活を一切断つ積りでその職務を熱心につとめてこなかったドイツの司教たちからも、この解決が受け入れられるはずがないということを恐らく理解していなかったのであろう。そこから行き違いが生じ、これをハインリヒ五世が見事に利用することになるのである。

サンタ・マリア・イン・トゥッリでの会談が終った時、ハインリヒ五世の使節たちはパスカリス二世の使者たちとスゥトリの協約として知られる協定を結んだが、この協定は、一つは国王名義の、いま一つは教皇名義の、二つの宣言の形をとっている。ハインリヒ五世の名で、王の使節たちは、王が以後司教選出と司教職の叙任に関与しないことを約束した。

《戴冠の日に、国王は、聖職者と民衆の前で、文書をもって、教皇の手に教会の叙任権をすべて放棄し、ついで、教皇が国王高権 regalia について別の文書で予め用意された宣言を行なったのち、彼はもはや将来叙任に関与しないことを誓約するであろう。彼は諸教会を、明らかにこれまでも王国に属していなかった〔諸教会の〕寄進物や所有物とともに、解放するであろう。また彼は、民衆が司教に対して行なった宣誓から彼らを解くであろう。彼は、カール〔大帝〕、ルートヴィヒ〔敬虔王〕、ハインリヒ〔三世〕、その他の諸皇帝によってなされたように、至福のペトロの世襲領とその所有物を返還譲渡し、最善をつくしてそれらを保全するよう援助するであろう。》

ハインリヒ五世はつづいて、教皇に対するいかなる陰謀にも加わらないことを約束し、戴冠の際に教皇に与えられる保証を示した。

教皇の名でなされた宣言は次のように述べられている。

《国王が別の文書に述べられている約束を守るならば、教皇聖下は、戴冠の日に、国王高権 regalia を王に返還し、カール、ルートヴィヒ、ハインリヒ、その他の先任者たちの時代に王国に属していたすべての物を王国に返還するよう臨席する全司教に命じるであろう。彼はまた、文書をもって、明らかに王国に属してきた次の如き国王高権 regalia、すなわち、都市、公領、辺境伯領、伯領、貨幣鋳造権、市場税、市場〔権〕、保護職、地区裁判権、城などを、これに付属するものならびに軍役や城砦とともに、得たり侵害したりすることを、彼の権威と正義により、〔違反の際は〕破門に処せられるべきものとして、臨席または欠席の全司教およびその後継者たちに禁じるであろう。彼は将来、この点につき、王にも王国にも決して不安を与えることがなく、彼の後継者が彼に僭越にも不安を与えないことを、〔違反の際は〕破門に処せられるべきものとして、約束するであろう。》

最後にパスカリス二世は王に戴冠することを約束し、彼もまた保証を示している。

これらの原文は、その時スゥトリにいたハインリヒ五世のもとに送られた。王は二月九日にそれを承認した。しかし、叙任に関する箇所がドイツ司教に受け入れられたならばという留保条件を伴っていた。この付帯条件は提案された右の解決を当然挫折させるにきまっていたが、この解決は、たとえ思いつきからであったにしても、それでもやはり、この時までに考えられてきたすべての解決のうちで最も合理的なものであるとともに、福音の精神に最もかなったものであった。俗権から完全に解放され、俗人のあらゆる支配から解き放たれ、ひたすら信徒の愛に生き、富や奢侈を棄て、まさにこのことをつうじて、祭司制の純粋な魅力にというよりもむしろ豊かな世俗的地位の誘惑に従う傾向をかりたてるのをやめ、真に宗教的でしかもキリスト教的自己放棄を完全に行なう決意をした司教や〔下級〕聖職者たちに恵まれた教会、それをスゥトリの協約は生みだしていたかもしれないし、この協約は、叙任を廃止することによって、長いあいだキリスト教世界を分裂させてきた争いを終わらせていたことであろう。そのためには、現にその職についているドイツの司教たちに対して、彼らがふさわしいと感じていない制度を認めさせる過渡的措置を予め用意し、特にこの新制度は空位が生じた場合にのみ適用されるということを決めておかなければならなかったであろう。ところが、疑うことを知らないパスカリス二世は、この危険に気づかなかったのである。これに反して、ハインリヒ五世は、司教たちのことをよく知っていたので、彼らがその物質的利益をひどく害《そこな》う措置を認め〔るはずが〕ないと恐らく確信していたのではなかろうか。それで彼は、叙任についての自分の主張を押しつけるためにこの拒否を口実にすることができたのである。

差し当り、王はローマへの進軍を続けた。二月一一日の土曜日に、彼はモンテ・マーリオに宿営する。一二日の日曜日に、彼はローマ人たちの慣習を尊重することを誓い、ついで、いつものしきたりに従って、サン・ピエトロ〔大聖堂〕に導かれる。礼拝堂の前に達して、彼は宣誓し、今後は教皇の保護者となり友人となること、ローマ教会をその敵から守ることを約束する。パスカリス二世は、彼を皇帝と宣言し、教会内を、戴冠の第二の祈禱文が読み上げられる斑石の丸い敷石の方へと彼を導きながら、スゥトリの協約を実行に移すつもりであると述べ、ハインリヒ五世にこの点について彼の意向をたずねる。

王がその手のうちをみせる時がやってきた。王は、彼になされた質問に答えないで、教皇に彼〔教皇〕自身の宣言を知らせてくれるように求める。これは、叙任権の放棄が教会の国王高権 regalia を教皇側が放棄する結果である以上ごく当然である、と彼は言うのである。パスカリス二世は快くこれに応じる。彼はスゥトリの協定と同じ内容の特権付与状を読み上げるが、このなかで彼は、教会規則にとって封を所有する結果生じるいろいろな弊害、すなわち、しばしば掠奪、瀆聖、動乱、殺人などをひき起こす軍事的勤務、その他種々の義務を生じ、王の手から受ける司教職の叙任を招く、いいかえれば、グレゴリウス七世とウルバヌス二世によって廃位に処せられるべきものとして断罪された叙任を招く、宮廷での勤務などを挙げる。そのあとで、教皇は神聖な伝統に復帰したいとの希望を示し、サンタ・マリア・イン・トゥッリでの会談の際に使者達が署名した誓約をそのまま再び繰り返す。

パスカリス二世が読み終わらないうちに会場に明らかな動揺が生じる。スゥトリでとった態度を守って、ハインリヒ五世は、同意する前に、王国の司教と協議させてほしいと言うのである。戴冠の儀式は中止され、王はそこに居たドイツ高位聖職者たちと三人のロンバルディア司教とともにひきあげ、協議は延期される。夕方になって、パスカリス二世が問い合せをする。それでハインリヒ五世が教会に再び姿をみせ、そして今度は、教皇の計画は実施できない、しかもそれは或る点で異端的ですらある、と宣言する。パスカリス二世は驚き、儀式を続けて行なうことを拒否する。ハインリヒ五世は兵隊たちに彼を捕えさせ枢機卿たちとともに捕虜として連行するよう命じたが、枢機卿のうち、オスティアとトスクルムの〔二人の〕司教が、サン・ピエトロ大聖堂の隣りにある施療院に首尾よく逃げこめたにすぎない。

今や、ハインリヒ五世にとっては、この陰謀の結末をつけることと、パスカリス二世に司教職の叙任に対する国王の権利を強引に認めさせることが問題であった。一時は、ローマ人たちが反抗する気配をみせ、月曜のあけがたに、ドイツ人たちをサン・ピエトロからあわや追いはらうほどの勢いで攻撃した。ハインリヒ五世は、顔を負傷して、一瞬落馬し、もしミラーノ伯オットーが大気転をきかして彼に自分の馬を譲らなかったならば、恐らく彼は非業の最後をとげていたことであろう。ドイツ軍は教会周辺を放棄してテヴェレ河北方に堅固な陣地をかまえた方が安全であると判断した。教皇はどうかというと、王は、彼から教皇衣を無理やり脱がせたのち、彼をトレビクム城へ連れていかせたが、数日後に、ここから更にドイツ陣営に移させた。

直ちにパスカリス二世から期待する宣言を強奪しようとする努力がなされた。もし彼があくまでハインリヒ五世の要求をのもうとしなければ、とらえた人々に対しても諸教会に対しても恐るべき報復をする、と彼は脅かされた。だから、最悪の不幸な出来事を恐れ、苦痛と屈辱を受けたので、教皇は結局「余は教会を救うために強要された」Cogor pro ecclesiae liberatione との短い言葉をつぶやいて、王がシモニアによらずしかも自由に、しかし王の同意をえて選ばれた司教や修道院長を叙任する権利をもつことを、公式の布告をもって宣言する、と約束したらしい。四月一一日に、ドイツ人たちとローマ人たちをへだてていたポンテ・マンモロの近くで、パスカリス二世とハインリヒ五世はこの降伏条件を認める宣誓をかわし、ついで教皇は、王に叙任を認める特許状を記録係に作成させた。それには次のように述べられている。

《我々は、我々の先任者たちが汝の先任者であるカトリック的諸皇帝に認め、彼らが種々の特許状によって確認してきた、汝の権威に属するこの特権を汝への愛により認めた。我々もまた、この特許状によって、自由に、力によることなくまたシモニアによることなく選ばれた汝の王国の司教および修道院長に、汝が杖と指環による叙任を授ける権利を確認する。叙任ののち、彼らは教会法規に従って彼らの属する司教の叙階を受けるべきである。誰かが汝の同意なしに聖職者と民衆によって選ばれても、彼は汝から叙任されないうちは何人によっても叙階されてはならない。大司教と司教は、汝から叙任された司教と修道院長を教会法規に従って叙階する自由を持つべきである。事実、汝の先任者たちは王国の諸教会を沢山の国王高権 regalia で豊かにしてきたのであるから、王国自体が司教や修道院長の力にもとづかねばならないし、国王の尊厳は、選挙をめぐ

ってしばしば生じる紛争を鎮めなければならない。》

教皇はこの宣言に和解の約束を付け加えた。その後で、皇帝戴冠の儀式が型通り再び行なわれた。パスカリス二世は叙任についての特許状をハインリヒ五世に手渡し、そして彼に聖体拝領を与えた（一一一一年四月一三日）。その直後に、ハインリヒ五世はローマを離れ、途中手間どることなくドイツに帰った。この間に不運な教皇はローマに再び落ち着いたのである。

ドイツの攻撃は勝利を収め、教皇権威はその長い歴史をつうじて経験した最も痛ましい失敗を味わった。リエージュの聖職者が『司教叙任論』のなかで明らかにしたような叙任の理論が、グレゴリウス七世とウルバヌス二世の諸教令を無視して、教皇座によって認められ、同意されたのである。教皇は、その数カ月前にルッカのランゲリウスがその神秘的な意義を喚起した杖と指環によって、俗権のみならず教権を叙階の前に授ける権利を皇帝に認めたのである。これは、半世紀このかた教皇権威によって忍耐強く続けられてきた、何よりもまず俗権に対する教権の独立にもとづく改革の瓦解を認めることではなかったであろうか。その上、堪えがたい必要にかられて皇帝の要求に従ったとはいえ、パスカリス二世は、オットー大帝やハインリヒ三世が教皇座に王の意向を押しつけていた、あの皇帝教皇主義の最悪の時代に教会を引き戻したのである。

しかしながら、幾つかの出来事は、半世紀以来、事態が幾分変わってきたことを示そうとしていた。というのは、ドイツ以外ではますますグレゴリウスの原則に従って補充されるようになった高位聖職者たちが、その独立や自由に対するこのような侵害を認めようとしなかったからである。しかも、反グレゴリウス派の反撃が、パスカリス二世の在位期の末に、やはり思考と現実の両面で同時に現われることになるグレゴリウス派の強力な立ち直りを招くことになるであろう。ポンテ・マンモロでの降伏のニュースが知れわたると直ぐに、西欧〔全域〕にわたってキリスト教的良心の真の奮起がみられたが、それは様々な形ででではあっても同じ目的をもつ、興奮し憤激した抗議に示されていた。到る所で教会の将来が危機に瀕しているということが理解され、パスカリス二世が強制された特許状は暴力で奪われたものであり、教会法規の伝統に反するから無効とされなければならない、と考えられた。同じくこれを契機に、人々は叙任の問題を改めて考えてみようという気になった。それで、一一一一年と一一一二年の両年には、特におびただしい数の文書が現われた。これらの文書はグレゴリウス派の再起を成功させる上ではあまり役に立たなかったが、《闘争》の発展に明らかな影響を及ぼす幾つかの新しい考えを広めたのである。

一一一一年二月から四月にかけての陰謀に対する抗議の動きはまず最初にイタリアで現われ、そしてそれは、院長ブルーノが同時にセーニ司教を兼ねていたモンテ・カッシーノ修道院から起こった。モンテ・カッシーノ年代記によれば、この人は、直接パスカリス二世にハインリヒ五世と結んだ協定を破棄するよう勧告し、二月一二日の暴挙の際に逃亡することに成功した枢機卿、オスティアのレオとトスクルムのヨハンネスを自分の考えにひき入れながら、〔皇帝に〕屈服したことで教皇を非難していた不満を抱く人々を集めて、一一一一年六月にローマで会議を開くようけしかけたという。恐らく年代記作者はこのセーニ司教の態度を少々脚色しているのであろう。というのは、ブルーノがパスカリス二世に宛てた書簡が残っているが、その調子は、不幸な教皇がハインリヒ五世によって強要された教令について烈しい憤りを示しているとはいえ、至っておだやかであるからである。ブルーノは、〔教皇が〕俗人叙任を認めたことによって、信仰が損われ、祭司制が破壊され、教会の唯一無二の門が閉ざされるとともに、盗賊や盗人たちが入りこむ別の門が開かれたと考えている。だが彼は、彼が《父としてまた主人として》敬愛している不幸な教皇をそのために非難しているわけではないし、《彼〔教皇〕が生きているかぎり、彼は別の人を教皇と仰ぐつもりはない》と述べている。

〔ところで〕ブルーノの書簡はハインリヒ五世と結んだ協約を厳しく非難しているだけではない。それはまた俗人叙任についてのイタリアの司教たちの考え方を反映しているのであるが、俗人叙任はこの書簡で頭から否定されている。ブルーノは、《すべての使徒が俗権を介して教会を手に入れる人々を非難し、信徒の共同体から分離している》ことや《俗人たちは、たとえ彼らがどんなに宗教的であっても、教会を譲渡する権限をもたない》ことを強い確信をもって想い起こしている。彼は、パスカリス二世が〔教会法規の〕伝統に従ってきたことと、《俗人の手から叙任を受けるすべての聖職者と彼らに按手を行なう人々を断罪し、信徒の共同体から分離する》法令――明らかにラテラノ公会議かグァスタラ公会議の教令をさしている――が彼に負うていることを書き留めている。この法令を、ブルーノは、パスカリス二世に確認するよう求めるとともに、力ずくで奪われた、だが、そのようなものであるから憚ることなく破ってよい宣誓に悩むことなく、常に異端とみなしてきたものを再び衰えさせるよう教皇に求めているのである。

このようにイタリアの司教たちは、パスカリス二世に深く同情を寄せながらも、はっきり断固とした態度をとっている。彼らは、暴力によって強要された一一一一年四月一二日の特許状は無効であり、伝統的教義に反するものとして教会から認められてはならない、と信じている。彼らはグレゴリウスの法規を完全に守ろうとし、俗権に何らかの権利を認める妥協の可能性を全く考えていないのである。一一一一年の終りに、パスカリス二世に宛ててたまたま書かれた書簡のなかでセーニのブルーノが簡単に示した考えは、モデナ司教区にあるノナントラの聖シルヴェストロ〔修道院〕の修道士プラキドゥスによって、『教会の名誉について』Liber de honore ecclesiae と題する一論文のなかで、多くの典拠 auctoritates と論拠 rationes を用いて、再び取りあげられ、詳しく論じられることになるが、この論文はイタリアでの教皇座の信奉者たちのあいだにひろまっていた諸傾向を極めて特徴的に示している。

ノナントラのプラキドゥスは最も純粋な正統的グレゴリウス主義者である。だから伝統的な両理論を和解させるような妥協の考えは彼の頭をかすめさえもしなかった。『教会の名誉について』はすべて、司教職は一個の全体をなしているから異端に陥らなければそのほんの一部でも分割することはできないという、あの〔グレゴリウス派の〕考えにもとづいている。従って、司教職の叙任についてのハインリヒ五世の主張に強く反対するだけでは満足せず、彼は司教たちによる教会財産の放棄にもとづいたスゥトリの解決も、また俗権に何らかの権利を認めたシャルトル派の解決も同じようにしりぞけているのである。

『教会の名誉について』のはじめの部分はまるで『司教叙任論』を反駁しているようにみえるが、この『司教叙任論』には皇帝の諸権利が多くの典拠 auctoritates を用いて主張されていた。これらの典拠の一番はじめにはハドリアヌス一世の偽特許状が出てくる。そこでノナントラのプラキドゥスはその真正性に疑いをいだいたのである。何故ならば、《理性の命じるところによれば、修道院あるいはその他の諸教会の財産を俗人が仲介して授けるべきであるとは認めがたい》からであった。とはいっても、最近の〔史料〕批判が行なったようには、この偽特許状の偽造性を完全に明らかにすることができなかったので、彼は、ハドリアヌス一世が実際に俗人叙任を認めたとしても、教皇がこの譲渡をカール大帝に行なったのは、《教会を服属させる》ためでなく、まさに《彼〔皇帝〕が常により一・

層教会に奉仕し、教会をその敵から護る責務を負うため》であったということを説明しようとして大いに苦心している。それでも著者は、このような解釈の弱さを感じないわけにはいかなかった。というのも、皇帝派の主張が何よりも依拠していたこの史料に明らかに悩まされて、彼がより有力な一連の論拠 rationes によってこの主張が空論であることを明らかにしようとしているからである。〔例えば〕彼は、俗人叙任の禁止が革新であると反対する人々に対して、《使徒たちもまた俗権から教会を受けることを明らかに禁じている》、それに、教父たちはこの禁止をはっきり更新しなかったが、それは彼らがその当時まだ現われていなかった誤りを非難する必要がなかったためである、と論駁している。

この俗人叙任が真の異端を生むということは、ノナントラのプラキドゥスにとって疑いのない事実であった。そこで彼は、もっと上手に、世俗君主たちが杖と指環を与えた時に、《重大な罪》を犯すことになるということを論証しようとしたのである。《叙品の際に、司祭は司教の手から上祭服《シャズユーブル》と襟垂《ストラ》を受けるが、この外面的なしるしは彼が司祭職の権威を受けたことを示す。同じように、司教は、叙階の際に、大司教の手から〔司牧〕杖を受けると同時に、指環を受けるが、杖は民衆を教導するために受けるのであり、指環は永遠の玄義《ミステール》のしるしとして受けるのである》。従って、杖と指環は、上祭服や襟垂と同じく、本質的に宗教的な、いわば神聖な象徴なのであり、これらのものを俗人は不敬を犯さずに授与することはできない。何故ならば、《聖霊は何人にも支配されえない》からであり、杖と指環を授けながら司教をその教会につけている君主は《万物の創造主である聖霊を人間が支配することができると信じているが、これはあきらかにアリウス派の不敬にもまさる前代未聞の誤りである》からである、と彼は書いている。

ノナントラのプラキドゥスは、それ自体は何の独創性もない、すでに枢機卿フンベルトゥスが『聖職売買者駁論』で展開したこの考えをしつように繰り返している。しかし少なくとも彼は、これを明晰にしかもある感銘を抱かずにはいられないような力強い調子で述べているのである。彼の結論は極めて明らかであった。つまり、《キリストの命じるところにもとづき、後継者のすべてにかの遺産を永遠に伝えた人、聖ペトロ、および我らの父であるすべての神聖な諸教皇は、司教たちに聖霊を伝えながら、彼らに杖と指環とを授けてきたが、それはこの物質的なしるしによって彼らの宗教的使命を示すためであった。今や、俗人たちが、貪欲や空しい〔世俗的〕栄光に屈して、与えるか否かは我々の権限に属する宗教的なしるしを、あえて授けるようなことがあってはならない！》〔というものであった。〕

これらの俗人たちは、司教権威に付属する土地の所有権と封建的諸権利の存在によって、自分たちの叙任についての主張を正当化してきた。この教会諸財産の問題を人々は妥協によって解決しようとしてきたが、ノナントラのプラキドゥスはこの問題を避けようとしなかった。彼はそれに真向から取り組み、これらの財産を聖堂区または司教区の守護聖人の財産として教会のために要求してきた純粋なグレゴリウス主義的理論を厳格に主張したのである。《教会はそれが所有しているものを守らなければならない。教会に与えられたものをそれからあえて奪う者は神を穢す者である》と彼は例の頑固な口調で断言している。そして彼は、『教会の名誉について』の別の箇所で〔次のように〕付け加えている。

《教会が世俗的所有物をもつことを認める慣習は、信徒の各々がその財産を売り、その代価を神聖な使徒たちの足もとに置いた時に、使徒たちによってつくられた。使徒たちは、自分たちがユダヤの地に長く滞らないことを知っていたので、そこではこのようにしたのである。彼らが異教徒のあいだに教会を広めた時、彼ら自身やその後継者である諸教皇は、信徒の寄進を自分たちの収入とともに貧者をより良く養うために受けとった。そういうわけで、使徒たちは、その弟子、すなわち神聖な司教にそのような贈物を受けとってもよいことを教えるために、自分たちのところに運ばれた物を、世俗君主の命令も叙任も伴わず、受けとったのである。》

ノナントラのプラキドゥスによれば、教会の所有物の起原は以上のようなものであったが、それは個々の人々の贈与にあり、この贈与を皇帝がのちに確認したにすぎなかった。従って、このように教会に譲与された種々の財産はキリストのものである。とすれば、世俗君主はそれらに対していかなる権利ももっていないばかりでなく、司教はそれを放棄するわけにはいかないであろう。だから著者は、スゥトリの協約の際になされた権利放棄を非難しているのである。しかも、彼の考えをたどっていけば、結局は次のような祭司権の完全なグレゴリウス的観念に達することになる。

《宗教的権威は、単に按手のうちにあるばかりでなく、教皇パスカリス一世が証明しているように、叙階から生じなければならない教会の外面的財産のうちにも存している。だがそれは当然なのである。何故ならば、肉体が魂によって生命を与えられ力を与えられるのと同じように、教会では、物質的財産も聖霊の贈物によって聖別され、宗教的聖性を与えられる者が当然のことながら同時に物質的財産を受けるからである。この世において魂が肉体なくしては存在しないように、神聖な教会も、現世において、物質的な贈物がなくては、宗教的な事柄を行使することができない。》

ノナントラのプラキドゥスが結局何を言おうとしたかがわかろう。つまりそれは、魂と肉体とは不可分であり、肉体にあたる教会財産に対して権力を行使するものは、同じく教会の魂、すなわち教権を支配するということなのである。だから、教会の《魂》がこの世に現われるのに欠くことのできない《肉体》を教会から取り去ることになるようなスゥトリの解決をしりぞけたのち、この論争家は、同じ原理によって、王に司教選出へのいかなる介入を認めることも拒否し、シャルトルのイヴォやフルーリイのユーグが認めた、俗権〔の叙任〕さえも認めていないのである。彼によれば、皇帝は教会に対しても教会財産に対してもいかなる権利ももっていない。というのは、《理性の命じるところによれば、修道院あるいは教会の財産を俗人が仲介して授けるべきであるとは認めがたい》からである。確かに、キリストはカエサルの物をカエサルに返せと命じたかもしれない。しかし、この言葉は、その解釈が極めて甚しい誤りを招いてきたのであり、その〔真の〕意味が理解されなければならない、〔というのである〕。

《多くの人々は、我々を妬み、我々が、皇帝は教会に対していかなる権利も主張すべきでないし、彼はそれを譲与してはならないばかりでなく、それをどんな形ででも支配してはならないと宣言しながら、不正に行動している、と主張している。キリスト御自身が税金を納められ、しかも或る者が一デナリを差し出した時、「カエサルに、神の物は神に返せ」（マタイ伝二二・二一）と述べられたと言われている。だが、聖アンブロシウスが明らかに述べているように、この言葉から、教会は皇帝に従属するべきであると結論してはならない。彼は「カエサルの物はカエサルに、神の物は神に返そう。カエサルに返すべき税金がある。それは否定することができない。しかし、カエサルの税金が神の礼拝堂であるはずはないから、教会は神の物であって、断じてカエサルに渡されるべきではない。カエサルにふさわしい名誉がいかなるものであろうと、誰もこのように断言することにさからうことはできない。実際、皇帝にとって、教会の息子と呼ばれることほど名誉なことがあるであろうか。しかもそう言われる時に、彼は罪によってではなく、恩恵によってそう言われるのである。皇帝は教会のなかにいるのであって、教会の上にいるのではない。すぐれた皇帝は教会の援助を求め、それをこばんでいない」と述べている。》

繰り返し、ノナントラのプラキドゥスは、世俗諸君主に信徒たちのなかで特に選ばれた地位を与えるが、教会内では彼らにいかなる固有の権利も認めない、あの純粋なグレゴリウス主義の理論を述べている。だから彼は、《司教選挙は皇帝とは関係がない。……教会財産の処分権は俗人の権限外である。……皇帝またはその代理人は主人としてでなく一人の息子として司教選挙に出席するべきである。……皇帝が司教を教会に任じることは許されない》と結論することができたのである。彼はキリスト教的諸君主に《貧者の財産、すなわち教会の所有物》をゆだねることを認めない。彼は《教会の息子》という資格が彼らのために幾つかの責務、特に司教選挙の自由を尊重させ、シモニア的異端の攻撃を防ぎ、《聖職者たちの判断を支持し、全力を挙げて悪人どもを駆逐する》責務をもたらすことをせいぜい認めているにすぎない。要するに、王の司教選出への参加は単なる警察権に限定され、しかも彼らはそれを宗教的事項に干渉するために利用してはならないというのである。

この結論は完全にグレゴリウス七世の考え方に一致している。だがそれは、俗人叙任をめぐって開始された闘争の解決を容易にするようなものではなかった。ノナントラのプラキドゥスは要するにいかなる実際的解決も提案しなかったのである。彼の理論は、〔現実の〕出来事に順応したり、現実的手段をとるために教会法規上の抽象的観念からのがれたりすることのできない偏狭な精神を反映している。教会の所有物の起原に関する彼の主張は、封建的権利もローマ帝国崩壊以後の西欧の社会的発展も全く考慮に入れていない。彼の目は使徒時代に注がれていたので、彼は、最初のキリスト教教団の財産が、諸皇帝の協力をえてその後教会の得た土地所有とは何ら関係がないということを理解しなかったし、また理解しようともしなかったのである。ともあれ、パスカリス二世の降伏は、教会を痛ましいしかも一見見通しのたたない状態に導いた強硬な排他主義〔どうし〕の衝突の結果に外ならなかったが、彼がその降伏によって陥った窮地からのがれる方法を見出すことができたのは、この『教会の名誉について』からではなかった。

ノナントラのプラキドゥスは、セーニのブルーノの後をうけて、一一一一年の事件がイタリア司教団のあいだにまき起こした憤りを伝えている。だがフランスでも、パスカリス二世はやはり激しく非難されたのである。この攻撃は、同じような激しさでしかも同じような誇張された言葉を使って、西部と東南部で同時に燃え上った。

一一一一年の終りに、ヴァンドームの修道院長ジョフロワはパスカリス二世に宛てて憤りをこめた手紙を書いているが、このなかで彼は、ペトロとユダをともに運んだペトロの小舟が難破をのがれたのは、もっぱら船頭の気力に負っていたことを回想したのち、《悪魔によって産みおとされた、もう一人のユダ》(ハインリヒ五世)が信徒たちの一団を乗せた船を座礁させるのではないかとの恐れを述べ、《至福のペトロは、あの時波の上をただよっていたが、今や彼は波にのみこまれてしまっているのではなかろうか》と彼は声をはりあげて言っている。〔そして、〕パスカリス二世に「その口の言葉はよこしまと欺きである」Verba oris ejus iniquitas et dolus(詩篇三六・四)との詩篇の言葉を当てはめて、この激昂した修道院長は、教皇はもはや牧者ではなく、小羊たちの血で養われた狼か、《サタンによって堕落させられた予言者》であるとためらうことなく断言し、しかも彼は、教皇に《その不正に目をつぶって》従うことを拒否している。

これとは別のもっと重大な不穏な動きが、ヴィエンヌとリヨンの両大司教管区で起こった。これを扇動したのは恐らく〔リヨン〕大司教ジョスランと〔ヴィエンヌ大司教〕ギュイとであろう。教皇を裁く話で持ち切りとなった。ジョスランは首座大司教の資格でアンスに公会議を招集したが、それは実に危険な提案であった。教会の統一を破壊し、ハインリヒ五世の野望を燃え上らせた危機よりももっと有害な内部危機を教会にひきおこす危険があったのではなかろうか。

だがしかし、慎重でしかも正統信仰にふさわしい意見を通させるすべを心得ていたシャルトルのイヴォのおかげで教会分離は避けられたのである。ジョスランからアンス公会議に呼ばれると彼は、その首座大司教権を認めていないジョスランには公会議を招集する権限がないといって、サンス大司教区の同僚とともにこれに応じるのを拒否した。その際に彼は、ガリア東南部の司教のあいだに浸透していた諸傾向に対してことごとく警戒する態度を示している。彼はパスカリス二世に罪があると考えるつもりはなかった。《私どもは教皇聖下を中傷しないように気をつけようではありませんか。それに、たとえ彼が、ドイツ王に叙任権を譲り渡したことによって、彼自身と彼の前任者たちの見解に反したようにみえても、私どもはそれを子としての愛で許しています。事実、法に背いたのは、やむをえぬ事情と強制でそうせざるをえなかった人なのではなく、故意にそれを傷つけ、自分の誤りを認めようともしない者の方なのです》と、彼は述べている。従ってイヴォは、パスカリス二世が行なった俗人叙任権の同意は全く尊重する必要がないし、教皇が自由を取りもどした時には必ず神聖な教義を再び公布するに違いないと確信していたのである。

イヴォは、あらゆる誤解をさけるために、この教義の基本的な諸特徴を喚起することが役に立つと判断し、それにジョスラン宛ての書簡の大部分をさいている。恐らくどこをさがしても、シャルトル派の主張がこれほど明確に定義されたものはないであろう。しかもそれが書かれたのは、セーニのブルーノとノナントラのプラキドゥスの筆を借りて、イタリア司教たちが厳格なグレゴリウス主義の教義にはっきり忠誠を誓ったばかりの時であった。

シャルトルのイヴォは、異端とは信仰についての誤りであり、叙任はそのような性質をもたないから、俗人叙任は異端と同一視することはできない、ということをまず明らかにしている。彼は更に次のような言葉で〔手紙を〕続けている。

《信仰と誤りは心から生じます。しかし叙任は、あれ程大変な騒ぎをひき起こしていますが、ただ与える者と受ける者の手のなかにあるだけです。これら〔の手〕は善も悪もすることができますが、しかし信仰について信じたり誤ったりすることはできません。しかも、もしこの叙任が異端であるならば、それをやめても痛悔を行なわなければ教会にそれを返還することはできないでしょう。ところで私どもは、ガリアとドイツの各地で、多くの清廉な高位聖職者たちが、幾らかの償いをすることによってこの罪の穢れを消したのち、司牧杖を返還し、そして教皇の手からこの問題となった叙任を受けてきたことを知っていますが、もしこれら最高の司教たちがそのような叙任に異端と聖霊に対する罪を認めたならば、彼らはそれを行なわなかったはずです。手続きというものは永遠の法によって承認されるものでありませんし、それは教会の名誉のためか教会の利益で設けられたか禁じられてきたにすぎませんから、たとえそれを採り入れたと同じ動機のために実施するのを一時停止しても、それは何ら教会の法に対する違反ではなく、称賛すべきしかも極めて有益な特免の結果なのです。これらの必要に気づかないために、非常に軽率な人々は、不変の法と変更可能な法との違いを理解しないで、この問題に早まった判断を下しているのです。しかし、もしある俗人が杖を手渡すことによって秘蹟または教会的秘蹟の内容を授けるなどという馬鹿げた考えを抱くならば、私どもは、手で行なう叙任のためにではなく、その悪魔的な考えのために彼を異端的であるとみなすでしょう。》

言いかえれば、キリスト教徒は、この叙任が宗教的な力を授けると信じていなかったならば、それを与えられたり受けたりした行為で異端に陥ることはないというのである。もっともイヴォは、司教職を新しい名義人に与える君主たちが犯している誤りを次のような感銘を与える明瞭な言葉で明らかにしている。

《もし率直に言おうとすれば、私どもは、俗人たちによって行なわれるあの手による叙任は、他者の権利の簒奪であり、教会の自由と名誉のために、平和という恩恵を損わずに、もしできることなら、完全に根絶しなければならない傲慢な瀆聖であると言うことができます。それが離教を招かずに廃止されることができるところではどこでも、廃止されなければなりません。それが離教を招かずに廃止されえない時には、慎重な抗議で延期されなければなりません。実際、教会の秘蹟は神聖な人々にあっては神聖ですから、このような簒奪が行なわれたからといって、それ〔秘蹟〕が神聖であることには少しも変わりありません。》

だから、イヴォは俗人叙任を非難しているのであるが、セーニのブルーノやノナントラのプラキドゥスと違って、彼は、問題なのは単なる《簒奪》であって異端ではないから、妥協が可能であると認めているのである。彼にとって、グレゴリウスの法規が教義を表わしたものでなく、何らか偶発的なもの、しかも変更されることのできるものであったことは明らかである。彼が当面望んでいるのは、ハインリヒ五世によってパスカリス二世から奪われた教令を無条件に取り消したのち、グァスタラ公会議の法規で確認された一〇七五年の教令にたち返ることではなく、むしろ、数年間試みたのちに、誰もがその好ましい効果を評価することのできたイギリスとフランスの協約に似た一種の妥協であったのである。シャルトルの司教が夢みたこの協約は、数カ月後に、イヴォの弟子の一人が、『教皇パスカリス擁護論』Defensio Paschalis papae と題する小論文のなかで、その基本特徴の概略を述べているが、この論文の著者は、名前はわかっていないが、シャルトル派の考えに培われた、しかも実に際立った現実的感覚に恵まれていた一フランスの聖職者であった。

この論文の歴史的記述と呼んでよい部分を詳しく述べる必要はない。著者はパスカリス二世を論難する人々から教皇を極力擁護し、今度は彼が、ハインリヒ五世の要求に同意したとはいえ教皇は暴力に屈しただけであったということを明らかにしようとしている。それで、他の論文と同じように、この論文で興味があるのは、教義についての記述とともに、それから生じる帰結なのである。

『教皇パスカリス擁護論』で述べられている叙任の理論は、聖アンブロシウスのよく知られていたテクスト、《宮殿は皇帝たちに、教会は聖職者たちに属している。皇帝は神聖な事に対しては権利をもたないが、公共の事については権利を行使する》にもとづいている。このテクストからは、《司教職の叙任は王には全くかかわりがない》と結論しなければならない。だからそれは、最も強硬なグレゴリウス主義者でも賛成することができたような俗人叙任に対する非難であった。だがそれには次のような価値のある幾つかの詳論が述べられている。

《王の手によって教会に入り、このようにして教会を支配するよう委ねられた者は、そのことによって異端に陥る。我々は、真の支配者である神の子が、「余は門なり」(ヨハネ伝一〇・九）と述べつたえ給うたことを知っている。だから、キリスト〔門〕を通って教会に入らない者は、皆が見ている前で、泥棒や盗賊のようにそこに侵入しているわけである。従って、王の手は法〔正しい権力〕の譲与ではない。人は、司教職を叙任したり教会内で何かを譲渡したりする権限が、皇帝にも、王にも、いかなる君主にも認められていないことを、神と人間の法のうちに読みとっている。》

だがしかし、このような権利を横領しようとする皇帝に改めて烙印をおし、そのような君主は、《聖霊の贈物である叙任を簒奪しようとしているのであるから》、聖霊に対して重大な罪を犯している、と再び述べたあとで、『擁護論』の著者が結論したのは、グレゴリウスの法規の無条件な回復ではなかった。シャルトルのイヴォの弟子である彼は、教会財産に対する権利を世俗権力に認め、この時代の人間にしてはまれな実際的感覚で、成功するにきまっていた解決を提案しているのである。このように予言的に言うためには、再び次の一節を引用しなければならない。

《我々は、指環と杖が司教のしるしであることや、それらが宗教的な贈物を授けることや、それらが司牧職 cura animarum と神聖な秘蹟の象徴であることを知っている。我々はそれらが、血で満たされた王の手に触れてはならないばかりでなく、彼の権限に属してもいないことをはっきり断言する。しかし、教会は、それが統治され、また教職を区別する司牧杖を必要とすると同じように、王や皇帝の宮廷では、これとは別のしるし、すなわち皇帝または王の杖である笏なしには、言いかえれば、公領、伯領、その他の国王諸高権を譲与する笏なしには、すますことができないであろう。従って、もし王が、杖と指環によって、ただ国王諸高権を授けるだけだと主張するならば、彼は王笏を棄てるべきであるし、さもなければ彼は、それ〔笏〕によって国王諸高権を授けるべきである。》

シャルトルのイヴォは、純粋なグレゴリウス主義の教義に反対して、司教職を教権と俗権とに分離するという原則を提案した。今度は『教皇パスカリス擁護論』の著者が、宗教的叙任と世俗的叙任という二重の叙任が必要であることを認めて、教会は杖というしるしで前者を授け、国家は象徴としての笏を用いて後者を授けることを提案したのである。こうして両者各々の主張が生かされることになり、それと同時に、争っている両権力それぞれの権限が明確に限定され、従って、大部分の司教が待ち望んでいた協定が、双方の完全な満足のうちに実現されることになった。一一二二年に、ドイツの叙任権闘争を終わらせるヴォルムスの協約は、『教皇パスカリス擁護論』にあらかじめ準備されていた形式でシャルトル派の理論を表現することになるのである。

教皇派の陣営において、中立派が妥当な根拠にもとづいて協定の可能性を示唆していた時に、皇帝側からも、もっとためらいがちで、もっと控え目ではあったが、何人かの人々が和解への傾向を示していたように思われる。グレゴリウスの名前を使って、ファルファの一修道士が、恐らく一一一二年の夏のうちに書いたとみられる、『皇帝の正しき弁明』Orthodoxa defensio imperialis は、断定的な態度で皇帝教皇主義的な主張をいくらかしているにもかかわらず、やはり教皇と皇帝との和解への道を開いている。

『皇帝の正しき弁明』は、グレゴリウス主義者たちが突然立ち直りをみせたことに不安を抱いた、イタリアのハインリヒ五世の信奉者たちを勇気づけるために、ファルファ修道院長ベラルドゥスのすすめで書かれたようである。だから著者は、皇帝が教会の首長であることを声を大にして叫ばなければならなかった。この〔教会〕支配を正当化するために、彼は、例の人間の身体によるたとえを用いているが、それを彼は苦心してあれこれと検討し、それから期待した結論をひきだしている。

《目が物を見、耳が聞き、口が喋り、手が全身につれて動くのと同じように、神聖な教会の宗教的成員も、それぞれ独自の働きをもっている。目は、宗教的光をひろめる博士たちであり、耳は、指導者の言葉を謙虚に聞く良き聴衆であり、鼻は、徳のかおりや悪徳のにおいをかぎわける人々であり、口は、他人をさとし教える人々であり、手は、必要なものを分かち与え、施しを行なう人々であり、足は、罪なき生命を救い病人を訪れるために走りまわる人々である。個々の身体の手足は、もしそれらが互いに妨げあえば、いかなる成果もあげることができないと同じように、もし王国と祭司権とが反目すれば、キリスト教社会の面目は全く失われるであろう。そうならないようにするためには、各々の階層または各々の成員がそれ本来の働きをもち、皆がキリストの命じ給うたところに従って、カエサルの物はカエサルに、神の物は神に返さなければならない。この点については、まず教会の首長、すなわち皇帝に、服従の義務が果たされ、その後で聖職者たちに、彼らにふさわしい名誉が払われるよう、キリストがまず最初に「カエサルの物はカエサルに返さねばならぬ」と述べ給い、ただその後で「神の物は神に〔返さねばならぬ〕」（マタイ伝二二・二一）と述べ給うたことに留意する必要がある。》

マタイ伝の有名な一節についてのこの註釈はなかなか見事《ピトレスク》だし、前後関係を簡単に検討することによって、何故カエサルがまず問題となり、何故彼についてキリストとその弟子たちの会話がはじまるのかを説明している。これ以外の点はあまり重要でない。ファルファのグレゴリウスが、カエサルを神の前におき、従って教皇は彼もやはり皇帝の一臣下に過ぎないとみなされても不平を言うわけにはいかない、としている点を記憶にとどめれば充分である。事実彼は〔次のように〕続けて述べている。

《教皇の権威を示す種々の装飾的権標を見、かつ考えてみよう。また彼がそれらをいかなる上級権力から受けたかを調べてみよう。我らの主イエス・キリストは、彼が至福の使徒ペトロに天上の王国の鍵を与え給うた時に、それらを彼に授け給うたのであろうか。否、そうではない。では誰がローマ教皇にそれらを与えたのであろうか。それらを教皇シルウェステル〔一世〕に授けた偉大な皇帝コンスタンティヌスの勅令を読み直してみよう。そうすれば我々は何の疑いもなくわかるであろう。》

従って、教皇がその権力を得たのは、グレゴリウスが詳しく論じている有名なコンスタンティヌスの偽造寄進状（二三）からなのである。しかもシルウェステルは敬虔な帝王から皇帝の権標を受けるのをこばまなかったのであるから、《いわんや教皇より低い地位にある》司教たちに指環と杖を与えることがどうして正統的皇帝に禁じられようか。というのが、グレゴリウス主義者たちにとっては異端であり、シャルトル派の人々からは封建的権利という完全に世俗的権限に限定されていたが、しかし皇帝派の人々にとってはまぎれもなく正統性をもっていた俗人叙任についての〔彼の〕証明なのである。

しかし、ハインリヒ五世がすべての教皇座の信奉者たちから例外なく向けられてきた非難からひとたび免罪されると、ファルファのグレゴリウスは、皇帝が、たとえその権力は絶対普遍であっても、決して宗教的事項に介入する意図をもっていないことを示そうと努めながら、彼が徹底して説いた皇帝教皇主義の主張の結果について読者を安心させようとしている。

《王か皇帝の誰かが、コンスタンティヌスにならって、教会の高位聖職者に行なうこの杖と指環の叙任に、何か不条理なこと、または不正なことを見出せるかどうか更に検討してみよう。そうすれば、彼がそれによって、神聖な名誉も、神聖な職務も、教会の役職も、教会または聖職者の聖別も、いかなる神聖な秘蹟も与えているのではなく、むしろこのような職務を果たす上で役立つものや、世俗的あるいは俗権的な事柄、物質的な所有物のすべて、教会の全財産に結びついている諸権利などの確認を与えている〔ことがわかるであろう〕。》

従って、司教を叙任しても、皇帝は彼にいかなる教権も授けていない。彼は司教にただ彼の土地や財産、すなわち、国王高権 regalia を与えているにすぎないというのである。ノナントラのプラキドゥスは教会所有物を個々の人々によって聖職者になされた贈物の結果とみなしたが、この主張とは反対に、ファルファの修道士は、使徒時代に何も持っていなかった教会が、今や王または皇帝の仲介で、彼らに属する封土や封臣、伯あるいは騎士などを持っている点に――他の理由とともに――注目している。だから、司教はこれらの伯あるいは騎士たちから忠誠宣誓を受けてきたのであるから、彼もまた皇帝に忠誠を誓うことはどうしても必要であるというのである。この点で、ファルファのグレゴリウスの見方は、シャルトルのイヴォのそれと再び一致し、対立する諸理論を和解する方向に一歩踏みだしている。両者ともに俗人叙任を封建制に本来必要なものとみなし、同じようにそれ〔叙任〕は司教職の俗権のみに関するものであり、皇帝はいかなる教権も授けてはならないと考える点で一致している。従って、一つのかけ橋がグレゴリウス主義の理論と皇帝教皇主義の主張とのあいだに渡されたのである。しかし、それにもかかわらず、困難な調停なしには除くことのできない重大な意見の対立が残り、それが更に痛ましい事件をひき起こすかもしれなかった。事実、ファルファのグレゴリウスにとっては、皇帝は依然として教会の首長であるから、彼が教権を放棄するのは彼の善意の結果にすぎず、原則として教権は皇帝教皇主義の伝統に従って俗権に服すことに変わりなかった。これに対して、純粋なグレゴリウス主義者のイヴォは、絶えず祭司権の優越を主張し、叙任に際して宗教的な意図をもつことをすべて非難していた。しかも、『皇帝の正しき弁明』が皇帝のために杖と指環で叙任する権利を主張しているのに対して、シャルトル派の人々ならびにグレゴリウス主義者の考えを代弁する『教皇パスカリス擁護論』は、これらのもっぱら祭司的な象徴に手を触れる権利を皇帝に認めていないのである。

和解への様々な傾向があったにもかかわらず、教義をめぐる争いはなお続き、良識によるフランスの解決が勝利を収めるまで更に十年のあいだ争われなければならないであろう。一一一一年の危機は、少なくとも結果からみれば、〔種々の立場に〕忠実な論争家たちにそれぞれの考え方をはっきりさせることになったし、またそれをつうじて、この危機は叙任権闘争を成熟させた。しかし、右に述べた著作家たちの誰もが闘争の終りが近そうだとは全く考えていなかったことを忘れてはならないであろう。グレゴリウス主義者たちも反グレゴリウス主義者たちも、イタリア人たちもフランス人たちも、自分たちの考えを何かのついでかその時々の立場を説明するために述べているにすぎない。事実、彼らはもっと直接的な目的を求めていた。ある者はイタリアの皇帝信奉者たちのあいだに信頼を保とうと努め、ある者はパスカリス二世の降伏で危険にさらされた教会と教皇座の状態を立ち直らせようとしていたのである。当分のあいだ叙任権闘争は続くが、しかし、時には激しい事件がいくらか起こったにもかかわらず、一一一二年からは、実際面でも教義面でも、教権と帝権とを和解させる傾向の徴候が遠くなお極めてかすかながら認められるようになり、そこから困難な調停ののちにヴォルムスの協約が生まれることになるのである。

第九章　ヴォルムスの協約

ポンテ・マンモロの降伏ののち、パスカリス二世がまず考えたことは、譲位して、教皇座がその歴史をつうじて受けた最大の危機の一つを解決する仕事を別の教皇に委ねるということであった。〔ローマ近郊の沼沢地〕ポンティーノの一画にひきこもって、彼は、一一一一年の七月から一〇月まで、自分の誓約した義務と教会の救済を監視するという彼本来の責務とをいかにしたら一致させることができるであろうかと不安な気持で自問しながら、危惧の念にさいなまれて、落ち着かない苦しみに満ちた日々を送った。けれども、キリスト教徒たちが示した反応で彼は間もなく安心した。一一一一年四月の事件によってまき起こされた憤激がどんなに激しくても、この憤激は叛乱にまで悪化しないということが直ぐにわかったのである。勿論、人々ははじめ彼に極めて激しい批判を加えた。だが彼らは直ぐに、グレゴリウス七世によって「教皇教書」Dictatus papae のなかで喚起され、またルッカのアンセルムスやデウスデディトの法令集に集められていた教会法上の教義に従って、ローマ教皇は何人《なんぴと》からも裁かれえない、ということを思い起こした。そこでフランスとイタリアの論争家たちは、教皇が認めざるをえなかった遺憾な約束を取り消す方法を教皇座に提示しようとしたのである。ドイツでも、大した成功は収めなかったが、書記官長アダルベルトが、最も神聖な教会法上の規則に反するような法規を続けてはならないことをその主君にわからせようとしている。

グレゴリウス改革によって生命を与えられたこれらキリスト教的良心の表われが、教会を救い、叙任権闘争をその決定的段階に導かないはずはなかった。一一一一年一〇月に、パスカリス二世はラテラノ宮殿に帰る。彼はまずハインリヒ五世の気持を動かすように努め、王が自分に向けられた非難に恥じ入るのを当てにするが、その独裁的専制主義で敬虔な感情を全く抑えてしまっている王からは何も得ることができないと直ちにさとる。だから、彼は到る所からもたらされる勧告に、とりわけシャルトルのイヴォの勧告に従わずにはいられなかったが、イヴォは、生まれつき小心で常にためらいがちな彼の気持を同情にあふれた非常な熱意でふるいたたせようと努めた。事実、一一一一年の終りに、イヴォに宛てた書簡のなかで、パスカリス二世ははじめて新しい意向を明らかにし、自分は力に屈するほかなかったと打ち明けている。同じ頃書かれたヴィエンヌ大司教ギュイ宛ての書簡は更に明らかで、教皇は、彼を特にこきおろしていたこの高位聖職者に、ハインリヒ五世に認めた特権を廃棄し、破棄するつもりであるとはっきり告げている。

これに続く二、三カ月のあいだに、パスカリス二世は態度をはっきりさせ、〔将来再び〕

彼が協定を結ばなければならないハインリヒ五世の気持を不必要に傷つけないようにしながらも、叙任についての教会法規の伝統を回復するつもりであることを明らかにしている。

一一一二年三月一八日に、公会議がラテラノで開かれた。百人以上の司教が出席し、イタリア高位聖職者がその大部分を占めたが、フランス司教団もその代表を送っていた。一一一一年の二月から四月にかけての出来事が詳しく報告されたのに続いて、〔教皇に対する〕疑念が一掃され、誓いを破るつもりのなかったパスカリス二世の不安を鎮めるために、皆は、アングレーム司教ジェラールの考えついた巧妙な処置をとることに賛成した。それは教皇が、聖書、初代教会法令、ニカイア・コンスタンティノポリス・エフェソス・カルケドンの四万国公会議の諸決定、諸教皇の教令、ことにグレゴリウス七世とウルバヌス二世の教令を守ることを、この公会議の席上、公式に確認するというものであった。教皇はこれらのいずれもが称賛していることを讃え、斥けていることを斥け、禁止していることを禁じた。その後で、公会議は、この宣言から結論をひきだして、ハインリヒ五世によって強奪された「特許状」privilegium、より正確に言えば、「瀆許状」pravilegium を取り消した。こうして俗人叙任に関するグレゴリウスの法規は、教皇がハインリヒ五世にあまり妥協することなく、回復されたのである。

だがこの巧妙なやり方は、強硬なグレゴリウス主義者から厳しく批判された。ヴィエンヌ大司教ギュイは、一一一二年九月一六日に、彼の大司教管区で、俗人叙任を異端と宣言しハインリヒ五世を破門に処した公会議を開き、ついでパスカリス二世にこれらの決定を承認するよう求めたが、それは教皇をひどい窮地に陥れた。教皇の政策全体がこの時期にはハインリヒ五世との衝突を避けることを目ざしていたからである。ラテラノ公会議が閉会したのち、アングレームのジェラールがローマ公会議決定を通告するためドイツ宮廷に送られていたが、皇帝は、その取り巻きが憎悪に燃えた不満の声をあげたにもかかわらず、前の年に教皇に対して加えた虐待を教皇特使にあえて繰り返さなかった。それに、ヴィエンヌ公会議を承認しハインリヒ五世を破門することは、争いを再燃させ、報復を挑発するに等しかった。だから、ドイツの怒りを避けるために、パスカリス二世はヴィエンヌでの諸決定を曖昧な形で認めたが（一一一二年一〇月二〇日）、ハインリヒ五世に破門を下すことは慎重に差し控えたのである。

イタリアにおけるハインリヒ五世の最も確固たる信奉者たちの側では、ラテラノ公会議がグレゴリウス七世とウルバヌス二世によって公布された法規を確認したのを不安に駆られながら見守っていた。アックイ司教アッツオとファルファ修道院長ベラルドゥスは、彼らにとって脅威に思われたグレゴリウス主義者たちの反撃を抑えるため、皇帝にイタリアへ来てもらいたいと急いで訴えた。しかしハインリヒ五世は少しも急ぐ様子をみせなかった。恐らく彼はドイツで重大な困難に直面しなければならなかったからであろう。というのは、ザクセン人たちが一一一二年に叛乱を起こした。スラヴ人たちも動揺している。フリースラント人たちが貢納を収めることを拒み、そこで皇帝は一一一四年に勝ち味のない遠征をしなければならなくなる。ついでケルン大司教がライン地域の叛乱を扇動し、その結果内乱となる。司教たちは〔皇帝に〕敵対的であるかまたは冷淡な態度をとっている〔という有様であったからである〕教皇座との争いを再燃させる場合ではなかった。だから、教皇特使パレストリーナのコノが、一一一五年の復活祭の日に、ハインリヒ五世に対して破門を宣告するという不手際をしでかしたにもかかわらず、皇帝はイタリアの味方がもとめてきた要請にこたえなかったのである。彼が前の年に亡くなった女伯マティルデの所領を手に入れるため半島に向けて出発したのは、ようやく一一一六年三月になってからであった。

亡くなったマティルデが一〇八〇年と一一〇二年の二度にわたって教皇座に贈与を繰り返し宣言していたにもかかわらず、教皇座がその遺産について何らの要求もしなかったので、ハインリヒ五世はこれを容易に手に入れることができた。皇帝はイタリアに滞在しているのを利用して、ポンテ・マンモロの決定をいくらか軽減することを条件に、パスカリス二世に近づこうとしたらしい。だが彼はたちまち当てがはずれてしまった。教会の支持に力をえて、教皇は俗人叙任の原則を再び認める気は毛頭なく、それを犠牲にすることなど問題としなかったからである。一一一六年三月六日、ハインリヒ五世がイタリアにいた時に、公会議がラテラノで開かれ、今度はパスカリス二世が、その意図の正しさを主張しながら、公式に「瀆許状」pravilegium を断罪した。セーニのブルーノが求めていたように、俗人叙任は異端であると宣言するにはいたらなかったが、ともかく彼はこれを非難したグレゴリウス七世の諸教令を更新したのである。

ひとたびこの教義上の問題が最も純粋なグレゴリウス的厳格主義に従って一気に解決されると、教皇特使、パレストリーナのコノを含む何人かの司教が、パスカリス二世に皇帝を破門するようあくまでも主張した。だが教皇は和解を容易にするかもしれなかったので、品位あるしかも慎重で控え目な態度を変えないことにした。教皇は、コノを喜ばすために、彼が教皇特使在任中に行なったことを認めるだけにした。だから事態はそれ以上に進展しなかったのである。

一一一七年の初めに、ハインリヒ五世はローマに再び近づいた。一一一一年の経験を考えて、パスカリス二世は彼をそこで待たず、安全と思われたベネヴェントに赴いた。大部分の高位聖職者もやはり〔ローマを〕離れた。だから、復活祭の日に、皇帝がサン・ピエトロ大聖堂で戴冠してもらおうとした時、彼がその時ローマでミサ執行者として見つけることができたのは、ポルトガル人の大司教で、いわゆるブルディーノと呼ばれるマウルスだけであった。しかしこの一風変わった高位聖職者は、彼に属さぬ権限を簒奪したために、ベネヴェントで開かれた公会議ですでに破門されていたのである。パスカリス二世はどうしたかというと、彼になされたあらゆる〔和解の〕申し入れに冷やかに答え、しかもローマに帰らないでハインリヒ五世が出発するのを待っていたが、そこに彼は一一一八年一月一四日にもどり、数日後にそこで亡くなった(一一一八年一月二一日)。

必ずしも有能ではないにしても公正で善良なこの教皇は、一一〇五年以来教皇権とドイツ〔帝国〕が対立してきた重大問題を解決することができないままこの世を去った。けれども、両者ともに教会とキリスト教社会を不必要に分裂させてきた争いを解決したいと望んでいるようにみえた。激しい主張を繰り返していたとはいえ、論争家たちは双方ともに理解しようとする努力を重ねてきたが、この努力は、やや古めかしい幾つかの偏見につき当たりながらも、将来にとって無駄ではなかったといえよう。一方、ハインリヒ五世の二回目のイタリア遠征は、たとえそれが教皇と皇帝とのあいだに何もはっきりした和解をもたらさなかったにしても、情況を悪化させなかったし、また口にこそ出さなかったが双方ともに望んでいた今後の交渉を妨げることにもならなかったのである。

とはいえ、協定にはまだほど遠く、パスカリス二世の死に続いて、それを困難にするような出来事がさらに起こった。

教皇が亡くなって三日後に、司教枢機卿たちは、かつてのウルバヌス二世の協力者、ついでパスカリス二世の協力者となり、一一一一年〔の事件の時〕に、彼とともに捕われの身となったローマ教会の尚書院長、ガエタのヨハンネスを後継者として推薦した。直ちに聖職者と民衆から歓呼して選ばれると、この新たに選出された教皇はゲラシウス二世を名のった。

ガエタのヨハンネスは、模範的な敬虔さと申し分のない品性に加えて、パスカリス二世に欠けていた決断力を兼ねそなえていたので、これ以上の選出はありえなかった。彼は登位直後にこのことを証明したのである。ハインリヒ五世がローマに近づき、そこへ彼は、三月一日から二日にかけて夜のうちに密かに潜入するのに成功した。報告を受けると直ぐに、ゲラシウス二世は、皇帝の意図を全く知らなかったので、ラテラノを離れ、ガエタに逃げる。皇帝は彼に教皇叙階を受けるためにローマへもどるよう勧告し、もし彼が従わなければ、みずから〔別の〕教皇を任命すると脅かす。ゲラシウス二世はこの挑戦を受け、ミラーノかクレモナで公会議を開くつもりであるが、この会議で教権と帝権とを対立させている争いを終わらせる試みがなされるであろうとハインリヒ五世に知らせるだけにとどめる。頑固で強引な皇帝は、大司教ブルディーノを教皇として選出させ叙階させるが、この人物は皮肉なことにグレゴリウス八世と呼ばれた（一一一八年三月八日）。

叙任権闘争は再燃しそうにみえた。ゲラシウス二世は、少しも動せず、カプアに行き、四月七日に、グレゴリウス八世とハインリヒ五世を破門に処し、この判決をドイツに公布しに行くようパレストリーナのコノに命じる。コノは直ちに出発する。五月一九日に、彼はケルンにいたが、ここで〔ケルン〕大司教フリードリヒとマインツ大司教アダルベルトの肝いりで開かれた公会議で、皇帝とその信奉者に対し破門を下す。そこから彼はザクセンに行き、そこでもこの判決を更新している。ドイツは動揺の極にあった。そのためハインリヒ五世は、非常な不安に駆られて、ローマを立ちのいた方が安全であると考えていた対立教皇を気にもとめず、急いでイタリアを離れたが（一一一八年六月）、〔一方〕ゲラシウス二世は、一一一八年七月五日にローマへ帰った。

この成功にもかかわらず、教皇は心から平和を願っていた。彼はこの平和が調停によらなければ得られないということをいち早く見抜いていた。一一一八年九月二日に、暴動が起こったため、彼は首都を離れなければならなくなり、直ちにフランスへ向かうが、そこではルイ六世が教皇座に対して絶えず尊敬と友好の気持を示していた。マルセイユとサン・ジルを通って、彼はマグロンヌに達し、そこで王に代わってサン・ドニ修道院長スュジェの率いる使節団に迎えられる。ゲラシウス二世とルイ六世の会談がヴェズレーで行なわれることに決められる。しかし、ゲラシウス二世はその前にクリュニーに滞在中亡くなるのである（一一一九年一月二九日）。

ローマから遠く離れて起こったこの〔教皇の〕死は、司教・枢機卿たちが離れ離れの状態であっただけに、後継者の選出に様々な支障をもたらした。オスティアのランベルトゥスとパレストリーナのコノは、死に瀕した教皇の枕もとにいたので、新しい教皇の任命を引き受けたが、彼らとしてはゲラシウス二世の代理としてローマにとどまっていたポルト司教に彼らの選出を後で承認してもらい、彼を介して聖職者と民衆の同意を求めることは覚悟の上であった。ところが事態は願ってもない方向に進み、ヴィエンヌ大司教ギュイがカリストゥス二世の名で教皇位に即いたのである。

この選出は奇異に思われるかもしれない。皇帝と親戚関係にあったにもかかわらず、ヴィエンヌのギュイは、一一一一年の危機の際に、不幸なパスカリス二世に対して特に厳しい殆ど不当なまでの態度を示していた。しかも彼は、俗人叙任を異端とみなす強硬なグレゴリウス主義者たちの中心人物であったからである。しかし彼は、経験、威信、順応性、キリスト教的意識などに恵まれていたので、必要な方向転換をとげ、シャルトルのイヴォの考えに味方し、最後には彼がその勝利を確実なものとすることになるのである。

カリストゥス二世は、強硬な助言が少なくなかっただけに、なおさらシャルトル派の計画に加わったことを賞賛されなければならなかった。彼と同じくパスカリス二世のかつての手厳しい反対者であったヴァンドームのジョフロワが、『司教叙階・俗人叙任論』Tractatus de ordinatione episcoporum et de investitura laicorum を公にしたのは、一一一八年の終りか一一一九年の初めであるが、この論文で彼は、パスカリス二世の在位期の終りに、彼がアンジェ司教ルノーに宛てたややくだけた調子の手紙のなかで示した俗人叙任の理論を、より教義的な形で再び論じている。

ヴァンドームのジョフロワにとっては、《教会法規に従って選挙されない司教は根のない木のようなものであり》、司教叙階のすべては叙階を伴った選挙以外にありえなかった。

『司教叙階論』には〔次のように〕書かれている。

《何よりもまず、我々は、洗礼が〔人々を〕キリスト教徒にすると同じように、選挙と叙階が〔聖職者を〕司教にする、また洗礼を欠いてはキリスト教徒となることができないように、選挙と叙階を欠いては司教となることができない、と考えなければならないし、このことを全く疑ってはならない。司教の任命において、選挙と叙階はともに欠くべからざるものである。何故ならば、選挙を伴わない叙階も叙階を伴わない選挙も司教をつくるには充分でないからである。しかも、司教の選挙が問題となる所ではどこでも、教会法規にのっとった、しかも福音にかなった選挙が問題なのであるということを理解する必要がある。従って、正しく選ばれた者はやはり正しく叙階されなければならない。》

〔彼にとってはまた〕世俗諸君主の介入は問題となりえなかった。叙任および、より一般的に言って、教会財産を譲渡する権限は《使徒たちの口を借りて語った聖霊によって俗人に禁じられ》ているし、俗人から叙任を受ける者は《神聖なものを犬どもの餌食にしている》〔からである〕。それにヴァンドームのジョフロワは叙任を真の秘蹟とみなしていた。何故ならば、叙任は、《教会の君主、すなわち司教が彼以外の人々から識別され区別される神聖なしるし》であるので、従ってそれは、叙階に固有なものであり、世俗権力に与えられてはならないからである。

《教会から秘蹟を受けることは俗人に許されているが、教会の秘蹟を授けることは許されていない。ところで、指環と杖は、これらのものが手渡される時に、何時、何処で、如何に、また誰によって手渡されようと、それがなければ人と教会を聖別することのできない水や塩やその他のしるしと同じく、教会の秘蹟なのである。俗人は、すでに述べたように、叙任を理由に、金銭とか、もっと悪いことは、司教あるいは修道院長などの聖職保持者〔の任命権〕を常に要求している。この人間的というよりは悪魔的な害毒によって、教会はカトリック信仰や自由や純潔を失っているのであるが、もしこれらのものがなければ教会はもはや存続する理由がない。》

カリストゥス二世も長いあいだこれと同じ考えをもってきた。しかし、ひとたび教皇になると、彼は必ずしも教義的とはいえない観点から事態を検討しないわけにはいかなかったのである。登位して以来、彼は、ゲラシウス二世によって示された方針に従って、ハインリヒ五世と名誉ある和議を結ぶことしか考えなかった。ヴァンドームのジョフロワもまた、最初の交渉が成功したのち、譲歩する気になったが、この譲歩するという考えは、もし数カ月前であったならば、彼を戦慄させたことであろう。計画されたルイ六世との会見が行なわれ、そしてその後で、一〇月一八日に、ドイツ司教たちを招いて公会議がフランスで開かれることになるのである。

カリストゥス二世の目的は、教皇がドイツにさえも貴重な支援者を見出すことができただけに、なおさら成功しそうにみえた。ドイツでは教会が、少しずつグレゴリウス改革に浸透されて、皇帝から離れていったようである。幾つかの司教選挙がこの変化を示している。例えば、オスナブリュックでは、ゴドシャルクが一一一九年一月一日に亡くなると、ハインリヒ五世がヒルデスハイム司教コンラートを任命したにもかかわらず、教会参事会会長ティトハルトが規則に従って後任に任命されている。リエージュでは、一一一九年に、オトベールが亡くなったのち、皇帝はジュリエの司教座聖堂助祭アレクサンドルに杖と指環を与えたが、教会法規に従ってナミュールのゴットフリート伯の兄フリードリヒがこの無資格就任者に対抗して選ばれ、カリストゥス二世がみずから司教叙階を行なうことになる。マクデブルクでは、アデルゴットが一一一九年六月一二日に亡くなり、その後継者にローガーが規則に従って任命されたが、彼はハインリヒ五世の手から叙任されることを頑強に拒んでいる。

だからカリストゥス二世は、ドイツ高位聖職者の支持を得られるであろうと期待することができたのである。しかも、司教団の態度で皇帝も熟考せずにはおられなくなり、彼ははじめて、一一一九年の春に、平和への望みを積極的な行動で表わした。彼はその臣下ならびに教会と再び和睦する方法を検討するためと称して、マインツ地方に、六月一四日を期してドイツ諸侯を招集した。このような計画を前にして、これまで遠ざかっていた諸侯は王の招集に応じ、そしてマインツの会議は宗教的平和に達したいとの王の意向を明らかにしたのである。カリストゥス二世の使者たちが、教皇の即位を通告するために来ていたので、その場にいた。そこで人々は、彼らと意見の一致をみて、決定をすべてランス公会議の集会まで延期した。要するに、ハインリヒ五世は交渉しようとしていたのであり、〔両者は〕折衝を続けることが可能となったのである。

この間に、即位後フランス南部、西部を巡歴していたカリストゥス二世は、ルイ六世とエタンプで会見し、この会見に続いて、クリュニー修道院長ポンスと、シャロン・シュール・マルヌ司教、シャンポーのギヨームからなる使節団をハインリヒ五世のもとへ送った。このようにフランス人を交渉委員に選んだことは、ドイツで充分採用することのできる、言いかえれば教会法規の要求も国王権威もともに充分満足させることのできる妥協案modus vivendi がカペー王国ですでに見出されていたことを考えると、特に適切な措置であったように思われる。〔しかも〕シャンポーのギヨームは、ハインリヒ五世に権威があるとともに公正な証拠を示し、彼が望めばどんな説明でも与えることができたばかりでなく、鋭い論理の力で起こりうる異論をことごとく論破することができた。

シャンポーのギヨームは、ストラスブールで王と会談しているあいだに、フランスの制度がもたらしたあらゆる利点を実例として持ち出すことを忘れなかった。《陛下、もしあなたが真の平和をお望みならば、あなたは司教職と修道院の叙任を放棄なさらなければなりません。そうなさったからといって、あなたの国王権威が少しも損われないことを保証いたしますために、私は、私がフランスの司教に選ばれました時、叙階の前にも後にも王から何も受けませんでしたが、租税、軍役、その他の国家に属する諸権利をつうじて、あなたの司教たちがあなたから受けている、しかもそのためにあなたの身に破門を招いた叙任によって、彼らがあなたの王国内であなたに奉仕していると同じく忠実に、王に奉仕しておりますことをお教えいたしましょう》と、彼は皇帝に述べた。言いかえれば、封建的忠誠は叙任とは関係がなかったのである。シャルトルのイヴォの弟子であったシャンポーのギヨームは、ハインリヒ五世が司教職の叙任を今後続けなくても、それ〔封建的忠誠〕を要求する権利があることを彼に認めたのである。ハインリヒ五世はそれで充分であると答えた。そこでギヨームは、交渉相手の意向がもしそうならば、争いは収まるであろうと結論したのである。

〔こうして〕シャルトル派の解決は、イギリスとフランスで支配的となったように、ドイツとイタリアでもまさに勝利を収めようとしていたように思われる。皇帝側は、司教に対する封建的忠誠の原則が認められさえすれば、叙任を放棄する方向に傾く一方、強硬なグレゴリウス主義者たちもまた、叙任についての自分たちの教義を主張しながらも、世俗権力に対していくらか譲歩しようという気になっていたようである。この点については、ランス公会議の際に、ヴァンドームのジョフロワがカリストゥス二世に宛てて書いた書簡ほど奇妙なものはない。

叙任は聖職を務める叙階者のみが授けることのできる秘蹟であると主張し、この原則から、俗人が教会または教会財産を譲与する権利をもつことを否定していながら、一方でジョフロワは、杖と指環による叙任が皇帝や王に禁じられているからといって、君主たちがいかなる権利ももっていないということにはならない、とほのめかしている。

《このことは法規にも教令にも見出されませんが、しかし、離教や過ちを犯す危険を避けるために、叙任は、王たちが何も失わず、また神聖な教会がどのような損失も被らないような場合には、彼らに認められなければなりません。〔勿論、〕叙階者以外の者から指環と杖による叙任を受けることは明らかに非難すべきことです。というのは、いかなる俗人にもこれら教会の秘蹟を授けることは許されていませんし、まして彼が司教を叙階することは許されていないからです。確かに、一度教会に贈与された財産を王が再び贈与したり、授与してはなりませんし、またそうすることもできません。何故ならば、誰かが現に持っているものをその人に贈与したり、誰かがすでに占有しているものを彼に授与することは無効で余計なことだからです。けれども、それ〔叙任〕は非難するべきではありません。ですから、司教をつくりだす叙任と彼を扶養する別の叙任があるわけです。前者は神的権利によって支配され、後者は人間的権利によって支配されます。もし神的権利を欠けば、司教は宗教的につくられません。もし人間的権利を欠けば、司教は彼を物質的に支えている所有物を失います。事実、もしそれら〔所有物〕が王たちから教会に与えられなければ、またもし教会が彼らから神的秘蹟ではなくこの世の財産を授与されなければ、教会は所有物を授っていないでありましょう。》

聖書にもとづき、王たちはキリストによって定められた。だから、彼らをそのようなものとして畏敬しなければならないと述べたのち、ヴァンドームのジョフロワは〔次のように〕結んでいる。

《従って、王たちは、教会法規による選挙と叙階ののちに、国王叙任によって教会財産の譲渡、援助ならびに保護を、罪を犯すことなく、司教に与えることができるのです。しかも、それ〔国王叙任〕がどのようなしるしによって行なわれようと、それは、王、司教、カトリック信仰のいずれをも損うことはありえないでありましょう。》

ヴァンドームのジョフロワもまた、杖と指環による教権的叙任とならんで俗権的叙任の必要性を認めているのである。このようにジョフロワがシャルトル派の主張を支持したことは、ヴィエンヌ大司教であった頃、彼とともに専ら強硬な立場をとっていた教皇に強い影響を与えたに違いない。だから、シャンポーのギヨームがその使命の結果をカリストゥス二世に報告すると、教皇は、オスティア司教の枢機卿ランベルトゥスと、枢機卿グレゴリウスとをハインリヒ五世のもとへ急いで派遣し、彼らに皇帝とともに条約草案を作成するよう依頼したのである。

ハインリヒ五世と教皇特使との会談はメッツとヴェルダンのあいだで行なわれた。ストラスブールの誓約が更新され、教皇と皇帝の会談を一〇月二四日にムーゾンで行なうことが全員一致で決定された。その後で、二通の宣言が調印されたのである。ハインリヒ五世は次のようにその考えを表明している。

《神の恩寵により、神聖なローマ皇帝である余、ハインリヒは、神と至福のペトロとカリストゥス教皇聖下に対する愛のため、全教会の叙任をすべて放棄し、この争いの初めから教会に味方して戦ってきたかあるいは戦っているすべての人々に、真の平和を保証する。余は、余の所有するすべての教会財産と教会のために戦ってきた人々の財産を返還する。余の所有していない物については、それらが返還されるよう忠実に協力するであろう。この点について、もし問題が生じた場合には、教会事項は教会法上の判決により、世俗的事項は世俗的判決により処理されなければならない。》

カリストゥス二世の名で教皇特使は次のような誓いを行なった。

《神の恩寵により、ローマ教会の普遍的司教である余、カリストゥス二世は、神聖なるローマ皇帝ハインリヒと、彼に味方して教会に敵対してきたかあるいは敵対しているすべての人々に対して、真の平和を与える。……》

教皇の誓約の終りの部分は、財産および今後起こるかもしれない紛争の解決に関するもので、これは皇帝の誓約の原文と全く同じものである。双方とも忠実に和議を結ぶことを誓い、皇帝は諸教会に対する叙任をすべて放棄した。これら諸教会の俗権は問題になっていない。ハインリヒ五世は、シャンポーのギヨームが推賞したフランスの制度に似た制度を認めるつもりであったようである。誰もが平和は近いと考えたことであろう。

一一一九年一〇月二〇日に、ランス公会議がカリストゥス二世とルイ六世王の臨席のもとで開かれた。十三人の大司教と六十三人の司教が出席したが、その大部分はイタリアとフランスの司教であった。ドイツからはマインツ大司教とその七人の属司教が来た。教皇は、討議を始めるに当たって、《とりわけ叙任によって生じるシモニア的異端を根絶する》意図を宣言し、ついで彼は、ハインリヒ五世と開始した交渉を高位聖職者たちに報告した。それから彼は、教会をめぐる様々な事件を検討することをこの会議にまかせて、皇帝と会うことになっていたムーゾンへ行くため、一〇月二二日に、ランスを離れた。

皇帝は三万の軍隊とともにすでに到着していたが、この軍隊の存在は〔教皇に〕悪い印象を与えたようである。それほど一一一一年にローマで起こった事件の思い出が生々しく残っていたのである。だからカリストゥス二世は、彼の取り巻きの慎重な勧めに従って、まず代表をつうじて交渉することにし、彼自身はランス大司教のものであったムーゾン城にひきこもった。そこでシャロン司教、シャンポーのギヨームが彼に代わって〔交渉に〕出かけた。彼は、ハインリヒ五世と枢機卿との会議の際に皇帝と教皇の宣言として決められた文書に、いくらかの予備的変更を加えるよう提案するはずであった。提案された新たな書式の原文はわかっていない。けれどもカリストゥス二世によって要求された明確にすべき点は、皇帝が叙任を放棄しても司教たちから帝国の封土を取り上げてはならないという点と、教皇が同意した平和はハインリヒ五世から法にもとづかずに任命された高位聖職者の地位保全を含まないという点を、特記するためのものであったことがわかっている。

一〇月二四日に、オスティアの枢機卿ランベルトゥス、クレマの司祭枢機卿ヨハンネス、ヴィヴィエ司教アトン、シャンポーのギヨーム、クリュニー修道院長ポンスは皇帝に会いに行き、教皇が先の宣言に代わって提案した新しい文書を彼に手渡した。シャンポーのギヨームは例によって彼がいかに有能であるかを示した。すなわち、ハインリヒ五世が自分は教皇文書のなかに書かれていることを何も約束しなかったと指摘すると、彼は教皇の優れた意図を力説して、教皇は司教たちが協約後も彼らの前任者と同じ封建的義務に従うことを完全に認めていると述べたのである。

ハインリヒ五世は、手渡された文書について諸侯と協議するため、翌日まで答えるのを延ばさせてくれと述べた。カリストゥス二世は、これを知って悪い印象を受け、この時すでに直ぐにもランスに帰ると言った。けれどもシャンパーニュ伯〔ランス大司教〕が、教会にとって憂うべき〔交渉の〕決裂を避けるために滞在を延ばした方がよいということを彼にうまく納得させた。だがハインリヒ五世は再び延期を求め、叙任を放棄する宣言に署名する前に全体〔諸侯〕会議を開きたいという希望を明らかにしたので、シャンポーのギヨームは交渉の決裂を宣言したのである。この時ハインリヒ五世は〔一〇月〕二七日に最終回答をすると申し出たが、カリストゥス二世はこれを認めなかった。そして皇帝に対し、自分はもはや待つことができない、平和に対する愛によって自分は皇帝に会いに来るために全体公会議を離れてきたのである、しかし自分はいつでも彼に会う用意がある、と言わせたのち、ランスにもどった。

ムーゾンでの交渉の失敗は、誰もが強く平和を待ち望んでいたドイツにおいて憂慮すべき反響をもたらさずにはおかなかった。カリストゥス二世が不手際を重ねたのである。というのは、それまで少しも抗議しなかったテクストを最後になって in extremis 手直しをするという誤りをおかし、しかも彼は、シャンパーニュ伯の城で完全に身の安全を保証されていたのに、皇帝が求めた新たな日程の延期を認めないという更に大きな誤りをおかしたからである。ランス公会議での彼の態度は不安を大きくさせたに過ぎなかった。シモニアを断罪する教令をこの会議で議決させたのち、彼は《教会のすべての叙任とこれら諸教会の財産》を禁じる俗人叙任に関する別の教令を提案したが、これは彼がシャルトル派の主張を採るために棄てたかにみえたグレゴリウスの厳格主義に復帰したことを意味していた。そこで直ちに何人かの司教は、教皇はこれによって、彼らが時にはずっと以前から自由にしてきた聖職禄、とりわけ十分一税を俗人たちから取り上げるつもりなのだと考えた。カリストゥス二世は皆の不満に会って、前に下した破門と罷免の制裁を確認しながら、《司教職と修道院に対する叙任が俗人によって行なわれる》ことを禁じ、教会財産に手を触れることを《永遠の破門に処するとの条件で》禁じる教令第三条を追加させるだけにとどめた。これらの譲歩にもかかわらず、その結果生じた事態は憂うべきものであった。しかも、カリストゥス二世は、ランスを離れる前に、彼の前任者が下したグレゴリウス八世とハインリヒ五世に対する破門判決を更新しなければならないと考えたが、これはドイツで不幸な結果をもたらした。ここでは、確かにいくらか理由がないわけではなかったが、誰もが戦争を続けることによって起こらざるをえない悪いことは、すべて教皇の強硬な態度のせいであると考えていたからである。

けれども、ライン地方とザクセンの司教たちは、恐らく宗教的なというよりは政治的な理由からであろう、皇帝派に加わらなかった。ハインリヒ五世はケルンのフリードリヒに、彼が叙任した司教を任じるためにリエージュへ行こうと決心させることも、この大司教都市の門を開こうと決心させることもできなかった。しかし彼は、この都市に巧みに手を打った内通のおかげで、一一一九年の終りにそこへ首尾よく入ることができた。一方フリードリヒは自分の教区に聖務停止を命じたのちザクセンに逃れたのである。ザクセンの高位聖職者もまた破門された者との交渉を一切禁じた教会規則を極めて厳格に守り、ハインリヒ五世によって招集された一一二〇年一月二一日のゴスラールでの会議に行かなかった。それはともかく、皇帝は、彼とかつて闘ったことのある、〔ザクセンの〕ロタール公、ルドルフ辺境伯、フリードリヒ宮中伯といった世俗諸侯の大部分が彼のもとに馳せ参じたのをみて満足した。教会諸侯は同調しないにしても、世俗諸侯が皇帝のまわりに再び集まることは明らかなようにみえた。けれども、一一二一年の初頭に、ミュンスターの事件（二三）の結果、ロタールはハインリヒ五世と再び不和となった。直ちに騒乱がザクセンで再発し、ライン地域に拡がったのである。

こうして内乱が再燃することは誰もみな好むところではなかった。実際、ドイツは多くの血みどろの虐殺を招いてきた分裂にあきあきしていたのである。会議が一一二一年九月二九日にヴュルツブルクで開かれた。この会議で、総平和令が〔違反した場合は〕死刑に処するという条件で全王国に命じられた。ついで人々は世俗的和解に必要な保証と思われた宗教的平和回復の準備に専念し、ハインリヒ五世を悩ませていた破門に遺憾の意を表わしたのち、唯一人それを取り消すことのできる教皇のもとへシュパイア司教とフルダ修道院長を送ることを決めたが、彼らは教皇に議会の決定を通告し、彼に《聖霊が人間の解決しえなかったことに決着をつける》万国公会議を開くよう求めることにしたのである。これらの諸決定はハインリヒ五世の同意をえた。こうして皇帝は、ローマ教皇の最高権威を認め、以後キリスト教社会の運命が彼の手中にあることを認めたのである。

カリストゥス二世はこの時イタリアにいたが、彼はそこに一一二〇年の初めに帰ってきていた。六月三日にローマは彼を熱狂して迎え、彼の人望を利用して対立教皇グレゴリウス八世との関係をたった。対立教皇は、スゥトリに逃げたが、ノルマン軍に伴っていたクレマの枢機卿ヨハンネスによってこの地で捕えられ、ラ・カヴァの僧院に送られて生涯を閉じることになるが、彼はそこでかなり長いあいだ生きながらえた。教会分離は終わり、そして、ハインリヒ五世が対立教皇を再び擁立する意図が全くないことを明らかにしたので、今や叙任権闘争を終わらせるための交渉を開始することが可能となったのである。

カリストゥス二世が彼のもとへドイツの使者たちが来るのを知ったのは、恐らく一一二二年の初め、ノルマン人の〔定着していた〕イタリアを旅行していた時であろう。彼らは教皇が望んでいた保証をすべてたずさえてきた。そこで、二月一九日に、教皇は皇帝に宛てて愛情と感動にみちた書簡を書くことができたのであるが、この書簡は平和への第一歩とみなしてよい。皇帝にまだ教皇の祝福を送れないことについて遺憾の意を表わしたのち、教皇は、二人が親戚関係にあることを極めて婉曲に思い起こさせ、ローマ教皇がハインリヒ五世にとって霊的慈父の役目を果たしていることを強調した。ついで彼は、王に《悪人どものごう慢な助言》に耳を貸さないよう説き、そして最後に、より実際上の注意に説き及んで、次のように結んでいる。《あなたに属する物を立派に統治することができるように、あなたの統治に属さない物をお棄てなさい。教会はキリストの物を受け、皇帝は皇帝に属する物を持たなければなりません。両者のいずれもが、その職務を果たすだけで満足しなければなりません。すべての人々に対して正義を守らなければならない人々は野望を抱いてお互いに奪いあってはなりません》と。

それは教権と俗権との分離にもとづく協定に道を開いた。叙任という言葉には触れられていなかったし、また、カリストゥス二世は、受け入れることのできる妥協であると二十年前からみなされてきた〔両権の分離という〕原則を考慮して、彼の前任者たちによって下された禁令のすべてを想い起こさせないように心をくばっていた。〔しかも〕この和解を伝える上にも更に細心の注意を払って、教皇は皇帝に全く忠実であったアクイ司教アゾに書簡をもたせてやったのである。その後間もなく、三人の枢機卿、オスティアの司教枢機卿ランベルトゥス、司祭枢機卿サクソンと助祭枢機卿グレゴリウスがドイツへ出発した。交渉は、九月八日にマインツで開始されることになっていたが、ヴォルムスに移された。ここで交渉が、ハインリヒ五世に対し極めて敵対的であった大司教都市〔マインツ〕よりもはるかに穏かな雰囲気で、進められることになったのである。

この交渉についての詳しいことはよくわかっていない。多少明らかに述べている唯一の史料は大司教アダルベルトがカリストゥス二世に宛てて書いた書簡であるが、ハインリヒ五世を憎んでいたこの敵対者の証言は殆ど当てにならない。だからそれを信用することは全くできないのである。確かなことは、交渉が細心の注意を払って行なわれ、一一二二年九月二三日に、ヴォルムスの協約の名で知られる妥協に達したことである。

ヴォルムスの協約は、一つは皇帝の、いま一つは教皇の、二つの宣言からなっている。ハインリヒ五世は次のように述べている。

《神の恵みにより、神聖なローマ皇帝である余、ハインリヒは、神と聖ローマ教会およびカリストゥス教皇聖下への愛のために、神と神の聖使徒ペトロとパウロ、および神聖なカトリック教会に対し、指環と杖による叙任をすべて引き渡し、わが王国あるいは帝国のすべての教会において自由な選挙と叙階が行なわれることを承認する。余は聖ローマ教会に、この紛争の初めから今日に至るまで、余の父の時代あるいは余の時代に奪われ、余が現在所持している至福のペトロの財産とレガリア regalia を返還する。もし余がそれらを所持していない場合には、それらが返還されるよう忠実に助力するであろう。この紛争のあいだに失われた、他の教会や諸侯その他聖俗の人々の全財産については、諸侯の助言に従い、またあらゆる正義にもとづいて、もし余がそれらを所持しているならば、余はそれらを返還するであろう。また、もし余がそれらを所持していない場合には、返還されるよう忠実に助力するであろう。余は、教皇カリストゥス、聖ローマ教会および彼の側に属してきたすべての人々に対し、真の平和を与える。聖ローマ教会が余の援助を求めた場合には、余は忠実に助力するであろうし、また教会が余に訴えるすべての事柄について余は正義を行なうであろう。》

教皇の宣言は次のような文面である。

《神の僕の僕、司教である余、カリストゥスは、汝、余の親愛なる子、神の恵みによって、神聖なローマ皇帝であるハインリヒに対し、次のことを認める。ドイツ王国の司教と修道院長の選挙は、彼らがこの王国に属する限り、シモニアおよびいかなる暴力にもよらず、汝の面前で行なわれることを。もし当事者間に何らかの紛争が生じた場合には、大司教および大司教管区内の司教たちの助言〔とその裁定〕に従い、汝はよりふさわしい側に承認と援助を与えるべきである。選出された者は、いかなる貢賦も求められることなく、汝から笏によりレガリアを受け、そして彼は、法に従って汝に対しなすべき務めを果たすべきである。帝国の他の部分〔イタリアとブルゴーニュ〕においては、叙階された者は、六カ月以内に、いかなる貢賦も求められることなく、汝から笏によってレガリアの授与を受け、ローマ教会に属するレガリアから生じるものを除いて、法に従って汝に対しなすべき務めを果たすべきである。汝が訴え、また汝が余の援助を求めるすべての事柄について、余は余の職務のなすべき所に従って、汝にその助力を提供するであろう。余は汝およびこの紛争の期間に汝の側に属したかまたは属している人々に対して、真の平和を与える。》

ヴォルムスの協約は以上のようなものである。それはまず第一に教権と帝権とのあいだに平和を回復した。署名を交換した直後、オスティアの司教枢機卿によってミサが厳かに行なわれているあいだに、普通の赦免の儀式は行なわれなかったが、ハインリヒ五世は教会に復帰した。〔これとともに〕何よりもそれは、一〇七五年の教令によってまき起こされ、ハインリヒ五世の即位以来激しい局面を迎えてきた紛争のもとである叙任の問題を、公正な妥協によって、解決したのである。

ドイツに課せられたのは、イギリスやフランスにおけると同じく、これより二十五年前にシャルトルのイヴォによって考えだされた解決であった。事実、ヴォルムスの協約は、一〇七五年の教令を生み、一一一一年の危機ののち間もなく、ノナントラのプラキドゥスの『教会の名誉について』のなかで更にはなばなしく展開された、グレゴリウス主義の理論に反する内容を含んでいる。プラキドゥスは《宗教的権威は単に按手にあるばかりでなく、教会の外面的財産にもある》と主張するのをためらわなかった。しかも彼は、この原則がひとたび確立されると、俗権の介入を一切拒否したのであるが、これまで教会の土地に対する俗権の上級所有権はグレゴリウス主義者によって一度も認められたことがなかったのである。〔一方〕皇帝側の主張もこれ以上に満たされていない。というのは、ハインリヒ五世の側に立ってきた法律家や論争家たちは、皇帝にはその先任者が教会に行なってきた奉仕や様々な贈与のために杖と指環によって叙任する権利があると終始主張してきたからであり、ヴォルムスの協約は皇帝にこの権利を認めていないからである。

事実、カリストゥス二世とハインリヒ五世とのあいだで行なわれた協約の起原と最初の観念は、シャルトルのイヴォの教会法学的理論が明確でしかも実際的な形で要約されている、『教皇パスカリス擁護論』に求めなければならない。アングロ・ノルマン王国でと同じくイタリアですでに流布していた考え方から着想をえて、司教職を教権と俗権に分けることを思いつき、そして司教は、その封建的義務のために彼の封主である王に従属するが、その代わり彼は王からその祭司的職務をえることができない、という事実を認めたのはイヴォである。この基本的な区別から着想をえて、『教皇パスカリス擁護論』の著者は、これを、一方は杖と指環による、他方は笏による、二重の叙任によって表わすという極めて大きな功績をたてたのであるが、この場合、前者は、司教の教会との神秘的婚姻と、彼が人々の魂に対して及ぼす諸権力を想起させ、後者は、世俗的な事柄における世俗諸君主の主権を表わしている。

ヴォルムスの協約はこのシャルトル派の考えを忠実に反映したものであった。そしてそれは、この点で良識による解決であったように思われる。しかしながら、たとえこの二重の叙任の原則がはっきり確立され、この原則をつうじて永続的な平和を生みだす素地を作ったとしても、幾つかの点でこの文書はやはり明確でなかったし、幾らか不確実な面を依然として残していたことが悔やまれるであろう。この非難はとりわけ、選挙に対する監視権をそれが何にもとづくかを厳密に述べないで王に認めている教皇の宣言に向けられよう。王は、そのように関与することによって、彼にとって好ましくない候補者を拒否し veto たり、聖職者と民衆が賛成した人物に教会財産の叙任を与えるのを拒んだりするために、選挙への臨席を利用することができるのであろうか。ヴォルムスの協約の条文はこの極めて厄介な問題を解決していない。だからハインリヒ五世の後継者の何人かは、協約で確立された自由の体制を無効にしようとしてこの点を利用することであろう。同じように、レガリア regalia という言葉の意味がはっきり定義されていないし、ローマ教会に属するこれらレガリアの意味についての条文が明らかでない。最後に、教皇の宣言にある、笏による叙任の授与に伴う「いかなる貢賦も求められることなく」absque omni exactione との言葉は何を意味するかが問題となるが、ここでは恐らく、叙任の際に慣例となっていたような、封主に贈物をする行為を封臣に禁じたとみなければなるまい。

だがヴォルムスの協約について問題とされてきた最大のものは、この協約が連署した者のみを拘束するのか、あるいはそうではなく、期間を限らず叙任問題を解決したのかどうかという問題である。確かに、両宣言の原文からはどちらの意味なのかについて明確な答えをひきだすことはできない。また確かに、ハインリヒ五世の後継者たちは一一二二年の協約で確立された規定に必ずしも従わなかったと言えよう。しかし、一方では、両当事者が生きているあいだ（カリストゥス二世は一一二四年、ハインリヒ五世は一一二五年に世を去った）に限られた協約などというものは常識に反するものであったろうし、全く当然のことながら、この種の協定でそんな短い期間取り決められた例はないと指摘されてきた。しかも、当時の人々は協約が〔無期限に〕有効であることを少しも疑っていなかったようである。特に、年代記作家アウラのエックハルトは、相互の譲歩がカリストゥス二世とハインリヒ五世のあいだで行なわれたのでなく、教会と王国とのあいだでなされた、すなわち極めて遠い将来を〔も含めて〕約束されたと明らかに指摘している。同じように、司教たちも、彼らが一一二一年にヴュルツブルクに集まって平和をもたらす措置を検討した際に、この平和は現に支配している教皇と皇帝とのあいだの単なる休戦ではなく、最終的性格をもつものであると確かに考えていた。ハインリヒ五世とカリストゥス二世の意図は確実にこのようなものであったが、彼らは、この穏当な取り決めによって、血みどろの争いばかりでなく、現実の諸事件がその絶えざる反映に過ぎなかった理念上の争いをもまた終わらせたのである。

事実、ヴォルムスの協約はドイツに宗教的平和を回復させた。そして一一二五年にハインリヒ五世を継いだロタール三世の治世は、教会と国家との平穏な協調の時代であった。ロタールは、聖職者や修道院に対して極めて献身的で、悔悛や仁慈によって自己の過ちを常に償おうとしていた騎士王の典型である。彼の教会政策は何よりもヴォルムスの協約の厳格かつ忠実な実施にもとづいてたてられることになる。彼の即位についてある無名作家の述べているところによれば、彼は司教選挙にみずから出席するのをやめ、笏による国王叙任を大司教による叙階の後にのみ行なうことを認めて、幾つかの国王特権を放棄さえしたという。もっとも他の史料はこのような譲歩を暗示するものは一つもないが。ともあれ、明らかなのは、ロタールが、平和の維持に少なからず寄与した王権威と中庸な態度とでその前任者の決めた協約を守ったことである。教皇座の側も、同じように好意的態度を守った。カリストゥス二世は、一一二四年一二月一三日に、ハインリヒ五世より少し前に世を去ったが、彼を継いだのは、八日後（一二月二一日）にホノリウス二世の名で〔教皇に〕宣せられたオスティアのランベルトゥス、つまりヴォルムスの協約の交渉に当たった委員の一人であった。このことはやはり教会の平和にとって一つの保証であり、ドイツではフリードリヒ・バルバロッサの登位（一一五二年）までこの平和をみだす事件は一つも起こらなかったのである。

第十章　教会の解放

ヴォルムスの協約がドイツで叙任権闘争を終わらせた時には、それがこの王国に確立した妥協の体制と同じような体制が、すでに大部分の西欧諸国で数年前から行なわれていた。到る所で、グレゴリウス七世とウルバヌス二世の治下で対立しあっていた様々な強硬な考え方は、シャルトルのイヴォの名を冠した和解への諸傾向の前に勢いを失っていった。教俗両権相互の諸権利は最後には折り合い、良識による解決がついに勝利を収めたのである。教階制の全位階において、教会はそれにのしかかっていた苛酷な隷属状態から解き放たれた。もっともそれは、この解放が教会付属の土地に対する王や諸侯の正当な要求を否認することにならない限りではあったが。

そこで最後に是非とも検討しなければならないのは、叙任権闘争のこれら実際上の諸結果である。

イギリス、フランス、ドイツの協約から生まれた自由の体制は、まず、一一二三年と一一三九年にラテラノで開かれた大公会議によって正式に承認され、ついで、西欧諸王国において、全キリスト教徒の出席したこれらの公会議で改めて法令にまとめられた、グレゴリウス改革〔に関する諸教令〕の実施を監視する各種の教会会議によって承認された。

これら各種の会議で公布された諸教令の検討は、たとえ簡単にせよ、ここでは問題とするわけにはいかない。しかもそれらは、特にオリジナルなものを何も含んでいないし、叙任の問題に間接的に関連をもっているにすぎない。〔例えば〕第一回ラテラノ公会議は、一一二三年に、司教選挙は教会法上の手続きを尊重しなければならないと命じ（第三条）、伝統的規則に従って選ばれなかった司教の叙階をすべて禁止しただけである。第二回〔ラテラノ〕公会議の一教令は、一一三九年に、再び俗人叙任を禁止した（第二十五条）。だがそれよりも両会議の注目を集めた問題は諸侯の簒奪であり、これらの会議は、一一二三年の公会議（第四条）が用いている表現を借りれば、《その判断と権限に、魂を導く務めと教会財産の譲与が委ねられている》司教の諸特権を守ることに何よりも努めた。同会議は同じく、《俗人たちは、いかに宗教的であれ、いかなる教会の財産も譲与する権限をもってはならない》（第八条）と定め、《教会財産の譲与、支配、所有》を要求する君主をすべて瀆聖とみなしている（第九条）。一一三九年の公会議の教令第十条は、俗人たちは教会の十分一税を一切所有してはならないし、教会を保有しているものはそれを司教に返還しなければならない、と付け加えている。

一言で言えば、両ラテラノ公会議は、司教選挙の自由と諸教会の解放をともに確立したのである。地方公会議や管区教会会議は定められた道を間違いなく歩んだ。特にアングロ・ノルマン王国では、ロンドンの協約で確立された体制を確実に実施しようとする努力が認められる。一一二五年に、一公会議が、イギリスの首都で開かれ、聖職者に俗人の手から聖職禄を受けることを認めた。だがそれには、その地の司教が同意を与えるという明確な条件がついていた。大陸では、一一二八年に、ルーアン公会議が、修道士と修道院長に俗人たちから教会や十分一税を受けることを禁じ、これら俗人たちに対して彼らが不正に所有している教会財産を司教に返還せよと命じているが、もしかつての所有者が望むならば、司教はそれを修道士たちに委託する権限をもつと定められている。同じように、カペー王国でも、一一三〇年に、クレルモン公会議が俗人たちに彼らの所有する教会を司教に返還するよう厳命し、もし違反した場合は破門に処すると定め（第六条）、いかなる者も、相続に名をかりて、教会、司教座聖堂参事会員の収入、聖堂首席司祭の収入、礼拝堂付き司祭の収入、あるいはその他の教会財産を要求してはならない（第十一条）と付け加えている。翌年（一一三一年）には、ランス公会議が、《祝別されたすべての教会は俗人のいかなる支配からも完全に自由でなければならない》ことを確認している。

従って、これらの公会議によって公布された法規は、叙任権闘争の期間中に決められた教会法上の諸規則を確定し終えたのである。教権と俗権との合意、司教任命についての協定、教会の独立、以上が、十一世紀末と十二世紀初頭の激しい抗争ののち、教俗両権のあいだに相互和解の精神で宗教的平和を確立した体制の基本的性格であった。

あれ程激しく争われた司教選挙は、十二世紀に、国王や領主の保護支配から解き放たれた。到る所でシャルトル派の理論が実際上でも法の上でも尊重され、それを適用する場合に、すべての司教区で同じ形をとらなかったとしても、特に選挙会の構成が統一的な規則で管理されなかったとしても、全体からみれば教会法規が守られていたことは注目されなければならない。大抵の場合に、司教を任命したのは司教座聖堂参事会員たちである。恐らく彼らは、時には外部からの様々な影響、殊に修道士たちからの影響を受けたであろう。例えば、聖ベルナールはしばしば選挙に介入したが、彼は大抵の場合選挙会の求めに応じて介入したのであって、選挙会は、〔決定〕困難な場合に、対立する候補者のいずれが宗教的にすぐれているかを明らかにしたいと望み、このクレルヴォーの聖者に尋ねる以外には方法がないと考えたのである。別の所では、選挙を牛耳っていたのはクリュニー派の修道士である。しかし、その干渉は何度か抗議を招いた。そこで修道士たちは、教皇の支持をえて、教会参事会に入り込むことによってこの異議を回避した。また修道院の代表者たちは、司教座聖堂参事会の収入を与えられ、従って、合法的に司教任命に参加することができるようになるのである。

世俗権力はどうかというと、彼らは一般に協約が定めた枠内にとどまり、教会財産の譲与を行なって、認められた諸特権を慎重な控え目な態度で行使していた。けれども、彼らが司教選挙に関心を抱かなかったわけではない。諸君主は、その個人的気質に応じて、多かれ少なかれ彼らの推す候補者の選出を強要しようとした。だが全体からみれば、十二世紀初頭の協約でうちたてられた自由の体制が優勢であったし、選挙は、その幾らかがどんなに彼らの関心をかきたてたかもしれないにしても、大抵の場合、王または領主の任命を承認するだけにすぎなかった叙任権闘争以前の選挙とは全く違っていたのである。

ドイツでは、ロタール三世（一一二五―一一三七年）がヴォルムスの協約の遵守に細心の注意を払った。彼を王に任命したマインツ議会の翌日、たまたまアイヒシュテット司教ウルリヒが亡くなった。だが直ちに彼の後継者ゲープハルト二世が全く問題なく選ばれている。数カ月後に、今度はマクデブルク大司教ロートゲールが世を去った。そこで選挙人の大多数はロタール〔三世〕の従兄弟であるクエルフルトのコンラートを〔後継者に〕決定したが、彼の年齢が条件に達していなかったので、この選出は異議を招いた。しかし王は完全に厳正中立を守り、教皇特使、枢機卿ゲラルドゥスが大司教にプレモントレ修道院長ノルベールを叙階しても、彼は少しも反対しなかった。ヴュルツブルクでは、一一二一年一二月二八日に亡くなった司教エールルンクの継承問題で極めて激しい争いが生じた。ロタールは、仲裁するよう懇請されたが、彼はマインツ大司教アダルベルトと、教皇ホノリウス二世の特使、枢機卿ゲラルドゥスに、事件を調査し争いを解決する仕事を任せている。

ロタール三世の後継者、ハインリヒ五世の甥のホーエンシュタウフェン家のコンラート三世は、教皇特使でトリーア大司教のアルベロが支持したおかげで、一一三八年三月七日に〔王に〕選ばれた。従って、彼はロタールの政策を踏襲する外なかったし、彼もヴォルムスの協約をひき続き実施している。彼の統治時代の初めに、マインツ、シュパイア、ユトレヒトなどの司教選挙は、慣例的に行なわれてきた手続きに従って、彼の臨席を仰いで行なわれた。しかし一一五一年には、ケルンで、アルノルト二世が王に前もって相談しないで選ばれている。これ以外の場合には、コンラート三世は圧力をかけようとした。例えば、フライジングとパッサウの〔司教〕座に彼は異父兄弟たちをつけるのに成功している。だがそうだからといって、彼がその候補者を認めさせた場合でも、教会の特権を大いに尊重しようとする態度を示したことには変わりなかった。

フランスでは、ルイ六世は騎士王の完全な典型である。その正直さ、その威信、すべての事に正しい態度を示そうとするその意志、その寛大さなどは、とりわけ教会や修道院のために発揮されたが、それらはどれ一つとってみても、彼が教皇座に対して行なった約束を守る上での保証であった。教会も《諸権利》を犯すことなく王権の諸権利を維持しようと決心して、彼は聖職者に対して常に丁重な態度を示すが、彼らのために自己の国王諸特権を犠牲にするようなことは決してしなかった。パスカリス二世と結んだ協約は、叙任権の問題を解決したにしても、それは司教選出に国王が介入することを完全に排除したのではない。王は、選挙を認可する権利、選出された者を確認する権利、司教の地位に結びついたレガリアを譲与する権利を失わなかったのである。これらの諸特権を、ルイ六世は慎重に守った。しかし彼は教権に残された領域については決して越権しようとしなかった。その前任者たちと違って、彼はもはや司教職を《与えず》、それに付属した財産と俗権的種類の諸権利を譲与しただけである。しかもそれを次第に、以前のように叙階式の前にでなく、この儀式の後にはじめて行なったにすぎない。これは彼が司教職保持者の任命に介入しないことを意味している。もっともそうだからといって、彼が全く〔介入を〕断念したということにはならない。一一一二年にランで悪名高いゴードリが亡くなった時のように、あるいは、オーセールで、一一一五年に、大多数の人々が司教座聖堂参事会員ウルジエールよりもサン・ジェルマン修道院長、モンテギュのユーグを選んだので、ウルジェールを支持するのを断念せざるをえなかった時のように、彼はしばしば自分の候補者をたてて、選出させるように努めている。しかしこのように〔王が〕正式に候補者をたてても事件は一度も起こらなかった。暴力ざたや一寸とした抗議でさえも見逃すまいと常に気をくばっていた年代記作者が何も述べていないところをみると、国王司教座では完全に平穏な状態が絶えず続いていたと考えられるのである。

それは、司教職が国王〔権力〕からまぬがれていた大〔封建〕所領についても同じであった。この点、ナルボンヌの教会管区ほど格好な例をみいだすことはできないであろう。

ここでは、司教選挙は王領におけると同じ自由な体制の恩恵に浴していた。ちょうどこのナルボンヌで、一一〇六年にはリシャールが、一一二一年にはレヴェズーのアルノーが教会法上の手続きを踏んで選出されている。マグロンヌでは、モーギオ伯領が教皇領となった時に、伯が以後司教選挙に関与しないことと選挙が教会法規に従って secundum canones 行なわれることが取り決められた。一一〇四年にゴーティエが、一一三四年にレイモンが、教会参事会によって選ばれたようであるが、教会参事会の地位は次第にこの教区の生活全体のなかで際立った存在となる。ロデーヴでは、地方領主が全く影響力を失い、ここでもまた、十二世紀に司教を選んでいるのは教会参事会である。トゥルーズでは、一〇七七年にギヨーム四世が司教を任命するのをやめた。そして彼以後も、教会に極めて献身的なサン・ジルのレイモンと彼の息子たちがこの権利放棄を取り消したと考える理由は全くない。エルヌでも、選挙が常に自由に行なわれ、俗人の介入を跡づける証拠は史料に全く見出されない。カルカソンヌやニームについては、不幸にもあまり正確な情報がないが、これら二司教区がよそと同じ自由をもっていなかったとは全く考えられないのである。

司教選挙は教皇座の特使たちによって充分監視されていたが、彼ら自身は少しも越権しなかった。フランスほど、教俗両権間の協調にもとづく妥協が均衡状態を生み、国家が少なくとも教会に劣らずその恩恵を受けていたところはなかった。シャルトルのイヴォは王権と祭司権とのあいだに完全な協調がなければ良い統治はありえないと考え、彼が絶えず説いた《王権と教会の結合》に《救済の花ばかりでなく、その果実》を期待していた。彼の個人的な影響は、ルイ六世の統治時代にますます大きくなっていったが、それがこの協調を容易にしたのである。繰り返し、彼は協約を実施する場合に避けられない両権間の衝突を鎮めるために仲裁した。その知性と穏健な態度と優れた良識の力で、彼は、《公正な性格をもち、神の教会に献身的で、教皇座のために尽す君主》（彼は王をこう述べている）であるルイ六世から、宗教的平和の維持に必要な譲歩をえることができたのであるが、この平和に彼ほど効果的に貢献したものはいなかった。

アングロ・ノルマン王国では、一一〇七年の協約の実施は更に色々な困難にぶつかった。第一に、その実施は島の部分のみに限られた。ノルマンディでは、以前の体制に何の変化もなく、ヘンリー一世王（一一〇〇―一一三五年）は、その前任者たちのウィリアム征服王やロベール短袴《たんこ》公と同じく、教会法規上の手続きを気にかけず思いのままに司教職を与えていたのである。イングランドでは、この生来専制主義的な王は杖と指環によって叙任するのをやめた。しかし彼が司教選挙に介入したと認められる事例は、ドイツのロタール三世やフランスのルイ六世よりもはるかに多い。彼は自由を尊重しながらも、宮廷教会出身の司教の数が示しているように、大抵は彼の示唆に従わざるをえないような圧力を加えている。彼はシモニア的行為を積極的に行なわなかったけれども、認められている期限を超えて司教座の空位〔期間〕を何度も引き延ばした。例えば、聖アンセルムの死後、カンタベリ司教区は、一一〇九年から一一一四年まで、五年間大司教を欠いたままであった。大抵の場合、王が選出許可を与えるまでに名義人の死後二年から四年は待たなければならなかったのである。

ヘンリー一世の死（一一三五年一二月二日）に続く王朝の危機は、イギリス教会に役立ったに過ぎなかった。二人の王位主張者、スティーヴンとマティルダとは教会の支持をえようとしたが、その最良の方法は確かに教会にそれが前の統治時代に受けていなかった自由を認めることであった。一一三六年の終りに、カンタベリで大司教コルベイユのウィリアムの死後選挙が行なわれた。スティーヴン王の兄が候補者であったが、教会参事会は自由に決定し、教会法規上の手続を踏んで、ベック修道院長シオボールドを任命した。王は同意をあたえ、こうして彼はロンドンの協約をその文面とその精神において尊重する意図を示したのである。イギリスはこのようにして、これまでその影響に反抗してきた王国の宗教的事件にこの危機を利用して介入した教皇座と、人々がしばしばその意見を仰いできたカンタベリ大司教とが繰り返し行なった仲裁で定着した、自由の体制への道をたどった。だが一一五四年のヘンリー二世の即位は、この発展を妨げ、イギリスの教会が約二十年間享受してきた独立を終わらせることになるのである。

十二世紀の第二四半世紀は西欧諸王国の教会史における特異な時期とみなすことができよう。イギリス、フランス、ドイツの諸協約が、その成果を実らせた和解の精神で実施された。選挙の自由が司教たちの新しい世代、すなわち、その生活や行動が十、十一世紀の封建的な司教のそれとは全く対照的な、聖職者や信徒の真の司牧者たちの世代を生みだした。ドイツでは、司教の倫理的水準がロタール三世とコンラート三世の統治時代に絶えず向上した。例えば、教会が聖人に列したマクデブルク大司教ノルベルトは言うまでもなく、トリーア大司教メギンゴートや、レーゲンスブルク、コンスタンツ、ミュンスター、ユトレヒト、ハーヴェルベルクなどの司教たちは、敬虔さや改革への熱意という点で抜きんでた存在であった。フランスでは、司教の完全な典型であったシャルトルのイヴォとならんで、トゥール大司教ラヴァルダンのイルデベール、サンス大司教アンリ・サングリエ、ランス大司教ルノー、トロワ司教アトン、ラン司教ヴィルのバルテレミイ、その他多くの司教たちを挙げることができるが、これらの人々の試練にもめげぬ優れた倫理性は、常によりー層の完成を望んでやまなかった聖ベルナールが、彼の時代の司教に下した幾つかの悲観的な評価とは相反するものを示している。イギリスにおいてさえも、新しい精神の持ち主が認められる。ヨーク〔大司教〕のサースタンやカンタベリ〔大司教〕のシオボールドのような高位聖職者たちはグレゴリウス改革の精神に心から忠実であったし、一方、彼らと前後して、コンナー司教、アーマー大司教を歴任した聖マラキーは、依然として異教の犠牲となっていた地方〔北アイルランド〕で、キリスト教を普及するために大活躍をした人々の一人であった。

従って、一〇七五年に叙任に関する教令を公布した時グレゴリウス七世が追い求めていた目的はほぼ達成されたのである。より良い人物が補充されたおかげで、司教たちはキリスト教社会に新たな衝撃を与え、グレゴリウス的理念の成功を確保することができた。ここでは叙任権闘争に続く時期に聖職者がいかに道徳的に向上したかをたどる余裕はないが、しかしこの道徳的向上が、司教選挙のために確立された自由の体制の結果であり、またそれに伴って起こり、それ自体もやはり決定的な影響をもたらした、聖堂区諸教会の解放の結果でもあったということは指摘しておかなければならない。

事実、叙任の問題は聖堂区に対しても司教区と同じように問題となっていた。俗人の領主権 dominium は〔司教区よりも〕聖堂区の上により一層重くのしかかっていたとさえいえる。領主たちは、封建時代に、彼らの所領に建てられた私有教会を自分のものとすることに成功していた。しかも彼らは、その財産や収入を簒奪するだけでは満足せず、主任司祭や支聖堂付き司祭を任命することに成功していたが、それは聖職者の倫理性に極めて憂うべき結果をもたらしていた。そこでグレゴリウス七世は、一〇八〇年に、俗人叙任に関する法規を《下級の地位》、すなわち聖堂区にも及ぼしたのである。一一二三年と一一三九年のラテラノ両公会議は彼の後に続いた。特に後者は、教会を所有する俗人たちは《それを司教に返還し》なければならないと明確に規定している（第十条）。だがこの教令は大抵の場合現状を確認したにすぎなかった。というのは、それが公布された時には、すでに多くの返還が行なわれていたからである。

　ある地域では、この返還が非常に早くから始まっていた。史料は改革が問題となった頃からその幾つかの例を伝えている。十一世紀初頭に、アンジェ司教区でそれが記録されているが、ここでは、一〇〇一年に、司教ルノー二世が私有財産として持っていた二つの教会を教会参事会に返還しているし、その数年後に、ルノーの後継者ウゼビウス・ブリュノンが、ある俗人に同意した贈与を、このような譲渡は悪い結果を生むと認めたのちに、取り消している。ナルボンヌでは、十世紀の末に幾つかの返還が行なわれているし、また同じ頃に、九四九年から一〇〇六年にかけて、ロデーヴ司教フュルクランは何人かの領主にその簒奪をやめようと決心させることができた。しかし、それは全く例外的な例でしかない。この動きがやや広まったのはグレゴリウス七世の在位期からにすぎなかったし、それはどこでも同じように強力に行なわれたわけではなかった。(1) ドイツでは、領主たちが彼らの専有してきた教会を手放すにはかなり手間どったようである。だがそうだからといって、彼らが教権の諸権利を尊重していたことに変わりはなかった。彼らは、主任司祭の選出について、候補者を提示し、それから教区民の同意を、ついで教会法上の諸権力を与え叙品を行なうために主任司祭を派遣した司教の同意を、彼のために求めることだけで満足している。時には争いが生じたり、教区民が領主の候補者を必ずしも認めなかったり、また、或る場合には、この人物が充分な保証を提出しなかったために司教が任命するのを拒否したりしたが、それでもやはり教会はもはや水車や〔ブドウ〕搾り器と同一視されなくなっているし、領主はもはや自分の思いのままに教会を与えなくなり、それに結びついていた宗教的価値を考慮せざるをえなくなっていたのである。フランスでは、この発展がもっと急速であった。だから、方々の司教区で行なわれた調査は、十一世紀末と十二世紀初頭に、到る所で、俗人たちが以前保有していた教会や修道院を返還する傾向にあったことを明らかにしている。

これらの返還は、そのすべてが、同じような性格をもち、同じような結果をもたらしたにしても、必ずしも同じ形式で行なわれたのではなかった。そのうちの或るものは、昔犯した不正の償いとしてなされたのである。例えば、ニーム司教区では、ギヨームとその妻が、ジェネラックのサン・ジャン教会を卑劣な手段で《神にそむいて》所有していることを認め、この教会をそれに結びついている全収入とともに放棄している。ナルボンヌでは、一〇九三年にデュルフォールのベルトランが、ル・ピュイにあるサン・マルタン修道院をグラース修道院に返還した時に、同じような告白をしている。またマグロンヌとベジエの教会記録には、これに似た報告が幾つか見出される。アンジューやメーヌにおいても、同種の償い、すなわち、クルチュールのサン・ピエール〔教会〕の記録が用いている表現を借りれば、《俗人による隷属から教会法規に定められた自由へ》の復帰が記録されている。時には赦免が行なわれた。例えば、アンジューでは、司教ウルジェール（一一二五―一一四九年）が不屈の粘り強さで多くの教会を返還させるのに成功しているが、彼は自分たちの過失を謙虚に認めた人々に対して、彼ら自身かその先祖が教会や修道院を保有したりあるいはそれを売り払ったりして犯した罪を赦している。時には、この赦免は、証聖者祝日表に記載するとか、悔悟した領主の先祖の命日に冥福を祈るミサを行なうなどの宗教的恩恵を伴っていた。

もっとも、返還がすべてこのような償いやキリスト教的謙虚さの〔宗教的〕雰囲気のうちに行なわれたわけではない。そのうちの幾らかは、自発的にでなく、聖職者の請求や伯の決定の結果、強制されてはじめて行なわれたにすぎない。エルヌ司教区で、一〇九三年に、アルル・シュール・テック修道院長ギタールは、レイモン・マトフレが修道士たちから抗議されたにもかかわらずサン・マルタン教会を所有していると訴えた。そこで、バザルー伯ベルナトとカステルヌーの子爵は訴えを聞き、この教会を修道士たちに返還している。数年後の一一〇〇年には、今度は、キュザ修道院長ピエール・ギヨームが〔幾つかの〕教会〔の返還〕を要求しているが、これらの教会は、彼の修道院に属し、かつて修道院長オリバが修道士全員の同意をえないでシュニエとかいう男に、死後それらを修道院に返すという条件をつけて、貸していたものである。セルダーニュ伯は、シュニエの子孫が、問題の諸教会を《彼らが多額の金を与えてきた》彼の祖父レイモンと父ギヨームの同意の上で保有してきたことを認めて、返還を命じている。

けれども伯権力の介入は例外であった。総じて、かつての簒奪者たちの子孫は、時にはなかなか承知しなかったが、結局は最後に説き伏せられて、表面上は喜んで返還したのである。とはいえ、幾分恥ずかしいという気持から、彼らは不正に所有してきた教会の返還を認めることができなかった。だから、その記録は、返還という形式をとらず、贈与あるいは売却という形式さえもとっている。これらの返還がかなりの数にのぼるとみられる、マグロンヌ、ベジエ、ニームの諸教区で、保有者たちは返還をありのままの姿で述べたり、以前に犯した不正を償うよう促している公会議諸教令に触れたりしないように充分気をつけている。つまり彼らは贈物をしたのである。遺言状にはしばしばこの種の贈与が記されているが、この贈与は償いという性質を帯びていたにもかかわらず、かつての簒奪には触れないでいる。

しばしば記録は、贈与の形式をとらず、擬贈与者が代償として他の土地財産か、現物または金で貢租を受けとるという方法で、売却あるいは交換の形式をとっている。一一〇三年に、エルヌ司教エルマンゴルはトゥール・アン・ルシヨンにある教会を、司祭館、十分一税、初穂料とともに取り戻しているが、これらはベルナール・ギランが封として受け、それを更に、別の俗人に授封していたものであった。司教は、教会の代わりに、彼に畑地を渡している。従って補償が予め用意されていたのである。ビュザンセーのロベールは、エルサレムに旅立つ時、アンジェの司教と教会参事会とにスロンヌとシェレエの教会を譲渡したが、彼はアンジェの通貨で一一〇リーブル、一七スーと銀二マルクを贈られている。やはり同じく無償ではない。しかし、いずれにしても、教会は俗人の支配から脱して、その正しい所有者に返還されているのである。

もっとも、返還される者が必ずしも司教とは限らなかった。しばしば返還の受益者は、俗人による掠奪のかつての犠牲者である教会参事会あるいは修道院であった。司教座聖堂参事会員や修道士たちはこうしてその土地権力のおびただしい拡大を経験したのであるが、これは時には司教の側から不安を招き、激しい抗議をまき起こした。マンス司教イルデベールは、一一一二年に、簒奪される前には司教座に属していた教会がクチュール修道院へ贈られたことに対して強く抗議している。到る所で同じような種類の論争が行なわれた形跡が見出されよう。大抵の場合、これらの論争は教会参事会と修道院の勝利に終わった。だがそれはどうでもよいことである。重要なことは、俗人たちによって専有されていた、教会、十分一税、寄進物などが、聖職者に返還されたということである。そしてこれこそ叙任権闘争の最も明らかな結果の一つであった。

だからといって、私有教会制が直ちに変わったわけではない。返還は所有者の変更をもたらしたにすぎなかった。司教か教会参事会か修道院長かが世俗領主の諸権利や諸特権を受けついだ〔にすぎなかった〕のである。特に司教がある聖堂区の管理を委ねられた司祭に司祭聖職禄を与える際、彼は司教の資格でなく、領主 dominus の資格で行動している。

この領主は教会に対して教会保護権(二四) jus patronatus を同時に行使しているが、この権利は時には領主権 dominium と対比されてきた。だが、それは、史料から明らかでないにしても、起原的には、確かに領主権と並立していたかあるいはその一部をなしていたように思われる。事実、幾つかの証書からは、教会保護権が本質的には司祭選出権 jus eligendi presbyterum であったことがわかる。それで教会の《保護権保有者《パトロン》》である教会的所有者は、かつての世俗的所有者のように、教会を管理する《司祭を選ぶ権利》をもったのである。言いかえれば、教会保護権は所有権の結果なのである。教会法学者の影響のもとで、それが所有権から分離し、そして領主権 dominium という観念から全く独立した人的権利となるのは、ようやく十二世紀の後半においてであった。

けれども、この教会保護権は、たとえそれが以前の制度の残滓であるにしても、一定の限界内に制限され、つまりは、司祭候補者推薦権(jus presentationis, jus petitionis)となるのである。西欧諸王国で叙任権闘争を終わらせた諸協約は教俗両権それぞれの諸権利の妥協にもとづいていた。この妥協は司教座から聖堂区へと拡がったが、この聖堂区に対しては、司教区において宗教的権力を授与された司教のみが司牧職 cura animarum を与えることを許された。恐らく教会的所有者は、この司牧職を行使する、クーラートゥス curatus という名称でよりも、しばしばレークトル rector 又はヴィカリウス vicarius という名称で呼ばれていた司祭の選出権を放棄しなかったであろう。だがこの任命権は以後単なる推薦権にすぎなくなるのである。昔のように、司教は、所有者が選んだ者を承認し、聖堂付き司祭を《聖職につける》よう求められた。しかし、かつては所有者に任せられていた任命をただ承認するだけで甘んじていたが、以後は彼がその管理を行ない、教会が個人的に彼に属していない場合、教会参事会または修道院長が選んだ候補者を必ずしも任命していない。要するに、彼が最終的に判断し決定しているのである。

こうして諸教会の解放が完成されるのであるが、それは叙任権闘争の最終的な結果であった。俗人の領主権 dominium から全く解放され、俗権から聖職保持者の所有となって、諸教会は以後その使命の遂行に必要な宗教的種類のあらゆる保証を与えられ、教階制のなかに編み込まれた。この変化は、経済が発展するにつれて、聖堂区が増加すればそれだけますます重要となる。森林が耕作地に代わった地域では、村落が設けられ、それと同じ数の新しい村の教会が建てられた。商業ルネサンスに接した諸都市、特にライン河、マース河、シェルデ河のような河川に沿って点々と並んだ諸都市には、新市街が建設され、そこに商人や職人などの住民が集まった。そこで、聖堂《カテドラル》だけでは充分でなくなり、〔都市の〕城壁の外側に新しい教会が建てられなければならなくなったのであるが、これらの教会もまた、大抵の場合、教会参事会または修道院に属していた。それらはいずれも宗教的生活の新しい火床にほかならなかったが、この火床は燃え上り、しかもこれらの聖堂区が、司教権威のもとに置かれて、何よりも宗教的目的に向かって集中することになるので、それだけに一層激しく燃えさかることになった。それはともかく、要するに、半世紀のあいだ、教権と俗権とを互いに対抗させてきた激しい闘争にもたらされた妥協的解決は、宗教的生活の飛躍的な発展に示されることになるのである。

原註

(1) この点は、司教区や大司教管区を扱った論文があまりないので、まだよくわからず、最終的結論をだせないでいることを付け加えておかなければならない。われわれはマドレーヌ・ディレー嬢の Le régime de l'église privée du XIe au XIIIe siècle dans l'Anjou, le Maine et la Touraine. Les restitutions d'églises par les laïques. (Revue historique de droit français et étranger, 4e série, t. IV, 1925, pp. 253-294) と題する優れた論文に負うところ大であるが、彼女に劣らない多くの研究者が現われることが望まれる。

参考文献

以上述べてきたところから、結局、叙任権闘争は、教俗両権間の外交的軍事的な争いというよりも、対立する教会法上の諸概念がこの闘争の期間をつうじて対抗しあってきた、理念をめぐる争いであったということになるであろう。政治的諸事件は常に法律上の論争の結果いかんにかかっていたのであり、この論争が、現実の出来事の発生と到達された解決をともに導いたのである。

実際、あまりにもしばしば理解されていないこの闘争の歴史を述べるために用いる必要のある原史料のうち、まず最初に挙げなければならないのは、最も重要な基礎資料である教会法的文書と論争文書である。

叙任権闘争の時代特に著しいのは教会法の飛躍的発展であったが、この発展は、レオ九世の在位期（一〇四九―一〇五四年）とともに始まり、グレゴリウス七世の登位（一〇七三年）以後更に強まった。主な教会法集成には、枢機卿アト Atto の『教会法規抜粋』Capitulare (Paul Fournier, les collections canoniques de l'époque de Grégoire VII, *Mémoires de l'Académie des Inscriptions et Belles-Lettres*, t. XLI, 1918, pp. 288-294 を参照せよ)、ルッカのアンセルムス Anselmus の『教会法集成』Collectio canonum (édit. Thaner. Innsbrück, 1906-1915)、枢機卿デウスデディト Deusdedit の『教会法集成』(édit. Wolf von Glanvell, Paderborn, 1905) があり、ついで、ウルバヌス二世時代（一〇八八―一〇九九年）には、スゥトリのボニゾ Bonizo の『キリスト教的生活論』Liber de vita Christiana (édit. E. Perels, Berlin, 1930)、シャルトルのイヴォ Ivo の『教令集』Decretum と『パノルミア』Panormia（édit. Migne, Patrologia latina t. CLXI）がある。

教会法規はまた、叙任権闘争の時代に特に多く開かれた全体公会議や地方教会会議で作られた。これらの規定は、Mansi の『公会議記録集成』Sacrorum conciliorum nova et amplissima collectio, t. XX, XXI に収められているが、Labbé や Hardouin の同種の集成よりもこの方を参照すべきであろう。

これとともに、典拠 auctoritates の点で優れ、その上論拠 rationes とも言うべき議論をあわせ行ない、教会法規の原史料を利用し解釈している論争文書が重視されなければならない。これらのうち、グレゴリウス七世の教皇座に先立つ時代については、聖ペトルス・ダミアニ Petrus Damiani の諸著作（édit. Migne, t. CXLIV, CXLV）〔MGH, LdL, Vol. I〕と枢機卿フンベルトゥス Humbertus の『聖職売買者駁論』Adversus Simoniacos（édit. F. Thaner, MGH, in-4°, Libelli de lite imperatorum et pontificum saeculis XI et XII conscripti, t. I, Hannover, 1891, pp. 95-253）をまず忘れてはならないであろう。グレゴリウス七世とウルバヌス二世の時代の主な論争家には、反グレゴリウス主義者では、ペトルス・クラッスス Petrus Crassus（édit. L. de Heinemann, Libelli de lite, t. I, pp. 432-453）、トリーアのヴェンリヒ Wenricus（édit. K. Francke, Libelli de lite, t. I, pp. 280-299）、オスナブリュックのヴィド Wido（édit. L. de Heinemann, Libelli de lite, t. I, pp. 461-470）、フェララのグィド Guido（édit. Dümmler, Libelli de lite, t. I, pp. 529-567）、アルバのベンゾ Benzo（édit. MGH. SS. t. XI, pp. 591-681）、枢機卿ベノ Beno（édit. K. Francke, Libelli de lite, t. II, pp. 366-373）、『教会統一擁護論』Liber de unitate ecclesiae conservanda（édit. Schwenkenbecher, Libelli de lite, t. II, pp. 173-284）の著者などが、またグレゴリウス主義者では、コンスタンツのベルノルト Bernaldus（édit. F.

Thaner, Libelli de lite, t. II, pp. 1-168）、ザルツブルクのゲープハルト Gebehardus（édit. K. Francke, Libelli de lite, t. I. pp. 271-279）、ラウテンバッハのマネゴルト Manegoldus（édit. K. Francke, Libelli de lite, t. I, pp. 308-430）などがいる。十二世紀初頭にもやはり、フルーリイのユーグ Hugo（édit. E. Sackur, Libelli de lite, t. II, pp. 465-494）、『司教叙任論』Tractatus de investitura episcoporum（édit. E. Bernheim, Libelli de lite, t. II, pp. 495-504）〔の著者〕、ルッカのランゲリウス Rangerius（édit. E. Sackur, Libelli de lite, t. II, pp. 505-533）、ノナントラのプラキドゥス Placidus（édit. L. de Heinemann, Libelli de lite, t. II, pp. 566-639）、ヴァンドームのジョフロワ Goffridus（édit. E. Sackur, t. II, pp. 676-700）の書簡やシャルトルのイヴォ Ivo（édit. E. Sackur, Libelli de lite, t. II, pp. 640-654）の特に叙任を論じた書簡など、あらゆる種類の論争家が多数いる。これらの史料の多くは、公会議教令の抜粋や教皇書簡とともに、E. Bernheim の実に良く出来ていてしかも取り扱いに便利な小史料集成 Quellen zur Geschichte des Investiturstreites, Leipzig-Berlin, 1913-1914, 2 vols に見出されよう。

教会法と論争関係の諸史料とならんで、書簡史料もやはり特に重要であることを認めなければならないが、その筆頭におかれるのは叙任権闘争時代の諸教皇の書簡である。不幸にもこの時代の完全な教皇書簡集は残っていない。ただグレゴリウス七世の書簡のみが保存されていて、最近、E. Caspar の校訂版、MGH. in-8°, Epistolae selectae, Berlin, 1920-1923, 2 vols〔rep. Berlin, 1955〕の対象となった。しかし、この〔カスパールの〕書簡集にはグレゴリウス七世の〔現存する〕書簡が全部収められていない。これ以外の様々な経路をへて伝えられた五十一通の書簡は、Jaffé のより古い版、『ドイツ史料叢書』Bibliotheca rerum Germanicarum, t. II, Monumenta Gregoriana, Berlin, 1865 に見出されるであろう。グレゴリウス七世の前任者と後継者たちの書簡は、Jaffé-Wattenbach の『ローマ教皇事蹟録』Regesta pontificum Romanorum に収録されており、これがあれば、これらの書簡が載っている別の史料集成は必要ない。

叙任権闘争で何らかの役割を果たした司教、その他教俗の人々の書簡も同じく多数保存されている。これらの書簡のうち、ドイツとイタリアに関するものの大部分は、Jaffé, Bibliotheca rerum Germanicarum, Berlin, 1864-1873, 6 vols に見出されよう。フランスについては、何よりもまず、ディイ司教、ついでリヨン大司教となった、教皇特使ユーグ Hugo の書簡（édit. Migne, t. CLVII）とシャルトルのイヴォの書簡（édit. Migne, t. CLXII）を参照されたい。イギリスについては、ランフランク Lanfrancus の書簡（édit. Migne, t. CL）と聖アンセルム Anselmus の書簡（édit. Migne, t. CLVIII-CLIX）が第一級の史料である。

法律上の争いは政治面に影響を及ぼしたので、物語史料も無視することができない。その数は非常に多いが、どれも同じように〔史料的〕価値をもっているわけではない。ここでは一般的性格をもつ年代記を挙げることしかできないが、その代表的なものには、ヘルスフェルトのランベルト Lambertus（édit. Holder-Egger, Scriptores rerum Germanicarum in usum scholarum に収録）、コンスタンツのベルノルト Bernoldus（MGH. SS., t. V, pp. 385-467）、フラヴィニイのユーグ Hugo（Ibid., t. VIII, pp. 280-502）などの年代記があり、これらの年代記が伝えるところは大抵の場合かなり正確であるし、公平という点でも或る程度信頼がおける。これらの物語史料の更に詳しいリストは、その各々についての批判的注釈とともに、A. Fliche, La Réforme grégorienne, t. II, pp. 32-70 に見出されよう。これらの史料を利用するには極めて慎重でなければならない。叙任権闘争の時代にはいかに偏見が強かったかを忘れてはならないのである。何人かの年代記作家、特に幾つかのザクセン年代記を書いた人々は承知の上で事実をゆがめている。だからそれらを利用するのは極めて困難なのである。

最近の著作についていえば、中世史の諸問題のうちで、これ程多くの文献を生んだ問題は殆どみあたらない。〔そこで〕明らかに時代後れとなってしまった本は除かれるべきであろう。

叙任権闘争はまず第一に、一般史においても教会史においても、総合的叙述の対象となってきた。

前者では、次のものを挙げておこう。L. Halphen と Ph. Sagnac 監修の Peuples et civilisations 叢書の第六巻 L. Halphen, L'essor de l'Europe (XIe-XIIIe siècles), Paris, 1932（同書の一九三七年八月に出た〔改訂〕版には貴重な文献補遺が付されている）、E. Cavagnac の監修で公刊された Histoire du monde 叢書の第六巻 A. Fliche, La Chrétienté médiévale, Paris, 1929 と、G. Glotz の監修で出版された Histoire générale. Histoire du Moyen âge の第二巻〔同じ著者の〕L'Europe occidentale de 888 à 1125, Paris, 1930、J. Calmette, Le monde féodal, coll. Clio, t. IV, Paris s. d. (1934)〔Nouvelle édit. par Ch. Higounet, 1951〕（この本には豊富な文献と諸問題の現在における研究状況についての有益な概要がみいだされよう）、それに Cambridge medieval History, t. V. Contest of Empire and Papacy, 1926 など。

〔教会史では〕Darras や Rohrbacher や Mourret などの教会史は全く参考にならない。というのは、これらの本には批判精神が欠けているからである。概観は A. Dufourcq, L'avenir du christianisme, t. VI. Le christianisme et l'organisation féodale, 6e édit., Paris, 1932 に、また更に詳しい説明は A Fliche と V. Martin 監修の L'Histoire de l'Eglise depuis les origines jusqu'à nos jours の第八巻 A. Fliche, La Réforme grégorienne et la reconquête chrétienne (1057-1123). Paris, 1940 に見出され

よう。叙任権闘争の起原については、同じ叢書の第七巻 E. Amann et A. Dumas, L'Eglise au pouvoir des laïques（888-1057）, Paris, 1939 がまず参照されなければならない。同じく A. Hauck, Kirchengeschichte Deutschlands, t. III, 4e édit., Leipzig〔neunte Aufl. 1958〕を参照すれば役立つであろう。この本は、しばしば題名に示されている範囲をこえて書かれているばかりでなく、叙任権闘争についての正確で客観的なしかも公平な記述をしている。Leclercq 訳による Hefele の Histoire des conciles, Paris, 1911-1912 の第四巻第二部と第五巻第一部は、やや込みいった形で書かれているが、最良の資料にもとづく多くの指示を含んでいる。概説書でこれら一般史や教会史を補うことができるとすれば、G. Meyer von Knonau, Jahrbücher des deutschen Reiches unter Heinrich IV und Heinrich V, Leipzig, 7 vols., 1890 et suiv.〔rep. Berlin, 1964〕を利用するべきであろう。この本にはすべての出来事が原史料を豊富に引用し参照しながら記載されているが、年代記風の形をとっているので、この本を読むのはかなりやっかいである。もっと利用しやすいのは、A. Cartellieri の、一冊は Der Aufstieg des Papsttums im Rahmen der Weltgeschichte（1047-1095）, München-Berlin, 1937、もう一冊は Der Vorrang des Papsttums zur Zeit der ersten Kreuzzüge（1095-1150）München-Berlin, 1941 と題された二冊の近刊書の叙述である。フランスとイギリスについては、Ch. Petit-Dutaillis, La monarchie féodale en France et en Angleterre（Henri Berr 監修の L'Evolution de l'Humanité 叢書）, Paris, 1933〔Eng. Trans., The Feudal Monarchy in France and England, N. Y., 1964〕が役立つであろう。この本には、フランスとイギリスの諸制度に対する鋭い洞察をつうじて、これら二王国での叙任権闘争をめぐる諸情況が極めてあざやかに描かれている。

ところで、本書の対象としている問題にとっては、理念の歴史の方が現実の歴史よりもはるかに重要であることがこれまで繰り返し指摘されてきた。そこで教会法を扱った種々の著作、なかでも P. Fournier と G. Le Bras の極めて注目すべき著作 Histoire des collections canoniques en Occident, depuis les Fausses Décrétales jusqu'au Décret de Gratien, t. II, Paris, 1932 を参照する必要がある。叙任に関する法律的諸問題は、C. Mirbt, Die Publizistik im Zeitalter Gregors VII., Leipzig, 1894、R. W. & A. J. Carlyle, A History of medieval political theory in the West, t. II-IV, Edinburgh-London, 1919-1922.〔rep. N. Y., 1950〕, A. Fliche, La Réforme grégorienne, Louvain-Paris, 1924-1937, 3 vols.、E. Voosen, Papauté et pouvoir civil à l'époque de Grégoire VII, Gembloux, 1927、A. Scharnagl, Der Begriff der Investitur in den Quellen und der Literatur des Investiturstreites, Stuttgart, 1908〔Repr. Amsterdam, 1965〕などでやはり検討されている。

叙任の問題は、すでに述べたように、より一般的な、俗人たちによる教会の横領という問題に関係がある。この問題は、E. Lesne の非常に優れた研究 Histoire de la propriété ecclésiastique en France の対象となっているが、特にその第二巻 La propriété ecclésiastique et les droits régaliens à l'époque carolingienne, Lille, 1922 を忘れることができないであろう。この問題については、U. Stutz, Die Eigenkirche als Element des mittelalterlich- germanischen Kirchenrechts, Berlin, 1895〔英訳、G. Barraclough, Medieval Germany II, Oxford, 1961、邦訳、増淵・淵共訳『私有教会・教会法史』〕P. Imbart de La Tour, Les paroisses rurales du IVe au XIe siècle, Paris, 1900、P. Thomas, Le droit de propriété des laïques sur les églises et le patronage laïque au moyen âge, Paris, 1906 もやはり参照するべきであろう。その上で地域別の幾つかの個別研究、特に M. Dillay, Le régime de l'église privée du XIe au XIIIe siècle dans l'Anjou, le Maine, la Touraine: Les restitutions d'églises par les laïques,

Revue historique du droit français et étranger, 4e *série*, t. IV, 1925, pp. 253–294、N. Didier, Etude sur le patrimoine de l'Eglise cathédrale de Grenoble du Xe au milieu du XIIe siècle, Grenoble, 1936 などを効果的に参照すべきである。ナルボンヌの教会管区に属する種々の司教区で我々の指導のもとに行なった調査結果もやはり利用してきた。それから得られた結論は次のような題名で発表されている。Premiers résultats d'une enquête sur la Réforme grégorienne dans les diocèses français, *Comptes rendus des séances de l'Académie des Inscriptions et Belles-Lettres*, 1944, pp. 162–180.

最後に、沢山ある特殊研究のうち、幾つかの文献を挙げておく必要があろう。かなり前に出版されたものであるが、決して〔内容的に〕古くなっていない P. Imbart de La Tour の Les élections épiscopales dans l'Eglise de France du IXe au XIIe sièxle. Etude sur la décadance du principe électif (814–1150), Paris, 1890 をまず挙げなければならないが、この本には叙任権闘争当時の司教選挙に関する興味ある指摘が無数に含まれている。それに G. Schnürer の優れた著作 L'Eglise et la civilisation au moyen âge, trad. G. Castella, t. II, Paris, 1935〔Kirche und Kultur im Mittelalter, 3 bde., Paderborn, 1927–30〕からも示唆に富む指摘を得ることができよう。

グレゴリウス七世の教皇在位期については、枚挙にいとまのないほど沢山の、様々な価値をもつ個別研究が公にされてきたが、それらの多くはやや時代後れとなりつつある。しかし、O. Delarc, Saint Grégoire VII et la réforme de l'Eglise, Paris, 1889–1890, 3 vols、W. Martens, Gregor VII., sein Leben und sein Wirken, Leipzig, 1894, 2 vols.、A. Fliche, Saint Grégoire VII (coll. Les Saints), 4e édit., Paris, 1928、H. X. Arquillière, Saint Grégoire VII, Essai sur sa conception du pouvoir pontifical, Paris, 1934 などを忘れてはならないであろう。

彼につづく諸教皇の時代はそれ程多くの文献を生まなかった。ヴィクトル三世については、A. Fliche, Le pontificat de Victor III, *Revue d'histoire ecclésiastique*, t. XX, 1924, pp. 387-412 を参照されたい。ウルバヌス二世については、L. Paulot の全く批判精神を欠いた著作 Un pape français, Urbain II, Paris, 1903 からは何も得るところがない。この教皇の叙任問題に対する態度は、A. Fliche, Y a-t-il eu une querelle des investitures en France et en Angleterre? *Revue bénédictine*, t, XLVI, 1934, pp. 283-295 と Quelques observations sur le gouvernement de l'Eglise au temps d'Urbain II, *Comptes rendus des séances de l'Académie des Inscriptions et Belles-Lettres*, 1938, pp. 127-143 で検討されている。パスカリス二世およびゲラシウス二世についての個別研究は全くないので、これらの教皇については、上記の一般的著作で我慢しなければならない。カリストゥス二世の教皇座については、M. Maurer, Papst Calixt II., München, 1886-1889 と U. Robert, Histoire du pape Calixte II, Paris, 1891 とを利用することができる。

ヴォルムスの協約は多くの研究を生んだが、そのうち E. Bernheim の Zur Geschichte des Wormser Konkordates, Göttingen, 1877 および Das Wormser Konkordat und seine Vorurkunden, Breslau, 1906、D. Schaefer, Zur Beurteilung des Wormser Konkordates, Berlin, 1905、M. Rudorf, Zur Erklärung des Wormser Konkordates（Quellen und Studien zur Verfassungsgeschichte, Weimar, 1906）、A. Hofmeister, Das Wormser Konkordat, Zum Streite um seine Bedeutung（Forschungen und Versuche zur Geschichte des Mittelalters und der Neuzeit. Festschrift für D. Schäffer, Iena, 1915）などを忘れてはならないであろう。

フランスの和約については、B. Monod の不幸にも完結されなかった著作、Essai sur les rapports de Pascal II avec Philippe Ier（1099–1108）, Paris, 1908 から有益な教示を得られるであろう。

訳注

(一) インヴェスティトゥーラ Investitura とは、一般に封を授与するための象徴的行為をさす。国王は指環と杖を授けることにより、一種の封である司教職およびそれに付属する諸権利を授け、司教の叙任を行なった。インヴェスティトゥーラが司教叙任を意味するのはこのためである。

(二) 官職封 カロリング時代以後、主として官職を意味する honor という言葉は、その後この官職に結びついた恩貸地をも含めて、封と観念されるにいたった。従って、国王は一種の官職とみなされていた司教、修道院長の職を、これと結びついた恩貸地とともに、封として彼らに授けたのである。

(三) テオフィラクトゥス Theophylactus ローマ市南方の貴族、トゥスクルム伯。はじめ教皇庁の俗人最高官吏、ついでローマ市と教皇座の支配者となり、セルギウス三世を擁立。史料は彼を、vestararius, vestiarius, magister militum, consul, senator Romanorum などと記している。彼の妻テオドラ Theodora とその娘マロツィア Marozia もともに教皇座に君臨、教皇とつうじ、何人もの教皇を自由に廃立したという。

(四) 三人の教皇 ベネディクトゥス九世、シルウェステル三世、グレゴリウス六世の三人をさす。ハインリヒ三世は、一〇四六年スゥトリとローマに公会議を開き、これら三教皇を廃して、クレメンス二世を教皇位につけ、教皇座の改革を行なった。ドイツの歴史家たちは、これ以後の教皇座を「改革教皇座」Reformpapsttum と呼んでいる。

(五) パタリア Pataria ミラーノで一〇五六年に発生し、のちにロンバルディア諸都市に広まった宗教的・政治的・社会的運動。改革後には異端の名称となる。その名はミラーノの方言 patta（ぼろ）、pattari（ぼろ拾い）に由来するといわれるが明らかではない。はじめミラーノの三人の聖職者アンセルムス（後のルッカ司教で教皇アレクサンデル二世）、アリアルド、ランドルフによって、ついでランドルフの弟で騎士のエルレンバルドゥスによって率いられたこの聖職売買・姦淫聖職者に対する改革運動は、ミラーノ大司教の専制的支配に対する市民の反抗に発展。改革教皇座は、ニコラウス二世時代から、これを教会改革と、ドイツ皇帝のロンバルディア教会支配打破の観点から積極的に支持した。なお本書九九頁以下を参照せよ。

（六） 守護者（Avoué, Advocatus） 守護者とは一般に、教会、修道院において、教会庇護民を保護し、裁判その他世俗的事項に関して教会を代理する俗人をさすが、ここでは全教会の「保護者」、「防衛者」の意味。これは教会が、カロリング時代以後、国家教会の首長としての国王に一貫して与えてきた役割である。

（七） 原文では、この箇所は単に「杖と指環によって叙任する権利」となっているが、本書五〇頁の引用との関連を考え、フンベルトゥスのテクスト（MGH, Libelli de Lite, I, p. 206）に忠実に訳出した。

（八） 司教枢機卿はローマ接属領域の七司教座、オスティア、ポルト、アルバーノ、フラスカーティ、パレストリーナ、セビナ、ヴェッレトリの司教からなる。今日においてもこの伝統は名義上ではあるが守られている。

（九） 一〇七五年の叙任禁令　一〇七五年の公会議記録は完全な形では残っていない。グレゴリウス七世の記録 Regestrum（II 52a）にも、教皇がこの公会議の諸決定を伝えた書簡 Id（II 62, 66, 67,

68）にも、叙任禁令は言及されていない。同禁令を伝えているのは、「教皇はローマに公会議を開き、以後王が司教職を授けるいかなる権利をもつことをも公式に禁じ、すべての俗人から教会の叙任権を取り上げた」と述べているミラーノの歴史家アルヌルフォのみである。（Arnulfi, Gesta archiepisc. MGH. SS. t. VIII, p. 27）

（一〇）偽イシドリアナ教令集　セビーリア司教イシドールス（五六〇—六三六年）の名をかたって編集された教会法令集。九世紀中葉、恐らくランス大司教区で作られたとみられる。その目的は、教皇権の拡大と、教権の俗権に対する優越の明示、教会法の収集をつうじて当時の混乱したフランス教会を改革することにあったが、グレゴリウス改革の時期に改革派によって大々的に利用され絶大な影響を与えた。一部は真正な教会会議決定を含むが、大部分は偽造法令で、その偽造性はルネサンス期から十八世紀にかけて漸次明らかにされた。（Cf. P. Hinschius, Decretales Pseudo-Isidorianae, 2 Aufl., 1963）〔なお、「教皇教書」については、拙著『グレゴリウス改革の研究』（創文社）一九三頁以下を参照せよ。〕

（一一）初代教会法令集（Canones apostolorum）　三八〇年頃シリアで作られたとみられる、教会規則、典礼、教理を論じた「初代教会憲法」Constitutiones apostolorum に含まれた、十二使徒の教訓にもとづく八十五の法令。西方へは Dionysius Exiguus をつうじて五世紀末か六世紀初頭に伝えられ、その後、偽イシドリアナ教令集、グラティアヌス教令集に収録された。（Cf. Hinschius, op. cit., p. 25）

（一二）カルタゴ公会議　三九七年の第三回カルタゴ公会議教令第三十八条。（Hinschius, op. cit., 299）

（一三）　特免（dispensatio）　教会法令がなんらかの理由で重大な不都合をともなう場合、その法令を変更あるいは停止してその義務を免除する措置。なお本書一七七頁以下を参照せよ。

（一四）　ハドリアヌスの教令　テクストは MGH. Const. et acta, t. I, p. 660 を、またその偽造性については A. Fliche, Réforme grégorienne, t. III, p. 279 f. を参照せよ。

（一五）　レオ八世の偽造文書をめぐる諸問題については A. Fliche, op. cit. p. 327 ff. を参照せよ。

（一六）　レガリア regalia とは、広義においては、国王に属する土地所有権、裁判権、軍事罰令権、租税徴収権、市場権、貨幣鋳造権、関税、採鉱権、漁労権、狩猟権、交通権などをさし、狭義においては、国王に属する教会の俗権をさす。本書では、前者を「国王高権」、後者を「レガリア」と訳出した。

（一七）　investitura corporalis　シャルトルのイヴォは叙任を、㈠教俗両権を含む叙任、㈡investitura corporalis, ㈢〔俗権の〕譲与 concessio の三つに区別した。このうち investitura corporalis は、「指環と杖による叙任」と考えられたこともあるが（A. Sieber, Bischof Ivo von Chartres und seine Stellung zu den Kirchenpolitischen Fragen Seiner Zeit, Königsberg, 1885, p. 35; P. Fournier, Yves de Chartres et le droit canonique, Revue des questions historiques, nouv. série, XIX, Paris, 1898, p. 68）、託身・忠誠宣誓と結びついた叙任と考えるのが妥当であろう（Cf. A. Scharnagl, Der Begriff der Investitur, Amsterdam, 1965, p. 82 f）。事実、ウルバヌス二世はクレルモン公会議でこの種の叙任を禁じている。従って、ここでは「封建制的叙任」と訳出した。

（一八）　第八回公会議　八六九—八七〇年のコンスタンティノポリス公会議。教令第二十二条は、俗権が司教選出に介入することを禁じている。

（一九）「自由憲章」（Charter of Liberties）ヘンリー一世が一一〇〇年八月五日戴冠式の宣誓とともに発した憲章。これによって彼は、教俗諸侯に対して、兄ウィリアム二世の行なってきた専制的支配を廃し、彼らの既得権を尊重することを約束した。特に教会には、本書にも示されているように、その自由を保障し、大司教、司教、修道院長が亡くなって空位となった場合、教会領を売却したり貸与したりしないことを明らかにした。

（二〇）この場合、フルーリイのユーグは司牧職を除く司教職を考えている。というのは、彼がつづいて《しかしながら、大司教は彼に司牧職 cura animarum を授けなければならない》（MGH. Libelli de lite, II, p. 472）と述べているからである。

（二一）国王に属する教会の俗権 temporalia をさす。前注（一六）を参照せよ。

（二二）コンスタンティヌスの寄進状（Constitutum Constantini）ローマ皇帝コンスタンティヌスが改宗の際、教皇シルウェステル一世（三一四―三三五年）に、帝位授与の権利とともに、ローマ、イタリアおよび西方諸地域の宗教的・政治的統治権を寄進することを約束したとする偽造勅令。八世紀半ば頃作られたとみられ、やはり偽イシドリアナ教令集に含まれている。ここで問題となっている皇帝の授けた権標 insignis とは、冠、帽子、頸飾、真紅色のマント、緋色の下着、等をさす。（Hinschius, op. cit., p. 249 ff. sp. p. 253）

（二三）ミュンスターの事件　皇帝から罷免されたこの市の司教ディートリヒがザクセン公ロタールにその窮状を訴え、そのため、一一二一年二月から、同市の支配と司教座をめぐって、皇帝とロタールとのあいだに争われた事件。

（二四）本書三二〇頁にも触れられているように、一一二三年と一一三九年のラテラノ公会議は、下級教会に対しても俗人の教会所有を全面的に禁止した。ついで、教会は、司祭推薦権および種々の名誉的権利、教会およびその財産を保護する義務などを内容とする「教会保護権」を新たに定めた。この権利は、アレクサンデル三世（一一五九—一一八一年）が明らかにしたように「教権付属の権利」jus spirituali annexum であり、教会設立者に対する感謝にもとづき、教会の側から、それまでの私有教会主の諸権利を部分的に教会裁治権の一部として規定したものであった。従って、教会は、一方で俗人の諸権利を否定しながら、他方では、従来の私有教会権を制限しつつ認めるという妥協的手段をとったのである。その結果、私有教会権は、この教会保護権をつうじて、その後も実質的には存続したといえよう。なお本書では、すべての下級教会が返還され、教会保護権保有者はすべて高位聖職者または教会参事会であったかに述べられているが、右の権利は何よりも俗人を対象とするものであり、従ってその保有者の多くが俗人であったことを忘れてはならない。cf. W. M. Plöchl, Geschichte des Kirchenrechts, 2 Aufl. 1961, II, 417 ff.

訳者あとがき

本書の著者、オーギュスタン・フリシュは、一八八四年一一月一九日、南仏モンペリエに生まれ、ソルボンヌに学び、一時ボルドー大学教授をつとめたのち、一九一九年から一九四九年に退職するまでの三十年間、生まれ故郷のモンペリエ大学の教授として教育、研究、著作に専念し（この間、一九三四年には同大学文学部長、一九四一年にはアカデミー会員に推されている）、一九五一年一一月二〇日やはりこの古い大学都市でその生涯を閉じた、フランスの代表的な中世史・教会史家の一人である。

彼の研究関心は、はじめ十一世紀のカペー朝に向けられ、学位論文もフィリップ一世に関する研究（一九一二年）であった。しかし、その後一九一四年から彼は、グレゴリウス七世およびグレゴリウス改革の研究に転じ、主著である『グレゴリウス改革』三巻をはじめこの問題に関する数多くの著作、論文を発表している。またこれらの専門的研究のほか、南仏諸都市についての考古学的地方史研究、カヴェニャック監修の『世界史』に収められた『中世キリスト教社会』やグロッツ監修の『一般史』に収められた『八八八年から一一二五年までの西ヨーロッパ』などの優れた中世史の概説書をあらわしているばかりでなく、一九三四年からは、マルタンとともに、三十六巻からなる原始教会から現代にいたる『教会史』の監修刊行を計画し（現在は E. Jarry と J.-B. Duroselle に引き継がれ、すでに十九巻が刊行されている）、みずからもその第八巻に『グレゴリウス改革とキリスト教の再征服』を執筆するなど、その業績は中世宗教政治史を中心に広い領域にわたっている。主要な研究を列挙すれば、著書および論文には次のようなものがある。

著書

Le règne de Philippe Ier, roi de France（1060–1108）, Paris, 1912.

Les vies de Saint Savinien, premier évêque de Sens. Etude critique, suivie d'une édition de la plus ancienne vita, Paris, 1912.

Etudes sur la polémique religieuse à l'époque de Grégoire VII: Les prégrégoriens, Paris, 1916.

Saint Grégoire VII（Collection《Les Saints》）, Paris, 1920.

Louvain（Collection《Memoranda》）, Paris, 1921.

Aigues-Mortes et Saint-Gilles（Collection《Les petites monographies des grands édifices de la France》）, Paris, 1925.

La Réforme grégorienne, I. La formation des idées grégoriennes; II. Grégoire VII;

III. L'opposition antigrégorienne. (Spicilegium sacrum Lovaniense) Louvain-Paris, 1924/1926/1937.

La Chrétienté médiévale (395-1254), [Tome VII de l'Histoire du Monde sous la direction de M. Cavaignac] Paris, 1929.

L'Europe occidentale de 888 à 1125. [Tome II de l'Histoire générale, Histoire du moyen âge, sous la direction de G. Glotz] Paris, 1930.

Saint Roch (Collection《L'art et les saints》) Paris, 1930.

Montpellier (Collection《Les villes d'art célèbres》) Paris, 1935.

La Réforme grégorienne et la reconquête chrétienne (1057-1123), [Tome VIII de l'Histoire de l'Eglise sous la direction de A. Fliche et V. Martin] Paris, 1940.

L'épilogue de la Réforme grégorienne, [Tome IX, 1er partie, de l'Histoire de l'Eglise] Paris, 1944.

論文

Séguin, archevêque de Sens, primat des Gaules. *Bulletin de la Société archéologique de Sens*, 1909.

Le cardinal Humbert de Moyenmoutier. Etude sur les origines de la réforme grégorienne, *Revue historique*, t. CXIX, 1915, p. 41 ff.

L'élection d'Urbain II, *Moyen Age*, 2e série, t. XIX, 1916, p. 356 ff.

Guy de Ferrare—Etude sur la polémique religieuse en Italie à la fin du XIe siécle, *Bulletin italien*, Annales de la Faculté des Lettres de Bordeaux, t. XVI, 1916, p. 105 ff. et t. XVIII, 1918, p. 114 ff.

Les théories germaniques de la souveraineté à la fin du XIe siècle, *Revue historique*, t. CXXV, 1917, p. 1 ff.

Hildebrand, *Moyen Age*, 2e série, t. XXI, 1919, pp. 76–106, 149–161, 197–210.

Ulrich d'Imola. Etude sur l'hérésie nicolaïte en Italie au milieu du XIe siècle, *Revue des Sciences religieuses*, t. II, 1922, p. 127 ff.

La crise religieuse depuis la mort de Grégoire VII jusqu'à l'avènement d'Urbain II, *Revue des cours et conférences*, XXIV, 1923.

L'influence de Grégoire VII et des idées grégoriennes sur la pensée de Saint Bernard, *Saint Bernard et son temps*, Dijon, 1924.

Le pontificat de Victor III, *Revue d'histoire ecclésiastique*, t. XX, 1924, p. 387 ff.

L'élection de Grégoire VII, *Moyen Age*, 2e série, t. XXVI, 1924–25, p. 71 ff.

Urbain II et la croisade, *Revue d'histoire de l'Eglise de France*, t. XIII, 1927, p. 289 ff.

Quelques aspects de la littérature polémique pendant la seconde moitié du XIe siècle, *Mélanges de Philologie, Histoire et de Littérature offerts à J. Vianey*, Paris, 1934, p. 37 ff.
Y a-t-il eu en France et en Angleterre une querelle des investitures? *Revue bénédictine*, t. XLVI, 1934, p. 283 ff.
La primatie des Gaules depuis l'époque carolingienne jusqu'à la fin de la querelle des investitures, *Revue historique*, t. CLXXIII, 1934, p. 330 ff.
Quelques observations sur le gouvernement de l'Eglise au temps d'Urbain II, *Comptes rendus des séances de l'Académie des Inscriptions et Belles-Lettres*, 1938, p. 127 ff.
Les origines de l'action de la papauté en vue de la croisade, *Revue d'histoire ecclésiastique*, t. XXXIV, 1938, p. 765 ff.
Premiers résultats d'une enquête sur la réforme grégorienne dans les diocèses français, *Comptes rendus des séances de l'Académie des Inscriptions et Belles-Lettres*, Paris, 1944.
La valeur historique de la collection canonique d'Anselme de Lucques, *Miscellanea*, 3e série, fasc. 22, Louvain, 1946, p. 348 ff.
Grégoire VII, à Canossa, a-t-il réintégré Henri IV dans sa fonction royale? *Studi*

Gregoriani, I, 1947, p. 373 ff.

ここに訳出したフリシュ最後の著作である『叙任権闘争』は、カルメット監修による『歴史上の大危機』叢書のなかに収められ、一般の人々にも理解されるよう試みられた歴史叙述であるが、右に挙げたグレゴリウス改革を中心とする諸研究（特に『教会史』第八巻）を基礎としながら、さらに英独の研究成果をも取り入れつつ書かれており、内容的には極めて学問的水準の高いものである。

本書の内容については、ここに改めて述べる必要もないと思うが、二、三その特色ともいうべき点を挙げれば、まず、本書では、俗人叙任をめぐる闘争が十一世紀の教会改革（グレゴリウス改革）との関連において把握され、教皇座を中心に主として教会史的側面からとらえられていることが注目されよう。このような視点から、著者フリシュは、この闘争をそれぞれの国を越えた全西欧的な出来事として広い視野で統一的にとらえるとともに、それを、教会の解放あるいは教会の自由という観点から綜合的に理解している。この意味で、本書は、従来支配的であったドイツ中心、政治史中心の理解を大きく修正しているといってよいであろう。しかもそのさい、著者は、表面上の諸事件の背後にある、あるいはそれらに先行する理念的対立（教会法的・教義的概念の対立）を特に重視し、この闘争の本質が法律上の論争にあったことを指摘しつつ、これと現実の政治的・軍事的諸事件とを相互に関連させながらこの闘争の展開を明らかにするという方法をとっている。従って本書は、単にこの事件の経過を叙述しているのでなく、かといって叙任の概念あるいはその教会法的理論の歴史を記述しているのでもなく、まさにこれらを複合的、統合的にとらえているのである。このような問題の取り扱いは、他の諸研究にはみられないところであるといえよう。さらにまた、厳密な史料批判にもとづいた原史料を豊富に用いながらしかも平易で客観的な叙述を行なっていることも、本書の優れた特色の一つにかぞえられる。これらの特長をもつ本書は、フランスはもとよりひろく欧米学界において、今日なお叙任権闘争に関する基本文献の一つとして挙げられており、この問題を全体的に理解するための最良の文献であるといっても言い過ぎではないように思われる。

もちろん、訳者もフリシュの理解に全く批判を加える余地がないと考えているわけではない。そこで、次に、重要と思われる若干の点を指摘しておくことにしよう。その第一の点は、本書に用いられている「叙任権闘争」という概念についてである。フリシュは、この闘争を聖職者の任命方法をめぐる争いのみに限定し、これを「教権と帝権の争い」を中心とする教俗両権間の争いとは一応別個のものあるいはその一部と考えている。このような用語法は、イギリスの研究者（Z.N. Brooke など）にもほぼ共通にみられるところであるが、ドイツの歴史家たちの理解とは異なっていることがまず指摘できよう。というのも、主としてドイツの政治史家・法制史家たち（R. Holtzmann, H. Mitteis など）は、グレゴリウス改革の時代を含めて、一〇五〇年頃から一一三〇年頃までを「叙任権闘争の時代」と規定し、改革、叙任方法をめぐる争い、および帝権と教権の争いのすべてを「叙任権闘争」と考え、叙任権→私有教会制→帝国教会制→帝国国制という論理に従って、叙任問題がドイツ国制史上に占める重要性に注目しつつ、この問題を一貫して闘争の中心ととらえているからである。

では何故このような見解の相違が生じたかと言えば、それは主として次のような事情によるのではなかろうか。すなわち、ドイツでは、叙任権をめぐる争い、これを生ぜしめた改革、およびこの改革から生じしかも叙任問題をきっかけとする帝権と教皇権の抗争のすべてが離れがたく結びついていた。と同時に、本書（九三頁以下）にも触れられているように、オットー大帝以来教会が王権の重要な権力基盤であり、その上、帝権と教皇権とが様々な直接的利害を共有していたので、高位聖職者叙任の問題が国制の根底に触れるような大問題とならざるをえなかった。これに反して、ドイツ以外の諸国では、フランスのように、国王権力が弱体であり、教皇がドイツ王との争いに忙殺されてフランス教会を顧みる余裕がなかったことに加えて、国王直属の司教教会が少なかったため、あるいはイギリスのように、王権が高位聖職者の任命権を握っていたにもかかわらず国王が教会とは別個の統治基盤を形成しつつあり、王権を背景として教会の倫理的改革が進行した上、王権と教会の双方が教皇座とあまり直接的諸関係をもたなかったために、叙任権が問題となっても、あまりそれ程重大な政治問題とならなかった。そこで、これらの歴史的現実を反映して、ドイツの歴史家たちは、皇帝権の側から、政治的・国制的側面においてこの抗争にアプローチして、両権間の争いをも含め、一貫して叙任権の問題を重要視し、他方、英仏の研究者たちは、フリシュのように、主として教皇座の側からアプローチして、改革、教会政治、教会法の側面を主として問題とし、叙任権闘争を叙任をめぐる争いに限定して、これを教権と帝権の争いと分離するかまたはその一部と考える傾向が強いのである。

ところでこの場合、ドイツ史家の理解に従うと、叙任をめぐる争いは帝権と教権の争いと統一的にとらえられ、この闘争の国制史的側面は充分に把握されるが、「グレゴリウス改革」との概念的区別が明らかでなくなるばかりでなく、この抗争の教会的側面が見落されるとともに、考察の対象がドイツに限定される。また、すべてを叙任問題に結びつけ、特に闘争の前半期にこの問題を過度に強調するという誤りをおかしやすい。

しかし、フリシュなどの考え方によっても、一方で、「叙任権闘争」という用語が厳密化され、教会的側面が明確になり、全西欧的な広がりのなかで問題をとらえうるという利点はあるが、他方では、グレゴリウス七世とハインリヒ四世との争いがこの闘争の中心をなしているとの一般的理解に反するばかりでなく、特にドイツについては、叙任権の問題が国制上に占める役割があまり分析されず、ひいてはその重要性が見落されかねない危険がある。とともに、この問題を、教権と帝権の争いを中心とする包括的な宗教的・政治的秩序をめぐる闘争のうちに位置づけることを困難にしてしまう。また、フランス・イギリスについても、教・俗両権の対立、および叙任問題とそれぞれの国制との関連、その比較といった政治的側面が明らかにされず、結局は、叙任をめぐる争いがあったかなかったかという議論に陥ってしまうであろう。

従って、フリシュの理解は、その利点を充分に生かしながらも、それと同時に、ドイツにおける理解をも考慮しつつ、この闘争のもつ様々な側面、諸問題を包括的にとらえうるような視点から、さらに検討されなければならないのではなかろうか。

さて問題となるべき第二の点は、今指摘したところとも関連するのであるが、フリシュが教会史的側面をあまりにも重視しすぎているという点である。もちろん彼も、政治的・国制的側面に触れていないわけではない。しかし彼は、教会史家でもあるため、一貫して、教会的側面あるいは教会法的側面において叙任をめぐる争いをとらえているといってよいであろう。そのため、右にも述べたように、西欧諸国それぞれの国における国制と叙任問題との関連、各々の国がもつ歴史的条件の差異やこの抗争が各国に与えた影響などの諸点について彼はあまり触れていない。特に、この闘争の結果については、教会的側面、とりわけ教会制度の整備と聖職者の倫理的向上を述べているのみである。これらの点も、言うまでもなく重要であるが、しかしこれとともに、この闘争が各国の国制、封建制に与えた諸結果や、国王権力の世俗化、王権の理論的基礎、国際政治における勢力均衡などに及ぼした諸影響なども見逃してはならないであろう。とりわけ、これらの変化にともない、この闘争が、ドイツでは、皇帝権の変質、帝国教会制の崩壊を招き、フランスでは、国王権力をむしろ強化する結果をもたらし、イギリスでは、この抗争とともに、王権が独自の行政的基盤を確立する傾向をますます強めたことなども忘れてはならないのである。

また、これとともにフリシュは、俗人叙任の禁止を悪弊を根絶するための手段と把握し、この闘争を主として聖職者の倫理的問題として取り扱っているが、教会改革の主要な目的には、教皇座を中心とする教階制による教会的社会秩序の確立の問題があったのであり、この点からも叙任権問題が必然的に起こらざるをえなかったことも見逃してはならないであろう。

指摘しておくべき第三の点は、フリシュの叙述における「問題性」の欠如である。本書が、この闘争の諸原因、その経過、それが教会の発展に及ぼした諸結果などを具体的にしかも客観的に述べていることは誰しも認めるところであろう。しかし、今日我々が叙任権闘争の研究に求めているもの、すなわち、この闘争は西欧社会にとってどのような意味をもっていたのか、それにいかなる影響を及ぼしたのか、この事件をつうじて何が変革されたのか、などの問いに彼はあまり答えてくれないのである。だがそれも当然であるといえよう。というのは、叙任権闘争の問題性が明らかにされたのは、比較的最近のことに属するからである。この闘争に関する研究の歴史も、他の諸事件についての研究史と同じく、ほぼ第二次大戦の時期まで、十九世紀末から今世紀にかけての史料研究の時代をへて、これらの史料研究にもとづく個別研究と綜合的叙述の道を着実に歩んできた。従って、叙任権闘争と呼ばれる事件で何が起こり、そしてそれは何故起こったかを叙述することは、フリシュを含めて彼の世代の歴史家にとっては当然のことであったといってよい。しかし両大戦間の時期を境として、この闘争に関する研究も次第に変化してきたように思われる。これは歴史研究に対する諸前提の変化に伴うものであったが、この抗争の歴史を発展と連続のうちに理解し、その経過を叙述するという従来の伝統的な見方に代わって、転換と危機の意識をつうじて、この事件をヨーロッパ史の基本的問題の一つと認識し、このような問題性に従って、すでにえられた知識を新たに再構成し、この事件のもつ意味を問いなおそうとする試みが現われたのである。

この意味で、最初のしかも最も注目すべき研究は、Gerd Tellenbach の Libertas: Kirche und Weltordnung im Zeitalter des Investiturstreites, Leipzig, 1936（英訳 Church, State and Christian Society at the Time of the Investiture Contest, trans. R. F. Bennett, Oxford, 1940）であった。彼は、叙任権闘争を、キリスト教社会の本質についての対立する二つの概念のあいだの闘争、彼の言葉を借りれば、「世界における正しい秩序をめぐる争い」であったと理解し、「この巨大な闘争のテーマは三つあった。カトリック教会の本質についてのより深い理解にもとづいて、次の諸点を新たに秩序づけることが問題であった。すなわち、第一に、聖職者と俗人相互の関係、第二に、首位権理念の貫徹による教会の内的制度、第三に、教会と世界との諸関係である」と述べ、この時代は「カトリック的キリスト教社会の歴史における最大の転換期」であったと指摘している。ここでテレンバッハの見解を詳しく述べるわけにはいかないが、要するに、彼の研究によって、「叙任権闘争」のもつ「問題性」がはじめて明らかにされ、この争いがヨーロッパ史上に明確に位置づけられることになったのである。その意味で、彼の研究は画期的であった。事実、テレンバッハの研究は大戦中の空白期をへて戦後の欧米の諸研究に絶大な影響を及ぼしてきたのであるが、この闘争の重要性に対する認識は、現在ますます強まりつつあるといってよいであろう（この点フランスも例外ではない。例えば、J.-F. Lemarignier, Les institutions ecclésiastiques. [Tome III de l'Histoire des Institutions Françaises, Paris, 1962. p. 78] を参照せよ）。今日我々が叙任権闘争の時代を問題とするのは、それが歴史上の一時期であるからではなく、それがまさに歴史的危機の時代、西欧社会の形成にとって決定的に重大な影響を与えた時代、西欧の歴史における真の「転換期」であるからであり、そして、この事件が、西ヨーロッパ文明の基本的性格と特殊性をより深く理解するための一つの重要な鍵であるからにほかならないのである。

もちろん、このことは、種々の個別研究をつうじてこの闘争における事実の確認を行ない、この出来事をより正確に把握する一方、この事件の連続的側面、発展的側面を明らかにすることが必要でなくなったということを意味するのではない。それは現に行なわれているし、また行なわれなければならないものである。しかし、それとともに重要なことは、新たな展望と問題性の認識にもとづいて叙任権闘争を意味づけ、その歴史を再構成する試みを行なうことであるといえよう。この闘争に関する近年の諸研究も、明らかにこれら二つの方向において進められているように思われる。

そこで、次に、本書巻末に収められた参考文献に含まれていないか、またはそれ以後に公刊された主な文献を挙げておく必要があろう。まず挙げなければならないのは、右に述べたテレンバッハの研究であるが、このほかに、総合的叙述としては、G. Tellenbach, Kaisertum, Papsttum und Europa im hohen Mittelalter. (Historia Mundi, hrsg. von F. Valjavec 6, 1958, 37 ff., 579 ff.)、R. W. Southern, The Making of the Middle Ages, London, 1959, p. 123 ff.、Handbuch der Kirchengeschichte, III, 1/2, hrsg. von H. Jedin, Freiburg-Wien, 1966、K. Jordan, Zeitalter des Investiturstreits. (Gebhardt-Grundmann, Hb. d. deutschen Geschichte. I 8 Aufl., 1954, 242 ff.) などがまず参照されなければならない文献である。また、教会法史では、W. M. Plöchl, Geschichte des Kirchenrechts. Bd. I, II. Wien-München 1953 ff.、H. E. Feine, Kirchliche Rechtsgeschichte. Bd. I: Die katholische Kirche, 4 Aufl. Köln, 1964 などが、教皇座を中心とする理念史、政治史では、W. Ullmann, The Growth of Papal Government in the Middle Ages,

London, 2 ed. 1962、J. Haller, Das Papsttum. Idee und Wirklichkeit, Bd. II, Esslingen, 1962 などが、最も新しく、しかも基本的な文献である。

叙任問題と「帝権と教権の争い」との関係については、Z.N. Brooke の注目すべき論文 Lay investiture and its relation to the conflict of Empire and Papacy（Proceedings of the British Academy 25, 1939, 217 ff.=Studies in History. British Academy Lectures, London, 1966, 50 ff.）があるが、ドイツを中心として、フランス、イギリスにおける闘争の展開とその比較、叙任問題と各国の国制との諸関係については、H. Mitteis, Der Staat des hohen Mittelalters, 6 Aufl., Weimar, 1959, 185 ff. が最も重要である。

さらに、ドイツについては、G. Barraclough, The Origins of Modern Germany, Oxford, 1948 が極めて示唆に富む記述を行なっているほか、最近には、「コンスタンツ研究グループ」による研究報告、Investiturstreit und Reichsverfassung. I. Teil: Königtum und Reform. II. Teil: Adel und Reform. III. Teil: Recht, Stadt und Reichsministerialität.（Konstanzer Arbeitskreis für mittelalterliche Geschichte, Protokoll, Konstanz, 1968–69）がある。また、フランスについては、A. Becker, Studien zum Investiturproblem in Frankreich, Saarbrücken, 1955 と J.-F. Lemarignier, Les institutions ecclésiastiques（前掲）とが、イギリスについては、N.F. Cantor, Church, Kingship and Lay Investiture in England, 1089–1135, Princeton UP. 1958 が最も新しくしかも内容的にも

優れている。

このほか、戦後、グレゴリウス七世研究を中心とする論文集 Studi Gregoriani――per la storia di Gregorio VII e della riforma Gregoriana. I–VIII ed. G. B. Borino, Roma, 1947–1970 が刊行されたが、このなかには、G. Tellenbach, H.-X. Arquillière, P. E. Schramm, G. B. Borino などによる叙任権闘争に関する問題提起的な論文および特殊研究が多数収められている。またこの論文集と並んで、C. E. Boyd, Tithes and Parishes in Medieval Italy, New York, 1952、G. Constable, Monastic Tithes from their Origins to the Twelfth Century, Cambridge, 1964、R. L. Benson, The Bishop-Elect, Princeton U.P. 1968、W. v. d. Steinen, Canossa—Heinrich IV. und die Kirche. München, 1957、Canossa als Wende (Wege der Forschung XII.) Darmstadt, 1963、A. Becker, Papst Urban II. Bd. I. Stuttgart, 1964 などの特殊研究や論文集があることをつけ加えておこう。なおこの闘争の問題性については、テレンバッハの英訳に付されている R. F. Bennett の序文、G. Barraclough, History in a Changing World, Oxford, 1955, p. 78 ff. 159 ff.（前川・兼岩訳『転換期の歴史』、一九六四年、社会思想社、一三〇頁、一五一頁以下）、および小冊子ながら、S. Williams, The Gregorian Epoch. Problems in European Civilization, Boston, 1964、C. N. Brooke, The Investiture Disputes, London, 1958 などを参照されたい。

以上のように、叙任権闘争に関しては、今日、様々な異論があり、新たな研究が公にされ、その問題性が指摘されている。しかしそれにもかかわらず、本書は、先にも述べたように、なお依然として西欧学界における最高の水準を示す研究であり、この問題に関する基本的文献の一つであることに変わりないのである。わが国でも、最近ようやくこの闘争に関する研究の重要性が認識されつつあるが、この問題についての研究が多いとはいえない現在、*本書がこの問題のより良き理解のために役立つことができれば幸いである。

＊　わが国における叙任権闘争およびこの問題に関する研究文献には、梅津尚志「グレゴリウス理念とドイツにおける叙任権闘争」(『ヨーロッパ・キリスト教史』2)、鹿子木幹雄「叙任権闘争とドイツ封建社会」(歴史教育十二—七)、今野国雄「聖職叙任争議と修道院」(関東学院大学経済学会研究論集　五〇)、鈴木利章「イギリスにおけるグレゴリウス改革と国家観の世俗化」(史林四九—五)、橋口倫介「フランスおよびイギリスにおける叙任権闘争」(『ヨーロッパ・キリスト教史』2)、堀米庸三「グレゴリウス改革と叙任権闘争」(『岩波講座　世界歴史』10)、渡部治雄「叙任権闘争の国制史的意義」(歴史教育十七—五)、拙稿「グレゴリウス改革について」(史観七一)、同「Dictatus papae 研究とその諸問題」(史観七八)、同「グレゴリウス七世のヘルマン宛第二の書簡と教皇の審判について」(史観七九)、同「グレゴリウス七世時代における俗人叙任の問題」(史観八五)などがある。このほか、この問題に関連するものとして、堀米庸三『中世国家の構造』日本評論社、同『正統と異端』中央公論社、ミッタイス(世良晃志郎訳)『ドイツ法制史概説』創文社、世良晃志郎『封建社会の法的構造』日本評論新社などがあることを付記しておく。

翻訳については、もちろん原文に忠実であることを第一に考えて訳出したが、訳者の力不足のため多くの誤りを犯しているのではないかとおそれている。先学諸先輩の御教示をお願いしたい。また訳注について一言すれば、本書に引用されている史料出典はその殆どすべてが同じ著者の『教会史』第八巻に見出すことができるばかりでなく、種々の歴史的用語や人名についての注はその数があまりにも多く、そのすべてに注をほどこすことが技術的に困難であるという理由から、また研究史上の問題についての注はそれぞれ別個の専門的研究に属すべきであるという理由から、いくつかの箇所をのぞいて、訳注は原則としてつけないことにした。歴史的用語については各種の辞典を、また教会関係の特殊な用語や人名については、『キリスト教用語辞典』(東京堂出版)、『カトリック大辞典』(冨山房)、New Catholic Encyclopedia, Washington, 1967–、Lexikon für Theologie und Kirche. Freiburg, 1957–65. などを、地名については、Atlas zur Kirchengeschichte. Freiburg, 1970 および Westermanns Atlas zur Weltgeschichte, Teil II. Mittelalter, Braunschweig, 1956 を参照されたい。

本書の出版にあたっては、鈴木成高先生にひとかたならぬお世話になった。先生には、この訳業を御相談したところ、本書を本歴史学叢書の一冊として出版するよう御尽力いただいたばかりでなく、訳文の一部に目を通して下さった上、かずかずの貴重な御教示を賜わった。このつたない翻訳が出版のはこびとなったのは、ひとえに先生のお陰である。厚くお礼を申し上げたい。また、本書の出版に際して校正その他で大変にお世話になった創文社の相川養三氏にも心からお礼を申し上げる。

一九七二年六月　　訳者

第二刷あとがき

本訳書を刊行してからすでに八年が過ぎた。その間、出来の悪い訳であるにもかかわらず幸いにも好評を得ることができ、多くの概説書や研究書に参照すべき文献の一つとしてあげられてきたことは訳者の望外のよろこびとするところである。この度、再版に当たって、全体にわたり訳文を再検討し、いくらかの不的確な語句、誤訳、誤植を正した。しかし、なお誤りがあるであろう。更に御教示御叱正をお願いしたい。また、本訳書刊行後、J. Fleckenstein（hrsg.）, Investiturstreit und Reichsverfassung（Vorträge und Forschungen, XVII, 1973）をはじめ本書のテーマに関連する研究が少なからず公刊されたが、これらの文献、およびグレゴリウス七世時代までの「叙任権闘争」の研究状況については、拙著『グレゴリウス改革の研究』（一九七八年、創文社）を参照されたい。

一九八〇年十二月

・

訳者

ちくま学芸文庫版訳者あとがき

本訳書はかつて創文社の「歴史学叢書」の一冊として刊行されたものであるが（初版一九七二年、改訂版一九八〇年）、今回「ちくま学芸文庫」に収録されることとなった。本文庫に収録するに当たっては、本訳書刊行以降に刊行された主な資料集と参考文献を付記することとした。

資料集

Englberger, Johann, Gregor VII. und die Investiturfrage: Quellenkritische Studien zum angeblichen Investiturverbot von 1075, Köln, 1996.

Laudage, Johannes / Schrör, Matthias（Hrsg.）, Der Investiturstreit, Quellen und Materialien 2. Köln / Weimar / Wien, 2006.

Schmale, Franz-Josef und Schmale-Ott, Irene, Quellen zum Investiturstreit, 2 Bde. Darmstadt, 1978 ff.

参考文献

Blumenthal, Uta-Renate, Der Investiturstreit, Stuttgart, 1982.
Id., The Investiture Controversy: Church and Monarchy from the Ninth to the Twelfth Century. Univ. of Pennsylvania Press, 1988.
Cowdrey, H. E. J., Pope Gregory VII, 1073–1085, Oxford UP., 1998.
Goez, Werner, Kirchenreform und Investiturstreit 910–1122, Stuttgart, 2008.
Hartmann, Wilfried, Der Investiturstreit, München, 1993.
Laudage, Johannes, Gregorianische Reform und Investiturstreit, Darmstadt, 1993.
Morrison, Karl F., (ed.), The Investiture Controversy: Issues, Ideals and Results, 1971.
Rapp, Francis, Le Saint-Empire romain germanique, Tallandier, 2000.
Id., Les relations entre le Saint-Empire et la papauté d'Otton le Grand à Charles IV de Luxembourg (962–1356), 2007.
Tellenbach, Gerd, Die westliche Kirche vom 10. bis zum frühen 12 Jahrhundert, Göttingen, 1988. (English tr. by Reuter Timothy, The Church in Western Europe from the Tenth to the Early Twelfth Century, Cambridge UP., 1993)
Weinfurter, Stefan, Canossa. Die Entzauberung der Welt, München, 2006.

Zey, Claudia, Der Investiturstreit, München, 2017.

なお、「文庫」収録に当たっては、筑摩書房の北村善洋氏に大変にお世話になった。心から厚く御礼を申し上げたい。

二〇二〇年六月

訳　者

ヨ

ラ

リ

ス

セ

タ

テ

ト

ク

ケ

コ

索　引

（参考文献，訳注の部分は含まない）

ア

本書は、一九七二年六月三十日、創文社より刊行された。

中世の星の下で　阿部謹也

中世ヨーロッパの庶民の暮らしを具体的、克明に描き、その歓びと涙、人と人との絆、深層意識を解き明かした中世史研究の傑作。（網野善彦）

中世の窓から　阿部謹也

中世ヨーロッパに生じた産業革命にも比する大転換――。名もなき人びとの暮らしを丹念に辿り、その全体像を描き出す。大佛次郎賞受賞。（樺山紘一）

1492 西欧文明の世界支配　ジャック・アタリ　斎藤広信訳

1492年コロンブスが新大陸を発見したことで、アメリカをはじめ中国・イスラム等の独自文明は抹殺された。現代世界の来歴を解き明かす一冊。

憲法で読むアメリカ史（全）　阿川尚之

建国から南北戦争、大恐慌と二度の大戦をへて現代まで。アメリカの歴史は常に憲法を通じ形づくられてきた。この国の底力の源泉へと迫る壮大な通史！

専制国家史論　足立啓二

封建的な共同団体性を欠いた専制国家・中国。歴史的にこの国はいかなる展開を遂げてきたのか。中国の特質と世界の行方を縦横に考察した比類なき論考。

暗殺者教国　岩村忍

政治外交手段として暗殺をくり返したニザリ・イスマイリ教国。広大な領土を支配したこの国の奇怪な活動を支えた教義とは？（鈴木規夫）

増補 魔女と聖女　池上俊一

魔女狩りの嵐が吹き荒れた中近世、美徳と超自然的力により崇められる聖女も急増する。女性嫌悪と礼賛の熱狂へ人々を駆りたてたものの正体に迫る。

ムッソリーニ　ロマノ・ヴルピッタ

統一国家となって以来、イタリア人が経験した激動の歴史。その象徴ともいうべき指導者の実像とは。既成のイメージを刷新する画期的ムッソリーニ伝。

中華人民共和国史十五講　王丹　加藤敬事訳

八九年天安門事件の学生リーダー王丹。逮捕・収監後、亡命先で母国の歴史を学び直し、敗者たちの透徹した認識を復元する、鎮魂の共和国六〇年史。

世界宗教史3
ミルチア・エリアーデ
島田裕巳 訳

仰韶、竜山文化から孔子、老子までの古代中国の宗教と、バラモン、ヒンドゥー、仏陀とその時代、オルフェウスの神話、ヘレニズム文化などを考察。

世界宗教史4
ミルチア・エリアーデ
柴田史子 訳

ナーガールジュナまでの仏教の歴史とジャイナ教から、ヒンドゥー教の総合、ユダヤ教の試練、キリスト教の誕生などを収録。（島田裕巳）

世界宗教史5
ミルチア・エリアーデ
鶴岡賀雄 訳

古代ユーラシア大陸の宗教、八―九世紀までのキリスト教、ムハンマドとイスラーム、イスラームと神秘主義、ハシディズムまでのユダヤ教など。

世界宗教史6
ミルチア・エリアーデ
鶴岡賀雄 訳

中世後期から宗教改革前夜までのヨーロッパの宗教運動、宗教改革前後における宗教、魔術、ヘルメス主義の伝統、チベットの諸宗教を収録。

世界宗教史7
ミルチア・エリアーデ
奥山倫明／木塚隆志／深澤英隆訳

エリアーデ没後、同僚や弟子たちによって完成された最終巻の前半部。メソアメリカ、インドネシア、オセアニア、オーストラリアなどの宗教。

世界宗教史8
ミルチア・エリアーデ
奥山倫明／木塚隆志／深澤英隆訳

西・中央アフリカ、南・北アメリカの宗教、日本の神道と民俗宗教。啓蒙期以降ヨーロッパの宗教的創造性と世俗化などを収録。全8巻完結。

回教概論
大川周明

最高水準の知性を持つと言われたアジア主義者の力作。イスラム教の成立経緯や、経典などの要旨が的確に記された第一級の概論。（中村廣治郎）

神社の古代史
岡田精司

古代日本ではどのような神々が祀られていたのか。《祭祀の原像》を求めて、伊勢、宗像、住吉、鹿島など主要な神社の成り立ちや特徴を解説する。

中国禅宗史
小川隆

唐代から宋代において、禅の思想は大きく展開した。各種禅語録を思想史的な文脈に即して読みなおす試み。〈禅の語録〉全二〇巻の「総説」を文庫化。

原典訳 チベットの死者の書　川崎信定訳

死の瞬間から次の生までの間に魂が辿る四十九日の旅――中有（バルドゥ）のありさまを克明に描き、死者に正しい解脱の方向を示す指南の書。

インドの思想　川崎信定

多民族、多言語、多文化。これらを併存させるインドという国を作ってきた考え方とは。ヒンドゥー教や仏教等、主要な思想を案内する恰好の入門書。

旧約聖書の誕生　加藤隆

旧約聖書は多様な見解を持つ文書を寄せ集めて作られた書物である。各文書が成立した歴史的事情から旧約を読み解く。現代日本人のための入門書。

神道　トーマス・カスーリス　衣笠正晃訳　守屋友江監訳

日本人の精神構造に大きな影響を与え、国の運命をも変えてしまった「カミ」の複雑な歴史を、米比較宗教学界の権威が鮮やかに描き出す。

ミトラの密儀　フランツ・キュモン　小川英雄訳

東方からローマ帝国に伝えられ、キリスト教と覇を競った謎の古代密儀宗教。その全貌を初めて明らかにした、第一人者による古典的名著。（前田耕作）

空海コレクション1　空海　宮坂宥勝監修

主著『十住心論』の精髄を略述した『秘蔵宝鑰』、及び顕密を比較対照して密教の特色を明らかにした『弁顕密二教論』の二篇を収録。（立川武蔵）

空海コレクション2　空海　宮坂宥勝監修

真言密教の根本思想『即身成仏義』『声字実相義』『吽字義』及び密教独自の解釈による『般若心経秘鍵』と『請来目録』を収録。（立川武蔵）

空海コレクション3 秘密曼荼羅十住心論（上）　福田亮成校訂・訳

日本仏教史上最も雄大な思想書。無明の世界から抜け出すための光明の道を、心の十の発展段階（十住心）として展開する。上巻は第五住心までを収録。

空海コレクション4 秘密曼荼羅十住心論（下）　福田亮成校訂・訳

下巻は、大乗仏教から密教へ。第六住心の唯識、第七中観、第八天台、第九華厳を経て、第十の法身大日如来の真実をさとる真言密教の奥義までを収録。

鎌倉仏教　佐藤弘夫

宗教とは何か。それは信念をいかに生きるかということだ。法然・親鸞・道元・日蓮らの足跡をたどり、鎌倉仏教を「生きた宗教」として鮮やかに捉える。

観無量寿経　佐藤春夫訳・注　石田充之解説

我が子に命狙われる「王舎城の悲劇」で有名な浄土仏教の根本経典。思い通りに生きることのできない我々を救う究極の教えを、名訳で読む。（阿満利麿）

大乗とは何か　三枝充悳

仏教が世界宗教としての地位を得たのは大乗仏教においてである。重要経典・般若経の成立など諸考察を収めた本書は、仏教への格好の入門書となろう。

道教とはなにか　坂出祥伸

「道教がわかれば、中国がわかる」と魯迅は言った。伝統宗教として現在でも民衆に根強く崇拝されている道教の全貌とその究極的真理を詳らかにする。

増補 日蓮入門　末木文美士

多面的な思想家、日蓮。権力に挑む宗教家、内省的な理論家、大らかな夢想家など、人柄に触れつつ遺文を読解き、思想世界を探る。（花野充道）

反・仏教学　末木文美士

人間は本来的に、公共の秩序に収まらないものを抱えた存在だ。〈人間〉の領域＝倫理を超えた他者／死者との関わりを、仏教の視座から問う。

禅に生きる　鈴木大拙コレクション　鈴木大拙　守屋友江編訳

静的なイメージで語られることの多い大拙。しかし彼の仏教は、この世をよりよく生きていく力を与えるアクティブなものだった。その全貌に迫る著作選。

文語訳聖書を読む　鈴木範久

明治期以来、多くの人々に愛読されてきた文語訳聖書。名句の数々とともに、日本人の精神生活と表現世界を豊かにした所以に迫る。文庫オリジナル。

ローマ教皇史　鈴木宣明

二千年以上、全世界に影響を与え続けてきたカトリック教会。その組織的中核である歴代のローマ教皇に沿って、キリスト教全史を読む。（藤崎衛）

自己言及性について
ニクラス・ルーマン
土方透／大澤善信訳
国家、宗教、芸術、愛……。私たちの社会を形づくるすべてを動態的・統一的に扱う理論は可能か？20世紀社会学の頂点をなすルーマン理論への招待。

中世の覚醒
リチャード・E・ルーベンスタイン
小沢千重子訳
中世ヨーロッパ、一人の哲学者の著作が人々の思考様式と生活を根底から変えた――。「アリストテレス革命」の衝撃に迫る傑作精神史。（山本芳久）

レヴィナス・コレクション
エマニュエル・レヴィナス
合田正人編訳
人間存在と暴力について、独創的な倫理にもとづく存在論哲学を展開し、現代思想に大きな影響を与えているレヴィナス思想の歩みを集大成。

実存から実存者へ
エマニュエル・レヴィナス
西谷修訳
世界の内に生きて「ある」とはどういうことか。存在は「悪」なのか。初期の主著にしてアウシュヴィッツ以後の哲学的思索の極北を示す記念碑的著作。

倫理と無限
エマニュエル・レヴィナス
西山雄二訳
自らの思想の形成と発展を、代表的著作にふれながら語ったインタビュー。平易な語り口で、自身によるレヴィナス思想の解説とも言える魅力的な一冊。

仮面の道
C・レヴィ＝ストロース
山口昌男／渡辺守章／渡辺公三訳
北太平洋西岸の原住民が伝承する仮面。そこに反映された神話世界を、構造人類学のラディカルな理論で切りひらいて見せる。増補版を元にした完全版。

黙示録論
D・H・ロレンス
福田恆存訳
抑圧が生んだ歪んだ自尊と復讐の書「黙示録」を読みとき、現代人が他者を愛することの困難とその克服を切実に問うた20世紀の名著。（高橋英夫）

考える力をつける哲学問題集
スティーブン・ロー
中山元訳
宇宙はどうなっているのか？　心とは何か？　遺伝子操作は許されるのか？　多彩な問いを通し、「哲学する」技術と魅力を堪能できる対話集。

プラグマティズムの帰結
リチャード・ローティ
室井尚ほか訳
真理への到達という認識論的欲求と、その呪縛からの脱却を模索したプラグマティズムの系譜。その戦いを経て、哲学に何ができるのか？　鋭く迫る！

美術で読み解く 聖母マリアとキリスト教伝説　秦剛平

キリスト教美術の多くは捏造された物語に基づいていた！　マリア信仰の成立、反ユダヤ主義の台頭など、西洋名画に隠された衝撃の歴史を読む。

美術で読み解く　聖人伝説　秦剛平

聖人100人以上の逸話を収録する『黄金伝説』は、中世以降のキリスト教美術の典拠になった。絵画・彫刻と対照させつつ聖人伝説を読み解く。

イコノロジー研究（上）　エルヴィン・パノフスキー　浅野徹ほか訳

芸術作品を読み解き、その背後の意味と歴史的意識を探求する図像解釈学。人文諸学に汎用されるこの方法論の出発点となった記念碑的名著。

イコノロジー研究（下）　エルヴィン・パノフスキー　浅野徹ほか訳

上巻の、図像解釈学の基礎論的「序論」と「盲目のクピド」等各論に続き、下巻は新プラトン主義と芸術作品の相関に係る論考に詳細な索引を収録。

〈象徴形式《シンボル》〉としての遠近法　エルヴィン・パノフスキー　木田元監訳　川戸れい子／上村清雄訳

透視図法は視覚とは必ずしも一致しない。それはいわばシンボル的な形式なのだ――。世界表象のシステムから解き明かされる、人間の精神史。

見るということ　ジョン・バージャー　飯沢耕太郎監修　笠原美智子訳

写真の登場で、人間は膨大なイメージに取り囲まれ、歴史や経験との対峙を余儀なくされた。見るという行為そのものに肉迫した革新的美術論集。

イメージ　ジョン・バージャー　伊藤俊治訳

イメージが氾濫する現代、「ものを見る」とはどういう意味をもつか。美術史上の名画と広告とを等価に扱い、見ること自体の再検討を迫る名著。

バルトーク音楽論選　ベーラ・バルトーク　伊東信宏／太田峰夫訳

中・東欧やトルコの民俗音楽研究、同時代の作曲家についての批評など計15篇を収録。作曲家バルトークの多様な音楽活動に迫る文庫オリジナル選集。

古伊万里図鑑　秦秀雄

魯山人に星岡茶寮を任され柳宗悦の蒐集に一役買った稀代の目利き秦秀雄による究極の古伊万里鑑賞案内。限定五百部の稀覯本を文庫化。（勝見充男）

ちくま学芸文庫

叙任権闘争《じょにんけんとうそう》

二〇二〇年七月十日　第一刷発行

著　者　オーギュスタン・フリシュ

訳　者　野口洋二（のぐち・ようじ）

発行者　喜入冬子

発行所　株式会社　筑摩書房

東京都台東区蔵前二—五—三　〒一一一—八七五五

電話番号　〇三—五六八七—二六〇一（代表）

装幀者　安野光雅

印刷所　株式会社精興社

製本所　加藤製本株式会社

ISBN978-4-480-09993-8 C0122